环境规制影响收入分配的路径与机理

基于动态随机一般均衡模型的理论分析与数值模拟

王凯风　著

THE PATH AND MECHANISM OF ENVIRONMENTAL REGULATION AFFECTING INCOME DISTRIBUTION

Theoretical Analysis and Numerical Simulation Based on a Dynamic Stochastic General Equilibrium Model

社会科学文献出版社
SOCIAL SCIENCES ACADEMIC PRESS (CHINA)

基金项目：

中国博士后科学基金第66批面上项目“经济新常态背景下环境规制的收入分配效应研究”（项目号2019M662960）

广东省自然科学基金2021年度面上项目“广东省绿色发展效率的测算、分解与变化趋势预测——基于数据包络分析方法与空间计量模型”（项目号2021A1515011448）

前 言

分配公平是当前中国经济高质量发展的重要测度准绳之一。现有研究发现，环境规制在促进环境保护的同时，也可能会让遭受更多污染或承担更大治理代价的人群获得不匹配的收益、形成新的分配不平等，这会削弱环境保护工作的可持续性，也不利于实现共同富裕。

党的十九届五中全会已对推动共同富裕战略做出重大部署，而共同富裕的具体内涵是全体人民通过辛勤劳动和相互帮助，普遍达到生活富裕富足、精神自信自强、环境宜居宜业、社会和谐和睦、公共服务普及普惠，实现人的全面发展和社会全面进步，共享改革发展成果和幸福美好生活。[①]可见，社会公平和生态文明都是共同富裕的重要维度。为更全面合理地评价环境规制效果、探索环境规制政策的优化改革路径，需要系统梳理与诠释环境规制对分配公平的影响，将分配公平纳入环境规制政策的评价标准体系。

所以，中国环境规制政策的设计优化工作应更多地考虑分配公平问题，将分配效应纳入需要权衡的政策目标，以尽可能降低环境规制在分配公平方面带来的负面影响，从而实现持续、稳定、协调的高质量发展。

为了给上述政策优化工作提供理论指引和实践启示，本书通过建立一个创新性的理论框架，开展真正融合环保、公平、效率三方面准绳的环境

① 《准确把握深刻内涵　讲好共同富裕故事》，《人民日报》2022 年 5 月 22 日，第 6 版。

规制政策效应分析、预测与评价。本书构建了环境经济动态随机一般均衡（DSGE）模型，纳入了不同行业，考虑了环境规制的行业差异，并加入了分配机制、劳动力流动及其搜寻—匹配过程，进行了贴近现实经济规律的量化模拟，剖析了环境规制的分配效应及其传导机制。为使各类环境规制政策更适用于新常态阶段，不至于在协调环保、公平的同时给新常态下的其他改革发展任务带来矛盾与阻力，本书还剖析了环境规制在经济稳定性、经济结构、劳动力流动、创业活动等方面的作用机制，研究了环境规制与其他政策之间的叠加和联动效应，最终从环保、公平、效率全面协调的角度评价了环境规制政策的利弊得失，为后续政策改革研究提供了理论依据与切入点。基于以上理论依据，本书提出了各类环境规制政策（及政策组合）的改革方案，模拟了政策改革的效果，并以环保、公平、效率之间的权衡与协调为前提，推导了社会福利损失函数，进行了政策效应与改革效果的综合量化评价。最终，得出了有益于环境保护与共同富裕协调推进的政策评价结论与改革建议。

本书研究内容源自共同富裕战略背景下环保、公平与效率之间的协调问题。本书建立了三者相融合的理论模型，最终将高质量发展的多个维度有机地融合到同一个宏观经济学理论框架中，可在不同情境下为环境规制分配效应构建真正从内核上符合高质量发展理念的理论分析框架，有效地拓展了现有的收入分配理论与环境规制理论体系。当然，本书的内容脱胎于笔者的博士后出站报告（在合作导师赵细康研究员和彭璧玉教授的指导下完成）。受写作水平和时间限制，书中定然存在粗糙、稚嫩乃至谬误之处，希望各位读者不吝批评指正，这将有助于笔者改进后续研究。如果本书的研究内容能够对国内相关领域的研究工作起到启发作用，在同行专家学者的研究中发挥一定的参考作用，笔者将感到万分荣幸！

目 录

Contents

第一章
绪　论

第一节　研究背景与意义

前人研究指出，环境规制会切实影响收入分配格局。由于政策设计有待完善、补偿机制不到位、经济发展不平衡等固有问题（祁毓、卢洪友，2015；范庆泉，2018），环境规制与分配公平在一定时期内很可能出现矛盾，会让承受更多污染或付出更多治理代价的人群获得不匹配的、相对较少的经济收益，带来收入分配的失衡，形成新的环境不公平，同时不利于共同富裕的实现。所以，分配公平不但是当前中国经济高质量发展的重要测度准绳之一，也应被视作环境规制政策设计、实施过程中不可或缺的政策目标和政策效果评价依据。

当前，无论是生态环境的改善，还是发展成果的公平分配，都已被纳入中国经济高质量发展的目标体系（盛朝迅，2018），而党的十九届五中全会进一步对贯彻推进共同富裕战略做出重大部署。共同富裕是一项具有鲜明时代特征和中国特色的战略目标，其内涵是全体人民通过辛勤劳动和相互帮助，普遍达到生活富裕富足、精神自信自强、环境宜居宜业、社会和谐和睦、公共服务普及普惠，实现人的全面发展和社会全面进步，共享改革发展成果和幸福美好生活。所以，社会公平和生态文明都是共同富裕的重要维度，这进一步加大了本书研究工作的必要性。

为了更好更快地实现共同富裕、实现新常态下的高质量发展，为了让环境规制带来的优美环境和经济收益（负担）公平、合理地被广大人民群众所享受（承担），新常态下的中国环境规制工作应该更加注重环保与分配公平之间的协调，这将有助于避免不平等问题与社会福利损失。为此我们应当梳理与诠释环境规制对分配公平的影响机理，进而将分配公平作为重要政策目标和政策评价维度，以更全面合理地评价环境规制效果，探索环境规制政策的优化改革路径，得出相应的政策启示。

此外，在新常态下，中国经济的发展面临诸多问题、矛盾乃至风险，环境问题、分配公平问题与这些问题之间既有联系又有区别，所以在环保、公平之外，还需要在研究框架中进一步权衡以波动风险和发展质量为主要表征的高质量发展效率问题。因此，本书进一步探索了环保、公平与经济效率、发展质量之间的权衡取舍和全局优化，以更符合新常态下的改革发展要求。同时，为避免出现政策错配，本书重点关注了环境规制政策与其他经济政策（特别是新常态下的常用政策）之间的叠加与联动效应。

在上述思路下，本书的研究意义主要包括以下两个方面。

1. 理论意义

（1）本书积极响应党的十九届五中全会提出的共同富裕重大战略部署，致力于提供富有时代性、人民性和现实性的理论启示。本书研究设计以新常态背景下环保、公平与效率之间的协调、权衡为出发点，建立了三者相融合的动态随机一般均衡（Dynamic Stochastic General Equilibrium，DSGE）模型和中国环境经济 DSGE 理论框架，并进一步将高质量发展的多个维度（盛朝迅，2018）有机地融合到同一个 DSGE 理论框架中，对现有的收入分配理论和环境规制理论做出全新的拓展。本书理论模型的微观基础扎实，对环境规制的分配效应产生机理进行了详尽、深入的刻画，能在更广的范围内模拟并解释环境规制与其他政策（尤其是货币、财政等宏观政策）的叠加效应，可为当前的环境规制政策优化设计提供一定的理论指引。

（2）本书理论模型同时考虑了跨行业差异和各行业内部的结构演变，

这不但使模型中的传导机制更加丰富、理论逻辑更加合理，也使供给侧的结构特征（及政策对其的调整作用）得到反映，从而进一步强化了本书理论模型的微观基础。另外，项目模型中还加入了劳动力的跨行业流动机制，并考虑了其中的摩擦与阻力（搜寻—匹配）。党的十九大报告指出，当前我国须破除妨碍劳动力、人才社会性流动的体制机制弊端。本书理论模型中关于劳动力流动摩擦与阻力的设计恰好有利于解释、解决上述问题。

（3）本书将环境规制政策的分配效应与福利效应整合到同一个 DSGE 理论框架中，结合环保、公平与效率这三大政策目标，提供了福利效应的理论解释。

2. 实践价值

（1）环保方面的应用价值在于：本书能够分别模拟、解释环境规制的效应（包括不同政策的叠加与互动效应），使决策者能够从一般均衡视角做出有利于协调促进公平与环保的判断，并能对各类环境规制手段进行力度和时机上的动态搭配，实现更具前瞻性、全局性的政策优化，为建设生态文明和实现共同富裕战略目标提供坚实保障。

（2）公平方面的价值来自分配问题模拟。模型以异质性家庭模拟了分配状态与贫富差距，而且考虑了劳动力流动的摩擦与阻力（搜寻—匹配）；对环境规制影响收入分配的机理、路径进行了更贴合国情的模拟与解释。

（3）经济效率与发展质量方面的价值源于效率损失（社会福利损失）与发展质量分析。为权衡环保、公平之间的利弊得失，并判断政策选项与新常态下高质量发展目标之间是否存在矛盾（从而在经济效率、发展质量方面造成过大代价），本书提供了融合环保、公平、效率因素的政策评价工具（波动风险分析与社会福利损失测算，以及经济波动过程中的行业结构转型、增长动力转换、分配格局变化，等等），既能使政策研究结论契合“既要绿水青山，也要金山银山”的精神内涵，也有助于各级决策、执行部门更好地响应国家的高质量发展理念。

第二节 研究目标、对象与问题

本书拟实现的总体研究目标包括以下两个方面。

（1）掌握环境规制对收入分配的作用传导机制，厘清环境规制政策对分配格局的调节作用；同时，结合新常态下的改革发展需要，了解各类环境规制政策在总量波动、结构转型、经济发展等方面带来的影响，判断其是否能实现新常态下环保、公平、效率之间的有效协调，为新常态背景下的环境规制政策优化提供理论启示。

（2）以优化环境规制的分配效应为切入点，以环保、公平、效率之间有效协调，保障新常态下经济高质量发展为最终目的，从环境规制政策自身改进、各类政策协调联动等角度出发，提出环境规制政策的合理选项与优化建议，为推进新常态下中国生态文明建设与高质量发展提供助力。

为实现上述目标，本书选取环境规制政策的收入分配效应作为核心研究对象，利用新凯恩斯主义动态随机一般均衡模型，研究环境规制政策应如何兼顾环保与公平、提高社会福利。同时，为使各类环境规制政策更适用于新常态阶段，不至于在协调环保、公平的同时给新常态下的其他改革发展任务带来矛盾与阻力，本书还剖析了环境规制政策在经济稳定性、产业结构等方面的作用机制，研究了环境规制政策与其他政策之间的叠加和联动效应，从而更全面地权衡了环境规制政策的利弊得失，得出了真正有助于环保、公平、效率协调改进的结论与建议。

本书将在带有外生冲击、能够模拟经济波动的动态随机一般均衡系统中展开量化分析，掌握环境规制政策对收入分配的作用机理，厘清环境规制政策的分配效应传导过程，展开后续政策研究。具体而言，本书在研究过程中将逐一回答以下五个关键问题：

（1）各类环境规制政策对收入分配的作用机理与主要传导路径是什么？

（2）上述政策作用是否与新常态下的改革发展需要相协调，其中存在的矛盾、问题是什么，能够得出哪些政策启示？

（3）各类环境规制政策的力度调整会带来什么样的环境效应、分配效应和经济效率变化？

（4）如何恰当地发挥并调节环境规制政策与其他类型政策之间的叠加或联动效应？

（5）在能够促进环境规制、分配公平之间协调互促的政策（或政策组合）中，哪些能在改善环境、兼顾公平的同时保障经济效率，从而助力经济高质量发展、缓解经济新常态下的压力与矛盾？

第三节 研究思路与主要方法

一 研究思路简述

本书研究思路（技术路线）参见图 1.1，简要概括如下。

第一阶段，模型构建，包括前期预研、理论梳理、数据搜集，以及模型方程的设计推导与求解、模型参数化与检验、建模质量评价与比较，等等。

第二阶段，模型传导机制梳理与考察，分析环境规制政策对经济不平等的传导机制，梳理传导路径，考察模型对政策作用传导机制的呈现与分析能力，并归纳传导机制、找到关键的传导变量，为改革方案分析提供理论依据与切入点。

第三阶段，模型的应用，利用传导机制分析成果，从传导路径和关键传导变量出发，利用脉冲响应分析等手段，搭配反事实分析方法（参数调整、变量调节等），模拟政策改革后的效应，探索政策优化方向与不同政策间的合理搭配选项。

第四阶段，社会福利损失测算，针对政策模拟中发现的矛盾与问题，在环保、公平、经济效率与发展质量相权衡的前提下（通过社会福利损失函数的合理推导来保证），以社会福利损失测算值为量化标准，为政策的优化选择提供评价标准，给出相应政策建议。

综上所述，本书各阶段研究之间的衔接紧密有序，思路连贯而流畅，充分保证了研究内容的逻辑一致与研究进程的高效、可行。

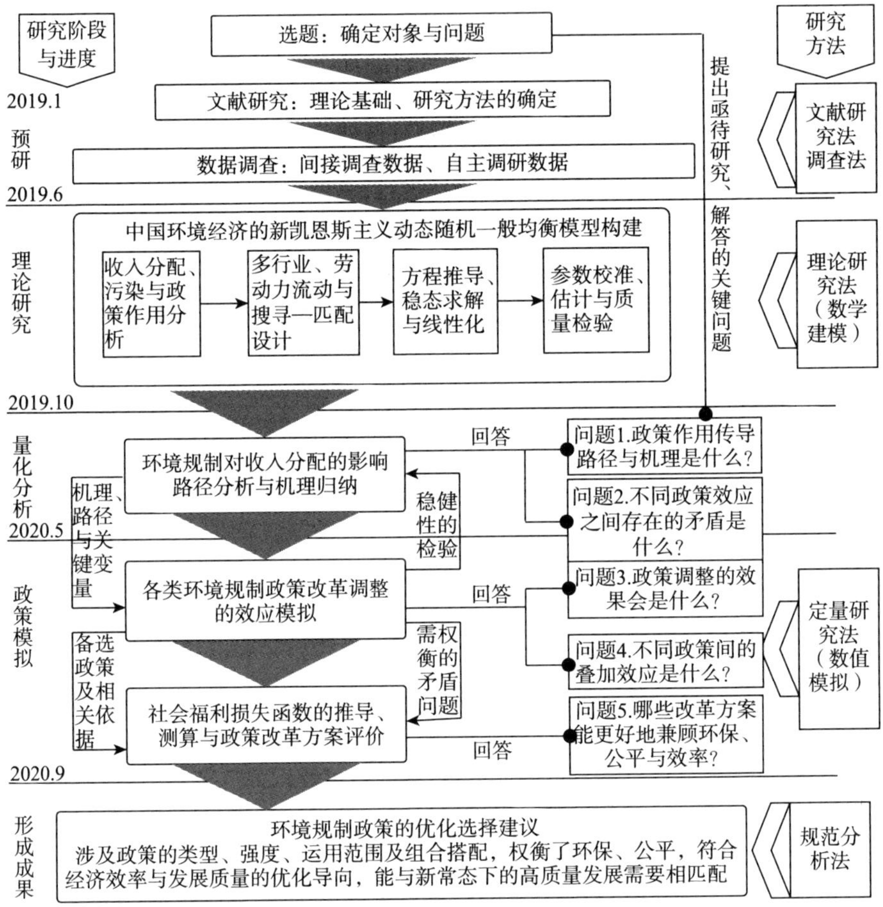

图 1.1　本书内容框架、技术路线与研究进度

二　研究方法

本书主要采用定量研究法，辅以理论研究法、调查法、文献研究法和规范分析法，各方法之间有序衔接、相互支撑，形成了有效的方法链。上述分析方法的具体运用方式如下。

（1）在文献研究基础上，展开初步理论研究，依据新常态下中国经济现实和理论逻辑演绎结果，提出前提假设，构建理论模型。该理论模型采用了动态化设计、符合一般均衡原则，并加入了外生的随机冲击，是后续量化分析的基本工具。

（2）运用贝叶斯估计（Bayesian estimation）、参数校准等手段，实现模型的参数化，并运用正交化脉冲响应函数、社会福利损失测算等手段，对政策效应进行定量研究。其中，贝叶斯估计法的实施运用了宏观经济的季度统计数据（经过对数化、去季节化、去趋势化处理），并结合卡尔曼滤波法（Kalman filtering）、马尔可夫链蒙特卡洛模拟法（Markov Chain Monte Carlo，MCMC）、MH抽样法（Metropolis - Hastings sampling）等技术方法获取参数估计结果。参数校准则以宏观统计数据和微观调查数据为基础。量化模拟与传导机制分析的主要手段是正交化脉冲响应函数、方差分解、稳态推导与数值模拟等，并搭配反事实分析方法（参数调整、变量调节、机制修改等），模拟政策改革后的效应。社会福利损失函数的推导来源是理论模型方程，方法主要是线性二次型法（Woodford & Walsh，2005；Ravenna & Walsh，2011；Galí，2015）。

（3）应用规范分析法，联系新常态下中国经济高质量发展的需要，根据政策效应模拟结果，分析政策改革调整的合理导向，给出相应政策建议。

第二章
研究现状与基础

第一节　收入分配问题的理论研究

一　收入分配的基础理论研究

自现代经济学诞生开始，收入分配问题就在经济研究领域占有举足轻重的地位。在早期古典经济学即“分配理论”中，要素收入的决定与分配机制被视为解释经济运行规律的关键。19 世纪末 20 世纪初以来，收入分配的研究重点逐渐从要素价格决定机制和要素报酬分配机制转向社会成员之间的收入分配。这一阶段的典型研究来自 Pareto（1897），他是最早研究不同微观个体收入分配特征的学者之一。他系统地比较和研究了不同个体的收入差距及其产生原因，探索了衡量收入分配平等程度的合理方法。当然，以 Sen（1992）为代表的学者也指出，经济学视角下的收入分配应该与哲学、伦理学、政治学和社会学相关联，而不应以收入和财富的分配代表收入分配的全部含义。当然，当今多数学者依然选择从更狭义的经济学视角来界定和分析收入分配问题。

在 20 世纪的理论研究领域，Kuznets（1955）对经济增长与分配公平的关系进行了定量研究，发现人均收入增长过程中基尼系数的变化规律确实呈现为“倒U形”曲线。这种观点也被称为库兹涅茨“倒U形”曲线假说。从效率与公平的矛盾出发，Okun（1975）讨论了分配公平与经济效率之间的政策权衡，并从效率成本的角度给出了再分配政策的评价标准，提出了一个著名的论断，即政府主导的再分配过程中存在“漏桶效应”。这一研究虽未涉及环境问题，但对经济政策影响下效率和公平的系统思考为本书政策分析提供了重要的理论基础。Atkinson（1983）则对收入的来源和构成进行了较为详细的讨论，指出除劳动报酬以外，财产性收入、转移性收入等也会影响家庭收入水平和生活条件；涉及不同来源的收入分配问题有不同的生成机制，呈现不同的动态规律，需要进行专门的分析和研究。Leontief（1983）指出技术进步可能在一些部门带来隐蔽的失业问题，从而加剧收入分配不平等，但这种负面效应可以由政府的恰当公共政策加以纠正。

二　收入分配的动态理论模型构建

随着研究方法的不断创新，国内外学界在收入分配问题的理论研究上取得了长足进展，研究者不断改进收入分配问题的动态数理模型，使自己能以模型为基础设计更为严谨、科学的实证研究框架，从符合现实微观基础和一般均衡原则角度出发推导、演绎乃至模拟，从而更加准确、深入地刻画对收入分配的演化过程，剖析其中的机制和原理。

Galor & Moav（2004）通过新古典代际传递模型，研究了在人力资本非线性积累和金融市场摩擦等机制影响下，不同个体的初始财富差异如何持续影响收入分配，进而改变经济增长的长期路径。王弟海、龚六堂（2006）构建了具有离散时间、有限寿命和遗产继承机制的新古典主义差分动力系统模型，从初始收入分配状态入手，联系初始财富差异、个人偏好和劳动能力差异，以资本要素报酬和劳动要素报酬的决定机理为切入点，推导出收入分配公平程度的动态演变路径和稳态解。他们发现，在完全竞争市场设定下，即使模型面临偏好、劳动能力和收入等方面的随机冲击，冲击发生后的收入分配、财富分配也会自动趋向新的稳态，并且该稳态的具体水平与初始收入分配状态无关。此外还有学者进一步将生态环境纳入收入分配的决定机制和分析框架。例如，Ikefuji & Horii（2007）通过构建世代交叠模型（OLG），研究贫困、分配不平等与环境之间的关系，指出环境污染既会影响劳动生产率，也会改变财富分配格局，而两者又进一步决定了代表性经济主体的技术依赖性，技术又在一定程度上改变着经济活动的环境外部性，进而形成了一种环境效应和分配效应之间的内生传导机制。

这一领域的另一个理论研究切入点，是将收入分配的动态变化机制与经济的周期性波动过程联系起来。例如，Stiglitz（2012，2015）分析了收入分配如何影响经济波动过程，认为收入分配与经济波动之间是存在内生影响关系的，并在此内生影响机制的基础上解释了经济衰退的持续性。Van Treeck（2014）、Goda（2017）等学者分析了收入分配在2007年次贷危机中的角色。他们通过定性分析发现，从许多不同学派的理论逻辑来看，收入分配不平等加剧了经济波动中的衰退过程。上述分析表明，经济波动是分配问题产生的肇因之一，而收入分配在经济波动过程中的作用也值得深入、动态的分析。这正是本书以能够准确反映经济波动规律的动态随机一般均衡模型为基础构建研究框架的主要原因之一。

三　DSGE 模型在收入分配研究中的应用

20世纪60年代以后，随着计算机技术的进步和普及、经济理论的不断演进和创新、建模思想和数值分析方法的跨学科融合借鉴，研究者对宏观经济数理模型和经济计量方法进行了持续创新。在宏观政策和收入分配问题研究领域，一些理论、量化分析紧密结合并具备更强大模拟预测能力的数理模型分析框架应运而生，其中最为典型的是可计算一般均衡（Computable General Equilibrium，CGE）模型。CGE 模型最早可追溯至 Johansen（1960）、Harberger（1962）所发展的两部门一般均衡政策分析方法。随后，Shoven & Whalley（1984）基于 Scarf（1967）等提供的算法，建立了更为完善、标准的 CGE 模型分析框架并用于分析美国税收问题。他们所建立的 CGE 模型实质上是最早的、真正建立在可计算方法基础上的 CGE 模型。20世纪80年代以后，现代宏观经济数理模型的另一个典型类别——DSGE 模型应运而生。在20世纪80年代末之后的研究中，DSGE模型［尤其是包含不完全竞争市场和非出清假设的新凯恩斯主义DSGE模型（NK－DSGE）］能够在尽可能贴近现实经济环境的情况下进行收入分配问题的分析与预测，其对经济运行规律的拟合、预测效果远超传统的宏观经济结构化计量模型和向量自回归模型（Vector Autoregression，VAR）等非结构化动态模型（Galí，1999；Smets & Wouters，2003）。DSGE模型能够在带有随机冲击因素的一般均衡框架内，进行最优决策条件求解、参数估计和动态数值模拟，在经济短期波动、长期增长等不同情境下模拟各类经济政策工具的应用效果，剖析其中蕴含的理论机制。

（一）DSGE模型的类型

1. 按理论流派划分：实际经济周期与新凯恩斯主义

首先，如果按照DSGE的理论基础来划分，那么主流的DSGE模型分析方法大体上可以分成实际经济周期（Real Business Cycle，RBC）、新凯恩斯主义两大类，前者以Kydland & Prescott（1982a）提出的RBC模型为代表，代表性研究包括Hansen（1985）、Christiano & Eichenbaum（1992）等，而后者的典型代表在次贷危机爆发前为Smets & Wouters（2003，2007），在次贷危机爆发后为Blanchard & Galí（2010）、Ravenna & Walsh（2011）等（文献综述部分已做详细阐述）。

DSGE的雏形通常被认为来自Kydland & Prescott（1982a）。Kydland & Prescott提出，暂时性的实际冲击（主要指生产率冲击）是经济波动的根源，所以如果在模型中以随机扰动项形式加入这些实际冲击因素，那么就可以用来更有效地解释经济中的波动与周期过程。基于上述观点，二人设计的模型又被简称为RBC模型。该模型的基础方程刻画了家户、生产者等主体在各自经济资源约束下的最优决策行为。该模型的基础来自新古典主义经济理论（new-classical economics），以完全竞争、理性预期、货币中性等为基本假设，认为市场能够连续、自动出清，经济主体享有完全信息，价格可完全灵活地调整。最终，利用一般均衡理论与动态最优化方法，能够推出各经济主体在约束下的最优行为方程及随机冲击过程的方程。RBC模型在当时是一种全新的宏观计量经济模型，有着良好的微观基础，能够以独到的方式解释并模拟经济波动现象，并有效回避“卢卡斯批判”，体现出比单方程计量模型、早期宏观经济结构模型更优越的理论解释和数值模拟能力。

当然，根据 Galí（2015）的观点，基于新古典主义经济理论的 RBC 模型以完全竞争、理性预期、货币中性等为基本假设，没有涉及垄断、市场失灵、财政干预、货币冲击等因素，而且早期的 RBC 模型通常只考虑实际冲击（全要素生产率冲击）。所以，RBC 模型在 20 世纪 90 年代以后得到改进，部分过于理想化的假设被修正，模型的结构与机制得以拓展，诸如劳动力市场、公共财政、开放经济、货币等因素均被尝试加入 RBC 理论模型中，使 RBC 理论与 DSGE 模型分析方法的发展初入正轨。但是，修补后的 RBC 模型在政策作用机制刻画上依然不如从根本上突破新古典主义理想化假设的新凯恩斯主义模型。在模型的参数确定上，Kydland & Prescott（1982a）为了回避当时大型结构性宏观经济计量模型的参数估计方法所面对的诟病，放弃了常规的参数估计手段，而改由主观分析、统计数据估算、借鉴前人研究经验等途径来校准模型参数；然后，为了确定参数赋值的合理性，还利用真实经济统计数据的均值、二阶矩等来与模型模拟结果进行比较，评价建模质量。

新凯恩斯主义 DSGE 则是近 20 年来该领域的前沿热点，它的理论基础来自 20 世纪 70 年代末 80 年代初之后兴起的新凯恩斯主义经济学（new-keynesian economics）。与二战后兴起的“老”凯恩斯主义相一致，新凯恩斯主义经济学同样坚持三个凯恩斯主义基本信条：第一，劳动力市场是非出清的；第二，周期性的经济波动规律是显著存在且难以避免的；第三，对经济的政策干预不是无用或中性的（如当时其他学派所主张的那样），而是不可或缺的。但是，新凯恩斯主义经济学不是对凯恩斯主义经济理论体系的复制或简单继承，而是兼容并包地借鉴了当时各个主流经济学派的思想精华，虚心吸纳了其他学派的批评意见，并吸取了凯恩斯主义在以往的政策设计上的经验教训，从而实现了对以往凯恩斯主义经济理论的批判、继承与创新。例如，新凯恩斯主义为了使宏观经济理论在微观基础上更加稳健，从新古典主义等流派中借鉴了经济行为主体追求利益最大化、具备理性预期等基本假设，在理论模型中也非常注重对微观经济行为的刻画；而且，与凯恩斯主义经济理论中的价格刚性、工资刚性不同，新凯恩斯主义经济理论提出了价格、工资等微观工具的黏性特点，并用其解释产出缺口与失业的产生原因，对市场的非出清问题与经济的波动规律做出了更贴合现实的解释。而且，在加入风险与不确定性、菜单成本、信息不完全、微观主体异质性等因素后，许多扩展的新凯恩斯主义理论模型能够更好地刻画市场的不完全性。基于新凯恩斯主义经济理论的 DSGE 模型自然也具备了鲜明的特点，例如包含了多种类型的厂商，并考虑了生产者之间的不完全竞争；在价格黏性的刻画上，运用以 Calvo（1983）为代表的定价规则来描述相应的价格动态；在市场不完美的基础上，模型能够自然地反映货币的作用，对利率、通胀等宏观经济变量的调整过程进行更合乎微观基础的刻画；模型中还囊括了各类政策的执行者，能够反映财政政策、货币政策等政策工具的效应。而在模型的计量方法上，以 Smets & Wouters（2003）为代表的研究者日益广泛地引入以贝叶斯估计、最大似然值估计为代表的实证计量手段，部分避免了传统参数校准方法的主观化问题，使模型模拟结果能够更好地拟合实际经济数据。上述特点使新凯恩斯主义经济理论的 DSGE 模型在政策作用分析上有了更大的用武之地。

根据分析思路，本书选择建立一个新凯恩斯主义经济理论的 DSGE 分析框架，其理论模型中包含了家户、多种生产者、政策执行者等经济主体，考虑了价格黏性、工资黏性，刻画了劳动力市场的非出清，以新凯恩斯主义经济理论逻辑来刻画财产不平等，解释收入不平等、消费不平等的动态演化过程，分析稳定化政策在该过程中起到的作用，提出相应的政策优化建议。

2. 按规模划分：小型、中型与大型

除了理论流派的区别外，研究者还习惯以“规模”（scale）来区分目前占主流地位的新凯恩斯主义 DSGE 模型。与字面意义有所差异的是，上述规模是按理论模型中包含的部门、市场数量，以及研究者所加入的外生冲击的数量来划分的。上述指标数量越多，DSGE 的理论模型所必须包含的方程和冲击项越多，模型构建、分析与应用的难度自然也越大。在已有的研究中，典型的小型规模（small-scale）DSGE 模型包括 Galí et al.（2007）建立的模型等，小型规模 DSGE 模型在理论基础上与中型、大型规模的模型并无本质差异，而且操作简便、容易实现，但其最主要局限在于忽略了很多次要的理论机制和外生冲击，所以适于分析一些较有针对性的问题。而 Smets & Wouters（2003）、Walsh（2005）、Gertler et al.（2008）、Ravenna & Walsh（2011）、Christiano et al.（2011）等学者构建的模型则属于较常见的中型规模（medium-scale）DSGE 模型，其最大的特点在于加入了金融中介，或是考虑了劳动力流动的摩擦与工资议价过程，实现了对小型规模 DSGE 模型的拓展。

小型、中型规模的 DSGE 模型是绝大多数现有文献中模型框架的规模水平。当然，在此二种规模之上，还有大型规模（big-scale）DSGE 模型。例如，欧洲中央银行的 NAWM 模型便是一个多区域、开放经济结构的大型规模 DSGE 模型，涉及的部门包括家庭、多种厂商、金融中介、货币政策执行者（中央银行）、财政政策执行者（政府）等（刘斌，2008），模型中包含了数十个外生冲击和数百个方程。可见，此类模型的构建、分析难度绝非一名或数名研究者可以承受，通常需要由一个庞大的团队通过分工协作来实现，所以现有研究文献极少运用大型规模 DSGE 模型展开分析，此种水平的模型多系各国央行、国际组织与政策研究机构所使用的政策分析工具。

3. 按模型处理及表达方式划分：线性与非线性

众所周知，现实世界中人们的经济活动很少遵循线性规律。同样，无论是新古典主义 RBC 模型还是新凯恩斯主义 DSGE 基本理论模型，都主要由非线性的函数、等式构成［最典型的如柯布道格拉斯生产函数和不变替代弹性系数（Constant Elasticity of Substitution，CES）生产函数］。但是，越是结构复杂、因素众多的理论模型，其非线性模型方程的识别、求解与参数估计难度就越大。这会使理论推演与实证分析的难度过大，相应的计量分析过程也会对计算设备的性能提出很高的要求（否则参数估计过程极其缓慢或容易出错），这将极大地影响 DSGE 分析的推广、运用。

所以，大部分的现有文献在开展 DSGE 理论模型构建、优化条件推导和结构方程整理时，往往会采用线性化方法进行模型的简化，最后推导得出、投入应用的模型方程均为线性形式。这一做法更是在新凯恩斯主义的 DSGE 分析中占据了绝对主流的地位，其一般均衡框架中的新凯恩斯主义菲利普斯曲线（NKPC）与新凯恩斯主义工资菲利普斯曲线（NKWPC）等关键方程，甚至须在推导之初就进行线性化处理，只有这样才能最终推导出可用的方程。目前，DSGE 的模型线性化处理方法主要有泰勒展开法、Uhlig（2006）的对数偏离方法等，而应用最广泛的是其中的 Uhlig 方法。该方法的基本原理是对模型内生变量相对于稳态的对数偏离进行低阶近似。在通过该方法最终得到的线性化方程中，变量均已被转换成对数偏离值。上述线性化方法大大降低了模型分析的难度，从而使 DSGE 分析方法能够在更多的研究方向上得到普及应用。因此，目前文献中的新凯恩斯主义 DSGE 模型绝大多数是以线性化后的形式呈现的。本书为了保证研究的可实现性，也按照大多数文献的范式构建了一个线性化的新凯恩斯主义 DSGE 理论模型。

但综观现有文献，也会发现一部分采用非线性 DSGE 模型的相关研究①。这类文献采用非线性模型的原因大致有两类：其一，一些早期的理论模型结构简单、分析难度低，没有必要完全转换成线性形式；其二，部分学者如 Herbst & Schorfheide（2012）等指出，DSGE 模型的线性化令理论模型中的大量信息被忽略，在某些特定的研究情形下，可能无法完全准确地体现复杂的宏观经济规律，所以，一些研究者着手设计非线性的新凯恩斯主义 DSGE 模型框架（Schmitt-Grohé & Uribe，2004；Fernández-Villaverde & Rubio-Ramírez，2005；Lan & Meyer-Gohde，2013），但其成果数量很少，研究进展也较缓慢，具体方法也远未成熟。绝大多数研究者为了保证研究的可行性，避免因模型非线性特征而带来计算过程的复杂与模型稳健程度的下降，仍会在线性、非

① 此处关于非线性 DSGE 模型的介绍参考自陈利锋（2013）。

线性的 DSGE 模型中做出倾向于前者的取舍。本书为了简化研究过程、降低参数估计和数值模拟的难度，选用了线性化形式的 DSGE 模型。

（二） DSGE 模型与收入分配问题的结合

如上所述，新凯恩斯主义 DSGE 模型纳入了各类名义变量的黏性、刚性以及不完备的市场结构特征，并且这些模型的构建者认为经济波动不仅仅是由生产率等来自供给侧的实际冲击造成的，货币和价格的角色也不再如 RBC 模型中那样无足轻重，这使得新凯恩斯主义 DSGE 模型能够更好地刻画市场的不完备性。而且名义变量黏性、非完全竞争市场假设也使 DSGE 模型能够更全面地反映宏观经济政策的作用，有助于分析各类经济政策是通过什么机制和渠道改变了造成经济主体间差异的扩大、改变不平等的变化过程。这使得新凯恩斯主义 DSGE 模型在收入分配问题的研究上具有了更强的适用性，也是本书选用新凯恩斯主义 DSGE 模型的主要原因。

相关领域的典型研究包括：Galí et al.（2007）在新凯恩斯主义 DSGE 框架下引入垄断竞争市场结构和价格黏性来验证政府支出对居民消费的挤入效应，并且在模型中引入了异质性代表性家户，其分析结果也可以用来反映财税政策对分配不平等的影响。Ravenna & Vincent（2014）构建了具有多元异质性家庭和收入分配机制的 DSGE 模型，以有效解释美国家庭债务收入比率的巨大横向差异；该 DSGE 模型被精心调整以匹配实际经济数据，随后其模拟结果发现家庭收入增长率的差异与经济体系中过低的金融中介成本密切相关。Auclert（2019）使用类似的方法构建了包括收入分配机制的新凯恩斯主义 DSGE 模型，并利用美国和意大利宏观经济数据对模型的参数进行估计，根据估计结果进行了建模质量评价，从而有效研究了收入分配的不公平问题如何在货币政策效应传导路径中产生并持续。Grüning et al.（2015）构建了一个含有外国部门的新凯恩斯主义 DSGE 模型，通过分析发现德国曾出现的巨额经常账户盈余可以解释为经济总量中劳动收入份额下降所导致的内生结果，而经常账户赤字在较大程度上与个人收入分配不均等有关。

在中国有关收入分配问题的 DSGE 研究中，多数研究者倾向于借鉴国外主流范式来设计能够描述中国收入分配格局演变规律的 DSGE 模型。陈利锋

（2015）基于 Blanchard & Galí（2010）建立的模型，扩展出一个含异质性代表性家庭和收入分配问题的 NK－DSGE 模型，并将其与不含收入分配问题的模型进行比较分析（反事实分析）。他发现在未考虑不平等的情况下，如果经济系统受到技术和偏好等因素的冲击，则基于 Blanchard & Galí（2010）模型的动态分析会产生不准确的经济波动预测结果，并认为其主要原因之一是未考虑收入分配的 DSGE 模型忽略了贫困家庭在工资下调时的非自愿失业。所以 DSGE 模型在结构设计上应当充分考虑分配不平等和贫困家庭的经济行为模式，否则将有损其拟合实际经济规律的能力。张伟进等（2015）模拟了技术、货币政策（利率）、偏好等外生随机冲击对城乡收入差距的动态影响，并利用动态模拟结果分析了城乡劳动力配置状况以及城乡居民资产配置选择的差异，解释了为什么基于货币政策的稳定化政策工具在城乡之间具有不对称效应，从而改变了城乡之间收入和消费等领域的不平等程度。江春等（2018）同样对收入分配格局进行了以二元化异质性个体为基础的近似刻画，在新凯恩斯主义 DSGE 框架下设置富裕家庭和贫困家庭，分析了经济波动过程中这两类家庭的经济行为差异和收入变化机制，从而指出了货币政策对收入不平等存在显著且不可忽略的影响。王凯风、吴超林（2021）建立的新凯恩斯主义 DSGE 模型中同时加入了异质性代表性家庭和累进性个人所得税制度，模拟了 2018 年中国个人所得税改革对收入分配的影响，指出中国未来的个税改革应侧重于改进多级累进税率规则，而非一味地提高起征点。

第二节　环境规制收入分配效应的研究现状

一　环境规制的分配效应研究：主流范式与前沿趋势

从现有文献可见，虽然环境污染及环境规制政策对劳动、就业与收入分配的影响都是客观存在、难以忽视的，但关于环境规制和收入分配的专门研究还相对有限（范庆泉，2018），而且学者的研究呈现较强的探索性，观点分歧仍较大（特别是在作用机理和传导机制分析上），分析思路也体现出多元化特点。例如，Morgenstern et al.（2002）认为，环境规制政策对就业、收入的影响与政策的具体强度有关，但这些失业会由其他行业的新增就业来弥补，所以不应将失业和收入分配失衡视作环境规制政策导致的社会成本。杨继生、徐娟（2016）将环境视为一种生产要素，研究了环境作为要素回报所产生的收益在不同经济主体间的分配问题。张舰等（2017）则进行了反向的探讨，认为工业化改变了劳动力结构与城乡间的收入分配格局，但农业劳动力的外流加剧了农业污染，这很可能迫使城镇化政策和环境规制政策做出调整。

在研究范式的选择上，由于环境质量、环境规制对收入分配的影响机制较为复杂，因此必须联系各经济系统组成部分之间的传导机理来进行解释和分析。一般均衡模型恰好是一种能全面、有机地模拟上述传导过程的模型，可模拟各类要素报酬在一般均衡系统中的决定与分配过程，所以已得到收入分配问题研究者的大量采用。本书采用的 DSGE 模型也是从早期的一般均衡模型演化而来的。在典型研究中，Shimer（2012）通过多部门动态一般均衡模型的推导，指出某些环境规制引发的劳动力再配置必定导致失业和一定程度的收入分配失衡，但这是改善经济福利的必要代价。曾伟军（2013）运用新经济地理学模型，分析并指出劳动力向城区迁移可以缩小城乡差距，但是随之而来的环境压力会影响生产活动在城区的积聚。祁毓、卢洪友（2015）通过世代交叠模型展开研究，指出环境污染问题通过改变居民健康水平带来了新的不平等，所以环境规制政策需要针对这一传导机制进行优化设计。范庆泉（2018）在新古典增长模型的基础上进行了行业划分，刻画了劳动力跨行业流动，并研究了环境规制导致的收入分配失衡问题，探讨了对应的政府补偿机制。

二　现有研究可能存在的局限与不足

（1）部分学者采用计量实证方法来分析环境规制的分配效应，这在提炼经验规律方面较有优势，但在一些传导机制、动态影响的刻画上（如污染物的累积过程、外生冲击的动态效应等）力有不逮，也不便对政策优化进行模拟与预测。

（2）现有的经济模型研究者在解释环境规制政策作用时，大多数是从增长路径或模型稳态的视角进行解释；而在新常态下，为了减缓经济周期性波动影响、避免额外的冲击与波动，保障经济高质量发展，环境规制在经济短期波动中的作用同样应受到关注，这也是 Kyriakopoulou & Xepapadeas（2013）、Annicchiarico & Di Dio（2015）、朱军（2015a）、武晓利（2017）等学者尝试将 DSGE 模型引入环境规制政策研究领域的主要动机之一。但是，目前还缺乏对短期波动情形下环境规制分配效应（及其福利影响）的研究。

（3）大部分一般均衡模型研究建立于完全竞争的理想化假定之上，没有考虑价格黏性、工资黏性等（Shimer，2012；祁毓、卢洪友，2015；朱军，2015a；武晓利，2017；范庆泉，2018），这使模型无法准确刻画环境规制的经济效应、缺乏完整的政策机制，很可能导致分析结论的偏误（Shimer，2012）。

（4）在劳动力这一决定分配格局的关键问题上，多数文献简单地将劳动力配置设为外生因素，忽视了劳动力的流动。一些文献如 Arnott et al.（2008）、曾伟军（2013）等虽考虑了劳动力的流动或再配置问题，但在完全竞争假定的局限下，此类文献中的劳动力为自由流动，仅有 Shimer（2012）、范庆泉（2018）等少数研究者尝试刻画了非自由的劳动力流动。相比之下，新凯恩斯主义 DSGE 模型中的劳动力流动刻画方式更为完善，在引入本书后将可发挥更大作用。

（5）多数环境规制研究仅着眼于对单一政策或多类政策的逐一研究，探索政策间叠加与联动效应的研究十分有限，仅有范庆泉（2018）等少数学者进行了相关研究。而且，由于多数文献的理论基于完全竞争假定，对经济政策（尤其是货币政策等以名义变量为作用对象的政策）的刻画能力不够全面，所以环境规制与其他政策之间的叠加效应分析也是有待完善的一个领域。

三　现有文献提供的宝贵经验与启发

（1）现有文献第一类可供借鉴的经验在于，从行业差异和劳动力流动视角分析环境规制的作用（Morgenstern et al，2002；Arnott et al.，2008；Shimer，2012；范庆泉，2018），并指出：环境规制的效应分析应结合不同行业的差异来开展，环境规制政策除会直接产生环境影响，改变企业在产量、控污等方面的最优决策外，也会改变各行业劳动力供需关系与要素结构，从而影响劳动力的跨行业流动过程，改变其他行业要素结构与污染物排放量，使环境规制对收入分配的影响间接传导至其他行业。鉴于此，本书在设计理论模型的过程中，同样考虑了多个不同行业，并纳入了劳动力在行业间的流动机制。当然，本书还吸收了 Gertler et al.（2008）、Blanchard & Galí（2010）、张晓娣（2016）、陈利锋（2017）等新凯恩斯主义 DSGE 研究者的经验，在劳动力流动的刻画中纳入了动态的搜寻—匹配机制，构成了劳动力市场的不完备（摩擦）因素，这也是本书的一个主要边际贡献。

（2）Kyriakopoulou & Xepapadeas（2013）、Annicchiarico & Di Dio（2015）、朱军（2015a）、武晓利（2017）等学者的研究经验表明，DSGE 模型在环境规制政策效应分析上是完全可用、效果显著的，而且环境问题和环境规制政策可以与新凯恩斯主义 DSGE 模型融合在一起（Annicchiarico & Di Dio，2015），这样能够结合其他经济政策展开动态研究。面对新常态下的经济下行、总量波动、结构转型、增长动力转换等现实问题，本书在以上文献的启发下，建立了一个带有环境规制政策体系的多行业新凯恩斯主义 DSGE 模型，用以厘清环境规制政策对收入分配的影响机理，判断新常态背景下环境规制的分配效应。

第三章
NK - DSGE 模型的设计

作为一种典型的 DSGE 模型，本书建立的 NK - DSGE 模型首先具有以下基本特点[①]。

一是“动态”（dynamic）。具有时间维度的动态理论模型并不是 DSGE 独有的。例如，在微观领域，Taylor et al.（2004）和 Fudenberg & Tirole（1983，2013）等学者早已将动态博弈模型应用于研究不完全信息和垄断竞争条件下的市场均衡决定机制。在宏观领域，动态模型的应用更是数不胜数。除了早期的宏观理论模型外，Acemoglu（2003）建立了包括动态博弈均衡在内的动态模型，用以分析经济发展中的内生制度变迁。此外，在收入分配研究领域，Galor & Moav（2004）基于统一增长模型建立的不平等内生演化分析框架，以及王弟海、龚六堂（2006）建立的持续不平等分析模型都是具有代表性的动态模型。作为 DSGE 最基本的特征，动态设计使得 DSGE 对微观基础的描述与传统静态理论模型大相径庭。例如，在动态情况下，个体的最优选择假设被拓展为跨期最优选择，每个时期的微观经济主体的决策都会影响本期及以后各期，所以最优决策条件的分析不能像静态模型那样只考虑本期的影响，而应进行动态推导，以得到能满足多期最优要求的解。而且，这样一来，对未来的理性预期能力也在很大程度上决定

① 此处参考了王凯风（2020）。

了微观经济主体的动态决策是否最优，这使理性预期这一新古典经济学的重要思想能够被完美融合到模型中。

二是“随机”（stochastic）。Kydland & Prescott（1982a）提出，暂时性实际冲击（主要是生产率冲击）是经济波动的来源，因此如果在模型中以随机扰动项的形式添加这些冲击，那么冲击项的系数可以用来更有效地解释经济中的波动和周期性过程。事实上，包含随机因素的经济模型和经济分析方法并不少见，例如金融统计和计量领域的风险溢出模型和随机定价模型（Berg，2009；徐元栋，2017），以及微观领域的预期效用模型、随机博弈模型等（Fudenberg & Tirole，1991；张冀等，2016）。然而，与上述研究不同，DSGE 中“随机”一词的确切含义应是由其模拟的经济系统中的外部随机因素引起的结构性冲击。DSGE 的理论模型通常会对随机冲击的性质、含义及随机变量变化过程有一个直接而清晰的定义，然后可以结合经济系统的演化机制和外生因素来确定模型经济的动力学机制。与此类似的是，王弟海等（2011）也在新古典理论模型中加入了收入的概率分布和相应的不平等程度，并研究了随机再分配政策如何动态地影响均衡增长路径上的不平等水平。众所周知，在现实世界中，意想不到的影响因素比比皆是，而经济生活的不确定性往往使人们无法准确预测经济变量未来的变化，因此 DSGE 中的外生冲击使它能够更好地模拟具有随机因素的真实经济规律。此外，随着经济理论的不断发展，DSGE 分析框架中包含的随机冲击类型也在不断调整和增加，从最初的技术（全要素生产率）冲击扩展到包括劳动供给、偏好在内的多种实际冲击和货币、财税等方面的多元化政策冲击。在一些专业化的 DSGE 模型如环境 DSGE 模型中，还包含环境规制政策冲击、环境技术冲击等。可以说，DSGE 分析的核心任务正是探索由理论模型组成的虚拟经济系统在随机冲击下如何波动和演化。随机冲击也是 DSGE 模型区别于其他宏观经济动态理论模型的关键所在。

三是“一般均衡”（general equilibrium）。一般均衡是一个与局部均衡（partial equilibrium）相对的概念，意味着模型分析需要从经济系统的整体情况出发，找到满足经济系统局部和整体优化条件的均衡状态。符合一般均衡条件的宏观经济理论模型是宏观经济学发展到一定阶段和水平的产物，在 DSGE 方法成熟之前已被广泛认可和使用，比如著名的凯恩斯主义 IS－LM 模型（以及在此模型基础上建立的结构性宏观经济计量模型，引入了产品、要素和货币等多种市场的一般均衡机制）。Galor & Moav（2004）、王弟海等（2011）、陈钊和陆铭（2008）、范庆泉（2018）等建立的新古典主义动态模型不但符合一般均衡条件，还因在模型中考虑了异质性家庭行为决策而具备了扎实的微观基础。DSGE 进一步整合和完善了与上述模型类似的一般均衡框架，其理论模型包含家庭部门（消费）和企业（生产）等经济实体，能够刻画产品和要素的流动与交易关系，然后根据理性预期假设下的最优条件，对各主体的最优决策进行推导和求解。在新凯恩斯主义 DSGE 分析框架中，经济主体的类型范围被进一步拓宽，能够涵盖许多不同类型的制造商、政府部门、金融机构等。

综上所述，DSGE 模型全面融合了宏观经济前沿学术思想，具有扎实的微观基础，而且其建模工作基于先进的数理方法和计量手段，能够较好地与现实经济的运行规律相吻合，为研究者提供高效、稳健的宏观经济计量分析手段。

从实际操作来看，DSGE 模型的构建、应用和分析是一项复杂而系统的工作，大致可以分为六个紧密相连的部分：模型初步设定、模型构建、模型处理与求解、获得模型参数值、模型检验与评价和模型应用。大致步骤也可参见图 3.1。

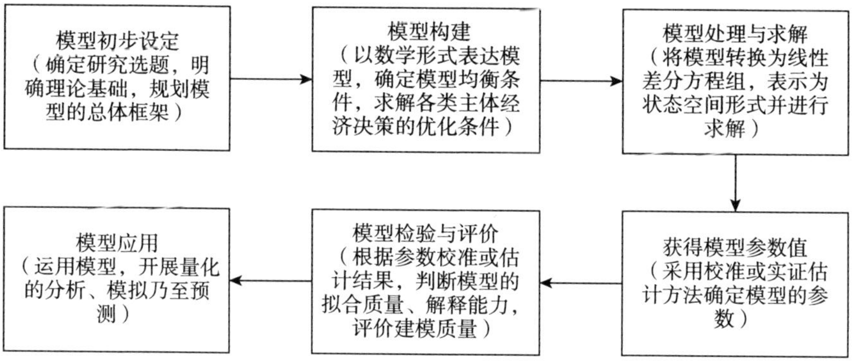

图 3.1　DSGE 研究主要步骤

本章将首先对中国环境经济基准 NK－DSGE 模型的数理模型设计构建过程进行详细介绍，然后引入至少三个备选模型，以供后续模型检验和评估。模型构建的其他重要步骤如方程处理与求解、参数化等将在下一章进行介绍。

第一节　NK－DSGE 模型的总体特点

与 Galí et al.（2007）、Annicchiarico & Di Dio（2015）构建的模型类似，本书的NK－DSGE 模型中包含垄断竞争的中间产品生产商（分属不同行业）、完全竞争的最终产品生产商、跨行业经销商，以及作为最终产品消费者、生产要素提供者和创业人员来源的各类异质性代表性家庭，还有作为各类政策执行者的政府机构与货币政策当局。模型中纳入了名义利率、价格等名义变量，刻画了货币政策和财政政策（见图 3.2）。

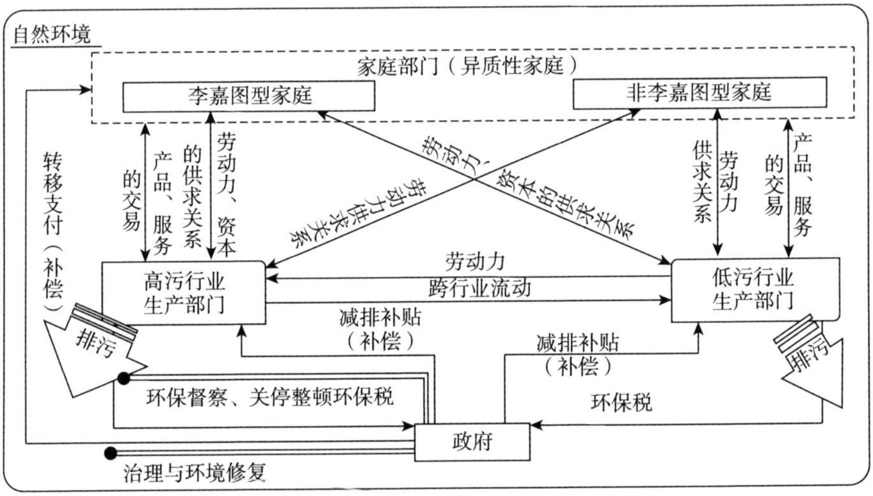

图 3.2　本书 NK－DSGE 模型的结构与原理

具体而言，本书 NK－DSGE 模型的创新型设计特点包括以下三个方面。

（1）异质性家庭：刻画分配格局及其不平等问题，采用二元异质性代理人设定。

（2）加入污染水平不同的多个行业，描绘劳动等要素资源的跨行业流动过程与摩擦因素（搜寻—匹配机制）；此外，为刻画环保督察中的整改、关停等措施，模型还纳入了企业进入、退出机制（Bilbiie et al.，2012；雷文妮、龚六堂，2016；Annicchiarico et al.，2018），使各行业中的企业数量能随规制力度而变（否则只能模拟产能变化）。

（3）在模型中加入环境状态，反映环境质量演化过程，并纳入多元化环境规制政策。根据 Böcher（2012），模型同时含有经济型规制政策（环保税、减排补贴等）、命令—控制型规制政策（环保督察、关停整顿等）。

第二节　家庭部门①

一　异质性代表性家庭：李嘉图型家庭

本书研究工作的一大难点是如何在模型中加入分配公平问题，以动态方式刻画分配不平等的产生与演化过程。不平等问题在现实经济中是长期存在、难以完全消除的，所以王弟海、龚六堂（2006）等的既有理论研究提供的一个宝贵经验是，涉及不平等问题的理论模型中首先引入“存量”维度上的不平等，用以在动态的经济系统中体现不平等的收入分配既有状态。

因此，本书采用二元异质性家庭设计，将模型中的代表件家庭分为两类：第一类是拥有资产的相对富裕的李嘉图型家庭（Ricardian households），其中的消费者可追求跨期消费平滑和效用最大化；第二类家庭是相对贫困的非李嘉图型家庭（non-Ricardian households），在经济分析中也称为经验法则家庭（rule-of-thumb households），它们缺乏跨期消费平滑的资产存量，无法做出跨期决策。因此，受限于流动性约束和预算约束，非李嘉图型家庭

① 本章第二节至第九节所阐述的模型设计均属于含有收入分配、行业异质性等设计要素的完整版模型。由于本书需要进行不同模型间的比较，这一完整版模型在下文中也被称为“基准NK－DSGE模型”。

只能依靠当期的可支配劳动收入来生存。

虽然上述设置非常简单和抽象，但意味着财富分配高度集中在模型经济中。这可以在一定程度上近似反映经济现实，并可以得到许多实证结论的支持。许多实证研究表明，“存量”维度的收入分配不平等主要表现为财富不平等（廉永辉、张琳，2013），现实中这种不平等的严重程度远远大于收入不平等（Cagetti & Nardi，2009）。Kennickell（2003）对美国财富分配的研究同样表明，美国最富有的1%人口拥有超过30%的社会财富，而最富有的5%人口拥有的资产超过了美国整个社会总财富的一半。与此同时，相当一部分贫困家庭几乎没有资产，生活在“寅吃卯粮”的状态下，这与上述非李嘉图型家庭正好对应。其他实证研究表明，真实经济中大多数居民的消费与当期收入的变化有更密切的关系，生命周期持续性收入假说（LC-PIH）并不适用于他们（Campbell & Mankiw，1989）。基于上述研究经验可以看出，家庭财富分布的高度集中和家庭跨期决策模式的异质性都是真实的经济现象。在建立经济政策分析框架的过程中，如果不考虑上述现象，就会很难真正准确地描述经济政策与居民收入之间的动态关系（Mankiw，2000）。

同时，国内大量的实证分析和微观调查数据也为上述二元异质性家庭设计在中国DSGE模型中的适用性提供了依据。改革开放后，由于经济结构的快速转型和遗产税、房产税等财富再分配机制的长期缺位，中国社会中的财富不平等加剧。一些学者发现，2010年中国社会的财产基尼系数就已超过0.73（李实、万海远，2015）。与此同时，在模型经济中，非李嘉图型家庭面临流动性约束，并纯粹根据经验法则（ROT）做出经济决策。尽管这些刻画非常简化、抽象，但在中国社会长期保持城乡二元结构、金融和财税体系仍在不断完善、财富和收入的分布日渐集中的实际背景下，二元异质性家庭设计实质上能反映中国社会的诸多经验规律。近年来，对这种经验规律的实证检验已在国内学界得到较大推进，如李伯涛、龙军（2011）通过理论模型和计量实证分析，证实了中国居民面临的强大流动性约束；封福育（2014）使用阈值回归模型进行了实证研究，结果表明流动性约束对中国低收入群体经济决策的影响显著大于高收入群体；修磊（2017）的实证研究进一步分析了流动性约束与分配不平等之间的双向关系，并发现流动性约束与收入不平等和消费不平等之间存在密切的内生关联。

本书的二元异质性家庭具体设定借鉴自 Galí et al.（2007）、Iwata（2011）、陈利锋（2018）等。在 NK－DSGE 模型的两类异质性家庭当中，李嘉图型家庭的当期效用函数为：

$$U_t^h = \frac{(C_t^h - \zeta^h C_{t-1}^h)^{\gamma_e^h(1-\sigma^h)}(ENV_t^h)^{(1-\gamma_e^h)(1-\sigma^h)} - 1}{1-\sigma^h} - S_t^n \frac{(N_t^{nth})^{1+\varphi^h}}{1+\varphi^h} \tag{3.1}$$

$$S_t^n = e^{\varepsilon_t^n},\ \varepsilon_t^n = \rho_n \varepsilon_{t-1}^n + e_t^n,\ e_t^n \sim i.i.d.\ N(0, \sigma_n^2)$$

本书采用的效用函数是一类典型的常相对风险规避（CRRA）效用函数。其中，消费为 C_t^h，系数 ζ^h 则表示消费的惯性水平，体现的是消费者以往的消费习惯带来的持续影响；σ^h 为消费风险规避系数，决定了消费者对消费品价格变动的反应程度；ENV_t 表示当期生态环境质量，参数 γ_e^h 代表李嘉图型家庭在消费、环境之间的权衡程度，该参数的值越大，越表明消费者愿意为保护环境而控制消费欲望或改变消费结构。为了表达方便，接下来设变量 $\tilde{C}_t^h = C_t^h - \zeta^h C_{t-1}^h$、$\tilde{C}_t^{eh} = (\tilde{C}_t^h)^{\gamma_e^h} ENV_t^{(1-\gamma_e^h)}$，$\tilde{C}_t^{eh}$ 相当于环境质量与商品消费的加总。

家庭总就业以 N_t^{nth} 表示；参数 φ_h 为劳动供给弹性倒数（Frisch 劳动厌恶系数），体现了劳动供给对工资水平变动的敏感程度，也会影响劳动和消费者主观效用之间的关系。S_t^n 是劳动供给冲击项，其自然对数值 ε_t^n 服从平稳的 AR（1）过程。李嘉图型家庭的经济决策目标是在有限预算约束下实现长期的效用最大化，其数学方程如方程（3.2）所示：

$$\max E_h = \sum_{t=0}^{\infty} (\beta^h)^t U^h(C_t^h, ENV_t^h, N_t^{nth})$$

$$\begin{aligned}
\text{s.t.}\ &(1+\tau_t^{ch})P_t C_t^h + P_t I_t^{ha} + P_t I_t^{hb} + R_t^{-1} B_{t+1}^h + \gamma_y^a (\gamma_n^h)^{-1} P_t v_t^a (Q_t^{ea} + E_t^{ea}) x_{t+1}^a \\
&+ (1-\gamma_y^a)(\gamma_n^h)^{-1} P_t v_t^b (Q_t^{eb} + E_t^{eb}) x_{t+1}^b \\
= &\left[\begin{array}{c}
(1-\tau_t^{wha}) P_t W_t^{ha} Q_t^{ea} N_t^{nha} + (1-\tau_t^{whb}) P_t W_t^{hb} Q_t^{eb} N_t^{nhb} \\
+ (1-\tau_t^{kha}) P_t R_t^{ka} K_t^{ha} + (1-\tau_t^{khb}) P_t R_t^{kb} K_t^{hb} \\
+ \gamma_y^a (\gamma_n^h)^{-1} P_t (d_t^a + v_t^a) Q_t^{ea} x_t^a + (1-\gamma_y^a)(\gamma_n^h)^{-1} P_t (d_t^b + v_t^b) Q_t^{eb} x_t^b \\
+ B_t^h
\end{array}\right]
\end{aligned} \tag{3.2}$$

其中，β 表示主观贴现率，反映的是个体未来经济决策的预期效用评价；设置这个参数的原因是未来经济活动距离现在的时间越久，其现实性和主观效用感受越弱，所以 β 的值通常小于 1 但大于 0。理论上，不同经济主体的主观贴现率应当存在差异，所以本书中两类异质性家庭的主观贴现率会被校准为不同的值。P_t为第 t 期物价指数。李嘉图型家庭提供的低污染行业劳动力为 N_t^{nha}，前往高污染行业工作的迁移劳动力数量为 N_t^{nhb}，且有 $N_t^{nh} = N_t^{nha} + N_t^{nhb}$，两个行业劳动力的实际工资分别为 W_t^{ha}、W_t^{hb}。该家庭是资产的主要持有者，同时向模型中的两个行业进行投资，持有的低污染行业物质资本为 K_t^{ha}、高污染行业物质资本为 K_t^{hb}，两个行业的实际资本收益率分别为 R_t^{ka}、R_t^{kb}，而在第 t 期抛售的债券数额（名义值）为 B_t^h，每单位债券的售价为 1 单位货币；在支出方面，除了消费外，I_t^{ha}、I_t^{hb} 为对两个行业的投资支出，B_{t+1}^h为在第 t 期认购并将在第 $t+1$ 期抛售的债券数额，这些债券的认购价格为 R_t^{-1}。从上述方程还可见，参考朱军、许志伟（2018）的划分方式，模型中设置了商品消费税、工薪收入税、资产收入税这三类税收，其税率依次为 τ_t^{ch}、τ_t^{wx}、τ_t^{kx}，$x \in \{ha, hb, sb, sa\}$，其对数偏离值（相对自身稳态）服从平稳的 AR（1）过程。以上三类税收的稳态平均税率分别为$\bar{\tau}^c$、$\bar{\tau}^w$、$\bar{\tau}^k$。

二　创业活动与投资

方程（3.2）中还含有关于创业活动和企业数量变化的机制描述。在典型的国内外环境经济领域 DSGE 研究文献中，基本尚未有文献考虑关停整顿政策带来的影响（Annicchiarico & Di Dio，2015；朱军，2015a；武晓利，2017）。导致这一现状的原因之一是关停整顿政策的刻画需要考虑模型中在位企业数量的变化，而典型的环境经济 DSGE 模型，无论是基于新古典主义的（Kyriakopoulou & Xepapadeas，2013）还是以新凯恩斯主义为理论基础的（Annicchiarico & Di Dio，2015），绝大多数假定行业中的企业数量不变。所幸，以 Bilbiie et al.（2012）为代表的学者将企业数量内生变化机制引入新古典主义和新凯恩斯主义的DSGE模型当中，而Annicchiarico et al.（2018）进一步将创业和企业进入—退出机制引入新凯恩斯主义的环境经济DSGE模型当中。这些研究给本书NK－DSGE模型中的企业数量变化机制设计提供了重要的参考。

以a行业为例，式中Q_t^{ea}为第t期之初的a行业在位企业总数，E_t^{ea}为在第t期进入a行业的新创企业数量，γ_y^a为a行业在宏观经济中的总比重。x_t^a和x_{t+1}^a分别表示第t期和第$t+1$期李嘉图型家庭持有的a行业企业股份数。以a行业为例，a行业的企业数量动态为$Q_t^{ea}=(1-\delta^{ea})S_t^{ea}(Q_{t-1}^{ea}+E_{t-1}^{ea})$，$Q_t^{ea}$是当期企业数量，$E_{t-1}^{ea}$是上期尝试创业的企业数量。$\delta^{ea}$是上期末的企业退出比率（外生），$S_t^{ea}$是命令—控制型环境规制政策（关停整顿）带来的企业数量变化比率，服从平稳的一阶自回归也即AR（1）过程。

本书参考Bilbiie et al.（2012）的研究来推导家庭成员创业行为的优化条件。从上述介绍可见，第$t-1$期的新创企业在第t期才开始生产，而且即便是在初创企业当中，也会有比例为δ^{ea}的企业功败垂成，在正式开展业务之前就退出行业。同理，对b行业有$Q_t^{eb}=(1-\delta^{eb})S_t^{eb}(Q_{t-1}^{eb}+E_{t-1}^{eb})$。初创企业在第$t$期需要依靠劳动力进行创建工作，$a$行业的每一家新创企业用的劳动力数量为$\gamma_n^h N_t^e=E_t^e fc_t^a/S_t^a$，式中$fc_t^a$为$a$行业企业创建时面对的沉没成本，$S_t^a$是技术（全要素生产率）的冲击项。该式也可以变换并理解为“生产新企业的函数”，即$E_t^e=S_t^a\gamma_n^h N_t^e/fc_t^a$。换一个角度而言，对每一家新创企业而言，创业者投入的劳动为$N_t^{ea}/E_t^{ea}=fc_t^a/(S_t^a\gamma_n^h)$。$b$行业的相关定义与此一致。$v_t^a$、$v_t^b$分别是$a$、$b$两个行业企业的预期总价值，$d_t^a$、$d_t^b$分别是$a$、$b$两个行业在位企业的当期利润。在第$t$期，潜在进入者追求的目标是企业预期价值$v_t$最大化，而企业预期价值取决于未来各期利润$d_t$的贴现值，即有：

$$v_t^a(j)=E_t\sum_{k=t+1}^{\infty}\Lambda_{t,k}^{ea}d_k^a(j) \tag{3.3}$$

Λ_t^{ea}为企业价值的随机贴现因子，有$\Lambda_{t,t+k}^{ea}=[\beta(1-\delta^{ea})S_t^{ea}]^k E_{t+k}\left\{\frac{P_t}{P_{t+k}}\frac{(\tilde{C}_{t+k}^{eh})^{1-\sigma^h}}{(\tilde{C}_t^{eh})^{1-\sigma^h}}\frac{(\tilde{C}_t^h)(1+\tau_t^c)}{(\tilde{C}_{t+k}^h)(1+\tau_{t+k}^c)}\right\}$。

另一行业 b 的相关变量定义与 a 行业的上述定义一致（除了上标不同）。

李嘉图型家庭创业者如果决定在第 t 期创业，那么每一家新创企业的预期价值为 $\gamma_y^a v_t^a / \gamma_n^h$（以低污染行业为例）。如果一家新创企业的创业者在该期放弃创业，重新回到劳动力流动过程中，那么他被低污染行业雇用的概率为 X_t^{ha}，被高污染行业雇用的概率为 X_t^{hb}，所以这些劳动力能获得的预期收益为 $X_t^{ha} W_t^{ha} fc_t^a / (S_t^a / \gamma_n^h) + X_t^{hb} W_t^{hb} fc_t^b / (S_t^b / \gamma_n^h)$。综上所述，促使创业者坚持创业（而不受雇用）的边际条件应当是新创企业预期价值与创业者在放弃创业后的预期收益相等：

$$\gamma_y^a v_t^a = X_t^{ha} W_t^{ha} fc_t^a / S_t^a + X_t^{hb} W_t^{hb} fc_t^b / S_t^b \tag{3.4}$$

此外，决定李嘉图型家庭成员在创业时的行业选择的边际条件应当是两个行业新创企业预期价值相等，所以有：

$$\gamma_y^a v_t^a = (1 - \gamma_y^a) v_t^b \tag{3.5}$$

在物质资本存量及投资方面，高污染、低污染两个行业的物质资本 K_t^{nh} 遵循以下动态积累过程：

$$K_{t+1}^{hi} = (1 - \delta^i) K_t^{hi} + K_t^{hi} \left[\varphi\left(\frac{I_t^{hi}}{K_t^{hi}} \right) \right];\ i \in \{a, b\} \tag{3.6}$$

上述方程中的参数 δ^i 为两个行业物质资本折旧率，函数 $\varphi(\cdot)$ 为物质资本调整成本函数，该函数具有下列性质：$\varphi'(\cdot) > 0$，$\varphi''(\cdot) \leqslant 0$，$\varphi(\delta) = \delta$，$\varphi'(\delta) = 1$，$\varphi''(\delta) = -\delta^{-1}$。

三　李嘉图型家庭的跨期最优决策

如方程（3.2）所示，李嘉图型家庭的经济决策目标是预算约束下的长期效用最大化。这一决策目标又可以表达为下述拉格朗日函数的最大化：

$$L=\frac{(C_t^h-hC_{t-1}^h)^{\gamma_e^h(1-\sigma^h)}(ENV_t^h)^{(1-\gamma_e^h)(1-\sigma^h)}-1}{1-\sigma^h}-S_t^n\frac{(N_t^{nh})^{1+\varphi}}{1+\varphi}+\beta V(K_{t+1}^{ha},K_{t+1}^{hb},B_{t+1}^h,x_{t+1}^a,x_{t+1}^b)$$
$$-\lambda_t^h\left[\begin{array}{c}(1+\tau_t^{ch})P_tC_t^h+P_tI_t^h+R_t^{-1}B_{t+1}^h\\+\gamma_y^a(\gamma_n^h)^{-1}P_tv_t^a(Q_t^{ea}+E_t^{ea})x_{t+1}^a+(1-\gamma_y^a)(\gamma_n^h)^{-1}P_tv_t^b(Q_t^{eb}+E_t^{eb})x_{t+1}^a\\-(1-\tau_t^{wha})P_tW_t^{ha}Q_t^{ea}N_t^{nha}-(1-\tau_t^{whb})P_tW_t^{hb}Q_t^{eb}N_t^{nhb}\\-(1-\tau_t^{kha})P_tR_t^{ka}K_t^{ha}-(1-\tau_t^{khb})P_tR_t^{kb}K_t^{hb}\\-\gamma_y^a(\gamma_n^h)^{-1}P_t(d_t^a+v_t^a)Q_t^{ea}x_t^a-(1-\gamma_y^a)(\gamma_n^h)^{-1}P_t(d_t^b+v_t^b)Q_t^{eb}x_t^b+B_t^h\end{array}\right]$$

(3.7)

方程（3.7）中的 $V(K_{t+1}^{ha},K_{t+1}^{hb},B_{t+1}^h,x_{t+1}^a,x_{t+1}^b)$ 是家庭成员跨期选择的价值函数，本质上是一个泛函，其经济意义则可理解为：在跨期优化决策过程中，李嘉图型家庭须逐期追求下期价值函数最大化，从而实现方程（3.2）所示的长期效用最大化。实际上，加入该价值函数的主要目的是为基于包络定理（envelope theorem）的跨期一阶优化求解提供条件。λ_t^h 则是拉格朗日乘数法（条件极值求解方法）所不可缺少的拉格朗日乘数。结合拉格朗日乘数法、包络定理和微分方法，我们可以进一步对李嘉图型家庭的经济决策进行一阶最优化求解。

首先，通过直接对方程（3.7）中的各个变量求偏导，得到初步的一阶优化条件：

$$\frac{\partial L}{\partial C_t^h}=\gamma_e^h(\widetilde{C}_t^h)^{(1-\sigma^h)\gamma_e^h-1}(ENV_t)^{(1-\gamma_e^h)(1-\sigma^h)}-\lambda_t^hP_t(1+\tau_t^c)=0\Rightarrow\lambda_t^h=\frac{\gamma_e^h(\widetilde{C}_t^{eh})^{(1-\sigma)}}{\widetilde{C}_t^hP_t(1+\tau_t^c)}\tag{3.8}$$

$$\frac{\partial L}{\partial B_{t+1}^h}=\beta^hV'(B_{t+1}^h)-\lambda_t^hR_t^{-1}=0\Rightarrow V'(B_{t+1}^h)=(\beta^h)^{-1}\lambda_t^hR_t^{-1}\tag{3.9}$$

$$\frac{\partial L}{\partial K_{t+1}^{ha}}=\beta^hV'(K_{t+1}^{ha})-\lambda_t^hP_t\frac{\partial I_t^{ha}}{\partial K_{t+1}^{ha}}=0\tag{3.10}$$

$$\frac{\partial L}{\partial K_{t+1}^{hb}}=\beta^hV'(K_{t+1}^{hb})-\lambda_t^hP_t\frac{\partial I_t^{hb}}{\partial K_{t+1}^{hb}}=0\tag{3.11}$$

$$\frac{\partial L}{\partial x_{t+1}^{a}}=\beta^{h}V'(x_{t+1}^{a})-\lambda_{t}^{h}\gamma_{y}^{a}(\gamma_{n}^{h})^{-1}P_{t}v_{t}^{a}(Q_{t}^{ea}+E_{t}^{ea})=0 \tag{3.12}$$

$$\frac{\partial L}{\partial x_{t+1}^{b}}=\beta^{h}V'(x_{t+1}^{b})-\lambda_{t}^{h}(1-\gamma_{y}^{a})(\gamma_{n}^{h})^{-1}P_{t}v_{t}^{b}(Q_{t}^{eb}+E_{t}^{eb})=0 \tag{3.13}$$

接下来，利用包络定理完成跨期最优化条件求解。根据包络定理，可从方程（3.7）计算得出：

$$V'(B_{t}^{h})=\frac{\partial L}{\partial B_{t}^{h}}=\lambda_{t}$$

将上述方程前推一期并与方程（3.9）联立后，得到消费的跨期决定条件：

$$\begin{aligned}&R_{t}=(\beta^{h})^{-1}\frac{\lambda_{t}^{h}}{\lambda_{t+1}^{h}}\\&\Rightarrow R_{t}\beta^{h}\frac{\lambda_{t+1}^{h}}{\lambda_{t}^{h}}=1\\&\Rightarrow R_{t}\Lambda_{t,t+1}^{h}\frac{P_{t}}{P_{t+1}}=1\end{aligned} \tag{3.14}$$

$\Lambda_{t,t+k}^{h}$为家庭成员实际税后消费的随机贴现因子，其定义为：

$$\begin{aligned}\Lambda_{t,t+k}^{h}&=(\beta^{i})^{k}\frac{(\widetilde{C}_{t+k}^{ei})^{1-\sigma^{h}}}{(\widetilde{C}_{t}^{ei})^{1-\sigma^{h}}}\frac{(\widetilde{C}_{t}^{i})(1+\tau_{t}^{c})}{(\widetilde{C}_{t+k}^{i})(1+\tau_{t+k}^{c})}\\&=(\beta^{k})^{k}\frac{[(C_{t+k}^{i}-\zeta^{i}C_{t+k-1}^{i})^{\gamma_{e}^{i}}(ENV_{t+k})^{(1-\gamma_{e}^{i})}]^{1-\sigma^{i}}}{[(C_{t}^{i}-\zeta^{i}C_{t-1}^{i})^{\gamma_{e}^{i}}(ENV_{t})^{(1-\gamma_{e}^{i})}]^{1-\sigma^{i}}}\frac{(C_{t}^{i}-\zeta^{i}C_{t-1}^{i})(1+\tau_{t}^{c})}{(C_{t+k}^{i}-\zeta^{i}C_{t+k-1}^{i})(1+\tau_{t+k}^{c})};\ i\in\{h,s\}\end{aligned} \tag{3.15}$$

此处可定义代表性家户的边际替代率为：$MRS_{t}^{h}=S_{t}^{n}\gamma_{e}^{h-1}\widetilde{C}_{t}^{h}(\gamma_{e}^{h})^{-1}\widetilde{C}_{t}^{eh(\sigma^{h}-1)}(N_{t}^{nth})^{\varphi^{h}}$。

根据包络定理，从方程（3.7）还可计算得出：

$$V'(K_{t}^{ha})=\frac{\partial L}{\partial K_{t}^{ha}}=\lambda_{t}^{h}P_{t}(1-\tau_{t}^{k})R_{t}^{ka}-\lambda_{t}^{h}P_{t}\frac{\partial I_{t}^{ha}}{\partial K_{t}^{ha}} \tag{3.16}$$

同时，对资本积累方程求导后可以得出：

$$\frac{\partial I_t^{ha}}{\partial K_t^{ha}} = Q_t^a \left[1 - \delta^a + \varphi\left(\frac{I_t^{ha}}{K_t^{ha}}\right) - \varphi'\left(\frac{I_t^{ha}}{K_t^{ha}}\right)\frac{I_t^{ha}}{K_t^{ha}} \right] \tag{3.17}$$

上述方程中的 Q_t 即为托宾"Q"值，定义为 $Q_t = [\varphi'\ (I_t/K_t)]^{-1}$。在实践层面，托宾"$Q$"值的内在含义是公司的市场价值与其资产重置价值之比。

将上述方程代入前推一期的方程（3.16），并与方程（3.10）、方程（3.14）联立后得到：

$$\begin{aligned}\beta^h V'(K_{t+1}^{ha}) &= \beta^h E_t\left\{(1-\tau_{t+1}^k)R_{t+1}^{ka} + Q_{t+1}^a\left[(1-\delta^a) + \varphi\left(\frac{I_{t+1}^{ha}}{K_{t+1}^{ha}}\right) - \frac{I_{t+1}^{ha}}{K_{t+1}^{ha}}\varphi'\left(\frac{I_{t+1}^{ha}}{K_{t+1}^{ha}}\right)\right]\right\} \\ &= E_t\left\{\frac{\lambda_t^h P_t}{\lambda_{t+1}^h P_{t+1}}\right\}Q_t^a\end{aligned} \tag{3.18}$$

同理，对另一行业，也可得到：

$$\begin{aligned}\beta^h V'(K_{t+1}^{hb}) &= \beta^h E_t\left\{(1-\tau_{t+1}^k)R_{t+1}^{kb} + Q_{t+1}^b\left[(1-\delta^b) + \varphi\left(\frac{I_{t+1}^{hb}}{K_{t+1}^{hb}}\right) - \frac{I_{t+1}^{hb}}{K_{t+1}^{hb}}\varphi'\left(\frac{I_{t+1}^{hb}}{K_{t+1}^{hb}}\right)\right]\right\} \\ &= E_t\left\{\frac{\lambda_t^h P_t}{\lambda_{t+1}^h P_{t+1}}\right\}Q_t^b\end{aligned} \tag{3.19}$$

根据包络定理，从方程（3.7）还可计算得出关于行业利润与价值的下列条件：

$$V'(x_t^a) = \gamma_y^a\ (\gamma_n^h)^{-1}\lambda_t^h P_t(d_t^a + v_t^a)Q_t^{ea} \tag{3.20}$$

将上述方程前推一期代入方程（3.12），并考虑企业数量的动态演化规律 $Q_t^{ea} = (1-\delta^{ea})S_t^{ea}(Q_{t-1}^{ea} + E_{t-1}^{ea})$，进行推导如下：

$$\beta^h E_t\{\lambda_{t+1}^h\gamma_y^a P_{t+1}(d_{t+1}^a+v_{t+1}^a)Q_{t+1}^{ea}\}-\lambda_t^h\gamma_y^a P_t v_t^a(Q_t^{ea}+E_t^{ea})=0$$
$$\Rightarrow\beta^h E_t\{\lambda_{t+1}^h\gamma_y^a P_{t+1}(d_{t+1}^a+v_{t+1}^a)Q_{t+1}^{ea}\}=\lambda_t^h\gamma_y^a P_t v_t^a Q_{t+1}^{ea}/[S_{t+1}^{ea}(1-\delta^{ea})]$$
$$\Rightarrow\beta^h E_t\{\lambda_{t+1}^h P_{t+1}(d_{t+1}^a+v_{t+1}^a)\}=\lambda_t^h P_t v_t^a[(1-\delta^{ea})]^{-1} \tag{3.21}$$
$$\Rightarrow v_t^a=\beta^h(1-\delta^{ea})S_{t+1}^{ea}E_t\left\{\frac{\lambda_{t+1}^h P_{t+1}}{\lambda_t^h P_t}(d_{t+1}^a+v_{t+1}^a)\right\}$$

最后得出：

$$v_t^a=E_t\{\Lambda_{t,t+1}^h(1-\delta^{ea})S_{t+1}^{ea}(d_{t+1}^a+v_{t+1}^a)\} \tag{3.22}$$

同理可得出另一行业的创业参股优化选择条件：

$$v_t^b=E_t\{\Lambda_{t,t+1}^h(1-\delta^{eb})S_{t+1}^{eb}(d_{t+1}^b+v_{t+1}^b)\} \tag{3.23}$$

根据上面推导得出的（3.14）、（3.18）等方程，可将李嘉图型家庭经济行为的一阶优化条件汇总如下：

$$R_t\Lambda_{t,t+1}^h\frac{P_t}{P_{t+1}}=1 \tag{3.24}$$

$$Q_t^a=\left[\varphi'\left(\frac{I_t^{ha}}{K_t^{ha}}\right)\right]^{-1} \tag{3.25}$$

$$Q_t^a=E_t\left\{\Lambda_{t,t+1}^h(1-\tilde{\tau}_{t+1}^{kh})R_{t+1}^{ka}+\Lambda_{t,t+1}^h Q_{t+1}^a\left[1-\delta^a+\varphi\left(\frac{I_{t+1}^{ha}}{K_{t+1}^{ha}}\right)-\varphi'\left(\frac{I_{t+1}^{ha}}{K_{t+1}^{ha}}\right)\frac{I_{t+1}^{ha}}{K_{t+1}^{ha}}\right]\right\} \tag{3.26}$$

$$Q_t^b=\left[\varphi'\left(\frac{I_t^{hb}}{K_t^{hb}}\right)\right]^{-1} \tag{3.27}$$

$$Q_t^b=E_t\left\{\Lambda_{t,t+1}^h(1-\tilde{\tau}_{t+1}^{kh})R_{t+1}^{kb}+\Lambda_{t,t+1}^h Q_{t+1}^b\left[1-\delta^b+\varphi\left(\frac{I_{t+1}^{hb}}{K_{t+1}^{hb}}\right)-\varphi'\left(\frac{I_{t+1}^{hb}}{K_{t+1}^{hb}}\right)\frac{I_{t+1}^{hb}}{K_{t+1}^{hb}}\right]\right\} \tag{3.28}$$

$$v_t^a=E_t\{\Lambda_{t,t+1}^h(1-\delta^{ea})S_{t+1}^{ea}(d_{t+1}^a+v_{t+1}^a)\} \tag{3.29}$$

$$v_t^b=E_t\{\Lambda_{t,t+1}^h(1-\delta^{eb})S_{t+1}^{eb}(d_{t+1}^b+v_{t+1}^b)\} \tag{3.30}$$

在上面两个等式中，Q_t^a、Q_t^b 表示两个行业资本影子价格（即托宾“Q”值）。

$\Lambda_{t,t+1}$为随机贴现因子，定义为：$\Lambda^h_{t,t+k}=\beta^k[(1+\tilde{\tau}^{ch}_t)/(1+\tilde{\tau}^{ch}_{t+k})](\tilde{C}^h_t/\tilde{C}^h_{t+k})$。

四　异质性代表性家庭：非李嘉图型家庭

非李嘉图型家庭的效用函数（区别在于上标不同）如下：

$$U^s_t=\frac{(C^s_t-\zeta^s C^s_{t-1})^{\gamma^s_e(1-\sigma^s)}(ENV^s_t)^{(1-\gamma^s_e)(1-\sigma^s)}-1}{1-\sigma^s}-S^n_t\frac{(N^{nts}_t)^{1+\varphi^s}}{1+\varphi^s} \tag{3.31}$$

与李嘉图型家庭不同，非李嘉图型家庭预算窘迫且存在流动性约束，即其经济决策方式较简单，将所有税后收入用于消费。设非李嘉图型家庭也同时向两个行业提供劳动力，从两个行业获得的实际工资水平分别为W^{sa}_t、W^{sb}_t，τ^{wsa}_t、τ^{wsb}_t、τ^{cs}_t分别为其缴纳低污染行业劳动收入税、高污染行业劳动收入税、消费税的当期实际税率。所以其预算约束条件（也是消费决定条件）可以表示为：

$$(1+\tau^{cs}_t)P_tC^s_t=(1-\tau^{wsb}_t)W^{sb}_tP_tN^{nsb}_t+(1-\tau^{wsa}_t)W^{sa}_tP_tN^{nsa}_t \tag{3.32}$$

两类家庭的边际替代率为：

$$MRS^i_t=S^n_t(\gamma^i_e)^{-1}(N^{nti}_t)^{\varphi^i}(C^i_t-\zeta^iC^i_{t-1})[(C^i_t-\zeta^iC^i_{t-1})^{\gamma^i_e}(ENV_t)^{(1-\gamma^i_e)}]^{\sigma^i-1};\ i\in\{h,s\} \tag{3.33}$$

若李嘉图型家庭数量占比为γ^h_n，则两类家庭的消费、资本存量、投资额、债券等均可以γ^h_n为权重进行加总。

$$C_t=\gamma^h_nC^h_t+(1-\gamma^h_n)C^s_t \tag{3.34}$$

$$K^a_t=\gamma^h_nK^{ha}_t \tag{3.35}$$

$$I^a_t=\gamma^h_nI^{ha}_t \tag{3.36}$$

$$K^b_t=\gamma^h_nK^{hb}_t \tag{3.37}$$

$$I^b_t=\gamma^h_nI^{hb}_t \tag{3.38}$$

$$B_t=\gamma^h_nB^h_t \tag{3.39}$$

第三节 生产部门

一 中间产品生产商

模型中同时存在分布于不同行业的中间产品和最终产品生产部门，以及跨行业的产品最终经销部门，三者形成了产业链条上的衔接关系。多行业设定是本书的主要创新点之一，能够体现劳动力在行业间的流动，反映环境规制在不同行业的作用差异。而且，各行业投入规模、产值水平的相对变化，也可以用于分析新常态下中国经济的结构转型与增长动力转换问题。

低污染行业中间产品生产部门存在一个由厂商 $z \in (0, Q_t^{ea}]$ 构成的连续统，高污染行业的同类生产商则分布在 $j \in (0, Q_t^{eb}]$ 的连续统中。中间产品生产商之间存在一定差异，所以能够形成有限的垄断优势。两个行业生产商运用以下的柯布道格拉斯生产函数进行生产：

$$Y_t^{ma}(z) = K_{t-1}^a(z)^{(1-\alpha^a)}[S_t^a N_t^a(z)]^{\alpha^a} \tag{3.40}$$

$$Y_t^{mb}(j) = K_{t-1}^b(j)^{(1-\alpha^b)}[S_t^a N_t^b(j)]^{\alpha^b} \tag{3.41}$$

以低污染行业为例，$Y_t^{ma}(z)$ 为第 z 个企业的产量，$1-\alpha^a$ 为资本的产出弹性。按照模型的参数校准与估计结果，低污染行业的资本产出弹性高于高污染行业，而且其全要素生产率在外生冲击下的持续性参数值更高，说明低污染行业是更依赖资本、技术推动的行业。在经济结构变迁的过程中，低污染行业占比的提升也有助于促进国民经济的增长动力转换。

$K_{t-1}^a(z)$ 表示第 z 个低污染行业代表性企业的资本投入量，其与家庭资本持有量的关系为：$K_t^a(z) = K_t^a/Q_t^{ea}$（Annicchiarico et al.，2018）。$N_t^a(z)$ 表示第 z 个低污染行业代表性企业的劳动力投入量，该劳动力投入是将进入低污染行业企业就业的两类家庭劳动力结合、搭配之后得到的，其具体含义在后文将做详细解释。

S_t^a 是技术（全要素生产率）的冲击项，其自然对数值 ε_t^a 服从平稳的AR（1）过程。高污染行业生产函数的表示方式与此类似，此处略去其阐述。

根据成本最小化一阶条件可以得出：中间产品生产商的边际成本与资本要素报酬水平（实际资本收益率）之间应满足以下等式关系：

$$R_t^{ka}(z)=(1-\alpha^a)\psi_t^a(z)\left[\frac{Y_t^{ma}(z)}{K_{t-1}^a(z)}\right] \tag{3.42}$$

$$R_t^{kb}(j)=(1-\alpha^b)\psi_t^b(j)\left[\frac{Y_t^{mb}(j)}{K_{t-1}^b(j)}\right] \tag{3.43}$$

其中，$\psi_t^a(z)$、$\psi_t^b(j)$ 分别表示两个行业生产商的实际边际成本水平（不包含环境因素），$R_t^{ka}(z)$、$R_t^{kb}(j)$ 为实际资本收益率。

在大多数同类研究中，企业的劳动要素报酬（实际工资）同样是由成本最小化条件决定的，但由于本书模型中劳动力存在跨行业流动和搜寻—匹配机制，其决定机制更为复杂，所以劳动力投入与实际工资的决定过程将在关于跨行业劳动力流动的小节中加以阐述。

根据新凯恩斯主义理论，中间产品生产商的有限垄断优势会为其带来影响价格的能力，故设中间产品生产商的价格调整过程遵循Calvo规则：

$$[P_t^{ma}(z)]^{1-\varepsilon^a}=\theta^a\,[P_{t-1}^{ma}(z)]^{1-\varepsilon^a}+(1-\theta^a)(P_t^{a*})^{1-\varepsilon^a} \tag{3.44}$$

$$[P_t^{mb}(j)]^{1-\varepsilon^b}=\theta^b\,[P_{t-1}^{mb}(j)]^{1-\varepsilon^b}+(1-\theta^b)(P_t^{b*})^{1-\varepsilon^b} \tag{3.45}$$

根据上述规则，$P_t^{ma}(z)$、$P_t^{mb}(j)$ 是单个企业定价水平，P_t^{a*}、P_t^{b*} 是两个行业企业在当期重新确定的最优价格。ε^a、ε^b是两个行业的中间产品替代弹性，两个行业生产商在向最终产品生产商出售产品时，在每一期均能在θ^a或θ^b的概率水平（即名义价格刚性水平）下保持原价格不变，但也能够在$1-\theta^a$或$1-\theta^b$的概率水平下重新设定符合自身利润最大化诉求的最优价格 P_t^{a*}、P_t^{b*}，其利润最大化一阶条件为：

$$\sum_{k=0}^{\infty}[\theta^a(1-\delta^{ea})]^k E_t\left\{\left(\prod_0^k x_{t+k}^{ea}\right)\Lambda_{t,t+k}^h Y_{t+k|t}^{ma}(z)\left[\frac{P_t^{a*}}{P_{t+k}}-\mu^a MC_{t+k|t}^a(z)\right]\right\}=0,\ \mu^a=\frac{\varepsilon^a}{(\varepsilon^a-1)} \tag{3.46}$$

$$\sum_{k=0}^{\infty}[\theta^{b}(1-\delta^{eb})]^{k}E_{t}\left\{(\prod_{0}^{k}x_{t+k}^{eb})\Lambda_{t,t+k}^{h}Y_{t+k|t}^{mb}(j)\left[\frac{P_{t}^{b*}}{P_{t+k}}-\mu^{b}MC_{t+k|t}^{b}(j)\right]\right\}=0,\ \mu^{b}=\frac{\varepsilon^{b}}{(\varepsilon^{b}-1)} \tag{3.47}$$

对上述方程进行线性化处理和相应推导、变换后，可以得到 NK - DSGE 模型的关键方程之一：新凯恩斯主义菲利普斯曲线方程（New Keynesian Phillips' Curve，NKPC）。该方程表明，本书 DSGE 模型中可以纳入价格、利率等名义变量，并含有货币、财政等方面的宏观调控政策，有利于准确反映政策效果，更全面地探索政策选项。

二　最终产品生产商

高污染行业、低污染行业各自拥有最终产品生产商，最终产品生产商使用 CES 技术对所有中间产品生产商的产出进行加总，并提供给消费者。其生产函数为：

$$Y_{t}^{a}=\left\{\sum_{z=1}^{Q_{t}^{ea}}[Y_{t}^{ma}(z)]^{\frac{\varepsilon^{a}-1}{\varepsilon^{a}}}\right\}^{\frac{\varepsilon^{a}}{\varepsilon^{a}-1}} \tag{3.48}$$

$$Y_{t}^{b}=\left\{\sum_{j=1}^{Q_{t}^{eb}}[Y_{t}^{mb}(j)]^{\frac{\varepsilon^{b}-1}{\varepsilon^{b}}}\right\}^{\frac{\varepsilon^{b}}{\varepsilon^{b}-1}} \tag{3.49}$$

以上的加总方式实际正是垄断竞争市场结构的一种体现。如前所述，ε^{a}、ε^{b}是两个行业的中间产品替代弹性，其数值与生产商之间的产品差异程度成反比，方程（3.48）和方程（3.49）的实际含义可理解为行业中众多有差异的产品加总为最终的一揽子产品（也可理解为产品组合）。相应的，如果两个行业都是完全竞争的，则 ε^{a}、ε^{b}趋向于无穷大，那么方程（3.48）和方程（3.49）就相当于直接汇总所有生产商的产品，也即 $Y_{t}^{a}=\sum_{z=1}^{Q_{t}^{ea}}Y_{t}^{ma}(z)$、$Y_{t}^{b}=\sum_{j=1}^{Q_{t}^{eb}}Y_{t}^{mb}(j)$。

两个行业中间产品生产商面对的市场需求函数为：

$$Y_{t}^{ma}(z)=\left[\frac{P_{t}^{ma}(z)}{P_{t}^{a}}\right]^{-\varepsilon^{a}}Y_{t}^{a} \tag{3.50}$$

$$Y_{t}^{mb}(j)=\left[\frac{P_{t}^{mb}(j)}{P_{t}^{b}}\right]^{-\varepsilon^{b}}Y_{t}^{b} \tag{3.51}$$

根据最终产品生产商利润最大化条件，两个行业的最终产品价格指数①为：

$$P_t^a = \left\{ \sum_{z=1}^{Q_t^{ea}} [P_t^{ma}(z)]^{1-\varepsilon^a} \right\}^{\frac{1}{1-\varepsilon^a}} \tag{3.52}$$

$$P_t^b = \left\{ \sum_{j=1}^{Q_t^{eb}} [P_t^{mb}(j)]^{1-\varepsilon^b} \right\}^{\frac{1}{1-\varepsilon^b}} \tag{3.53}$$

在接下来的内容中，由于须考虑企业数量变化，两个行业的单一企业产品价格与整个行业的综合价格指数的比值分别为 $\tilde{p}_t^{ma} = P_t^{ma}/P_t^a$、$\tilde{p}_t^{mb} = P_t^{mb}/P_t^b$。

设两个行业产品价格与模型经济的总体物价指数之比分别为 $\tilde{p}_t^a = P_t^a/P_t$、$\tilde{p}_t^b = P_t^b/P_t$。

三 跨行业经销商

通过国内跨行业经销商的运作，两个行业产品通过以下的 CES 生产函数加总为一揽子货物 Y_t：

$$Y_t = [(\gamma_y^a)^{1/\varepsilon_p}(Y_t^a)^{(\varepsilon_p-1)/\varepsilon_p} + (1-\gamma_y^a)^{1/\varepsilon_p}(Y_t^b)^{(\varepsilon_p-1)/\varepsilon_p}]^{\varepsilon_p/(\varepsilon_p-1)} \tag{3.54}$$

上述方程中，γ_y^a 是低污染行业在国民经济中的比重，参数 ε_p 是各行业产品间的替代弹性系数。

根据利润最大化条件，可以推导出整个模型经济的总体物价指数 P_t为：

$$P_t = [\gamma_y^a (P_t^a)^{(1-\varepsilon_p)} + (1-\gamma_y^a)(P_t^b)^{(1-\varepsilon_p)}]^{1/(1-\varepsilon_p)} \tag{3.55}$$

第四节 劳动力流动与搜寻—匹配

一 劳动力的结构与流动机制

与大多数环境经济模型假定劳动力自由流动的做法不同，为了更准确

① 此处的价格指数和方程（3.55）的价格指数推导均参考自 Galí（2011）。

地反映环境规制政策的传导作用、探索更多政策选项，本书参考 Gertler et al.（2008）、陈利锋（2017）的研究，在模型方程中加入了带摩擦的劳动力流动机制（搜寻—匹配过程），使就业、实际工资的调整带有黏性，体现了劳动力市场的不完备性。党的十九大报告首次提出，要破除妨碍劳动力、人才社会性流动的体制机制弊端，上述模型设定在当前经济环境下显得很有必要。

模型中，劳动力资源总量为 L_t，为方便分析，将其标准化为 1。设两类家庭的劳动供给量分别为 L_t^h、L_t^s，且满足：

$$L_t = L_t^h + L_t^s \tag{3.56}$$

李嘉图型家庭劳动力跨行业流动及搜寻—匹配过程用方程（3.57）至方程（3.66）共同表示。

其中，李嘉图型家庭的劳动力可以前往不同行业就业，并且各行业就业者中均有一部分能在两个行业之间自由流动，两个行业企业平均能获得的流动劳动力数量分别为 N_t^{ha}、N_t^{hb}，而那些出于种种原因不能在行业间流动的劳动力数量（平均每个企业中的数量）分别为 $\overline{N}^{ha}$、$\overline{N}^{hb}$；此外，劳动力中还有一部分选择在两个行业进行创业，数量分别为 $N_t^{ea}E_t^{ea}$ 和 $N_t^{eb}E_t^{eb}$。将可流动、不可流动劳动力相加后，两个行业中每个代表性企业的李嘉图型家庭劳动力就业数量分别为 N_t^{nha}、N_t^{nhb}。U_t^h 则是当期失业人员数量。上述关系以方程表示为：

$$L_t^h = Q_t^{ea}[\overline{N}^{ha}(z) + N_t^{ha}(z)] + Q_t^{eb}[\overline{N}^{hb}(j) + N_t^{hb}(j)] + N_t^{ea} + N_t^{eb} + U_t^h \tag{3.57}$$

$$N_t^{nha}(z) = \overline{N}^{ha}(z) + N_t^{ha}(z) \tag{3.58}$$

$$N_t^{nhb}(j) = \overline{N}^{hb}(j) + N_t^{hb}(j) \tag{3.59}$$

在考虑两个行业企业数量后，李嘉图型家庭的劳动力实际就业总量（含创业）N_t^{nth} 为：

$$N_t^{nth} = Q_t^{ea}N_t^{nha}(z) + Q_t^{eb}N_t^{nhb}(j) + N_t^{ea} + N_t^{eb} \tag{3.60}$$

设参数 δ^{wha}、δ^{whb} 为两个行业劳动力的离职率。对应的，在每一期开始时

的第 z 个代表性企业中，搜寻工作岗位的劳动力总数 J_t^h 为上一期失业人数 U_{t-1}^h，本期开始时决定离职的劳动力人数 $\delta^{wha} Q_t^{ea} N_{t-1}^{ha}(z)$、$\delta^{whb} Q_t^{eb} N_{t-1}^{hb}(j)$，以及本期创业者减少数量的总和：

$$J_t^h = U_{t-1}^h + \delta^{wha} Q_t^{ea} N_{t-1}^{ha}(z) + \delta^{whb} Q_t^{eb} N_{t-1}^{hb}(j) + N_t^{ea} + N_t^{eb} - N_{t-1}^{ea} - N_{t-1}^{eb} \tag{3.61}$$

总数 J_t^h 的求职者能在 X_t^{ha} 的概率下入职低污染行业岗位，其数量为 H_t^{ha}；也能在 X_t^{hb} 的概率下获得高污染行业就业岗位，其数量为 H_t^{hb}。以上两个概率也称为“就业紧度”，共同体现了劳动力的跨行业流动机制：

$$X_t^{ha} = Q_t^{ea} H_t^{ha}(z)/J_t^h \tag{3.62}$$

$$X_t^{hb} = Q_t^{eb} H_t^{hb}(j)/J_t^h \tag{3.63}$$

上述概率由两个行业雇用新劳动力的成本和工资议价过程决定，后文还将进行具体介绍。

每一期各个企业的就业人数等于上期就业人数减去本期初离职人数，再加上本企业的本期新入职人数：

$$N_t^{ha}(z) = (1 - \delta^{wha}) N_{t-1}^{ha}(z) + H_t^{ha}(z) \tag{3.64}$$

$$N_t^{hb}(j) = (1 - \delta^{whb}) N_{t-1}^{hb}(j) + H_t^{hb}(j) \tag{3.65}$$

自然的，当期失业人员数量 U_t^h 便等于未能在任何一个行业重新就业的当期求职者数量：

$$U_t^h = (1 - X_t^{ha} - X_t^{hb}) J_t^h \tag{3.66}$$

非李嘉图型家庭劳动力跨行业流动及搜寻—匹配过程同样用方程（3.67）至方程（3.76）表示：

$$L_t^s = Q_t^{eb}[\overline{N}^{sb}(j) + N_t^{sb}(j)] + Q_t^{ea}[\overline{N}^{sa}(z) + N_t^{sa}(z)] + U_t^s \tag{3.67}$$

$$N_t^{nsa}(z) = \overline{N}^{sa}(z) + N_t^{sa}(z) \tag{3.68}$$

$$N_t^{nsb}(j) = \overline{N}^{sb}(j) + N_t^{sb}(j) \tag{3.69}$$

$$N_t^{nts} = Q_t^{ea} N_t^{nsa}(z) + Q_t^{eb} N_t^{nsb}(j) \tag{3.70}$$

$$J_t^s = U_{t-1}^s + \delta^{wsa} Q_t^{ea} N_{t-1}^{sa}(z) + \delta^{wsb} Q_t^{eb} N_{t-1}^{sb}(j) \tag{3.71}$$

$$X_t^{sa} = Q_t^{ea} H_t^{sa}(z) / J_t^s \tag{3.72}$$

$$X_t^{sb} = Q_t^{eb} H_t^{sb}(j) / J_t^s \tag{3.73}$$

$$N_t^{sa}(z) = (1 - \delta^{wsa}) N_{t-1}^{sa}(z) + H_t^{sa}(z) \tag{3.74}$$

$$N_t^{sb}(j) = (1 - \delta^{wsb}) N_{t-1}^{sb}(j) + H_t^{sb}(j) \tag{3.75}$$

$$U_t^s = (1 - X_t^{sa} - X_t^{sb}) J_t^s \tag{3.76}$$

从方程（3.67）至方程（3.76）可见，其搜寻—匹配过程与低污染行业类似，但是其劳动力总量中不包括创业者。这主要是因为，按照本书设定，存在流动性约束的非李嘉图型家庭难以筹措用于创业的资金，所以在模型中简化地认为此类家庭不存在有效的创业行为。

二 劳动力搜寻—匹配的均衡条件

除了上述方程外，各类劳动力在各行业企业的就业数量还取决于企业的最优雇佣决策和劳资双方的工资议价纳什均衡条件，形成了搜寻—匹配过程。本书参考 Gertler et al.（2008）、Blanchard & Galí（2010）、张晓娣（2016）、陈利锋（2017）等文献经验，对相应方程进行了设置。

低污染行业两类劳动力雇佣成本由下式决定：

$$G_t^{ha} = \nu^{ha} S_t^a \left(X^{ha}\right)^{\bar{\omega}^{ha}} \tag{3.77}$$

$$G_t^{sa} = \nu^{sa} S_t^a \left(X^{sa}\right)^{\bar{\omega}^{sa}} \tag{3.78}$$

其中，G_t^{ha}、G_t^{sa} 分别为低污染行业企业雇用每单位李嘉图型家庭求职者、非李嘉图型家庭求职者的成本水平，ν^{ha}、$\overline{\omega}^{ha}$、ν^{sa}、$\overline{\omega}^{sa}$ 均是技术参数。

高污染行业劳动力雇佣成本为（符号定义与低污染行业类似，故不再赘述）：

$$G_t^{hb} = \nu_t^{hb} S_t^a \left(X^{hb}\right)^{\bar{\omega}^{hb}} \tag{3.79}$$

$$G_t^{sb} = \nu_t^{sb} S_t^a \left(X^{sb}\right)^{\bar{\omega}^{sb}} \tag{3.80}$$

各行业企业的两类家庭劳动力组合运用方式分别为：

$$N_t^a(z)=\left\{(\gamma_n^h)^{1/\varepsilon_w^a}\left[N_t^{nha}(z)\right]^{(\varepsilon_w^a-1)/\varepsilon_w^a}+(1-\gamma_n^h)^{1/\varepsilon_w^a}\left[N_t^{nsa}(z)\right]^{(\varepsilon_w^a-1)/\varepsilon_w^a}\right\}^{\varepsilon_w^a/(\varepsilon_w^a-1)} \tag{3.81}$$

$$N_t^b(j)=\left\{(\gamma_n^h)^{1/\varepsilon_w^b}\left[N_t^{nhb}(j)\right]^{(\varepsilon_w^b-1)/\varepsilon_w^b}+(1-\gamma_n^h)^{1/\varepsilon_w^b}\left[N_t^{nsb}(j)\right]^{(\varepsilon_w^b-1)/\varepsilon_w^b}\right\}^{\varepsilon_w^b/(\varepsilon_w^b-1)} \tag{3.82}$$

以上两个方程中，ε_w^a、ε_w^b 是两个行业的劳动力替代弹性系数，其数值与两类家庭劳动力的差异程度成反比；$N_t^a(z)$、$N_t^b(j)$ 是经过组合搭配、直接投入中间产品制造过程中的劳动力数量（陈利锋，2017，2018）。以上组合运用方式实际上是假设两个行业中的每个代表性企业均存在各自的劳动力中介部门（对应于现实中的企业人力资源部门或劳动力中介机构），中介部门可以运用 CES 技术对两类劳动力进行加总（与差异化产品的加总方式类似），然后投入代表性企业的生产过程中。

相应的，各类劳动力在企业中的边际产出为：

$$MRPN_t^{ha}(z)=\alpha^a\psi_t^a(z)\left[\frac{Y_t^{ma}(z)}{N_t^a(z)}\right]\left[\frac{\gamma_n^hN_t^a(z)}{N_t^{ha}(z)}\right]^{1/\varepsilon_w^a} \tag{3.83}$$

$$MRPN_t^{sa}(z)=\alpha^a\psi_t^a(z)\left[\frac{Y_t^{ma}(z)}{N_t^a(z)}\right]\left[\frac{(1-\gamma_n^h)N_t^a(z)}{N_t^{sa}(z)}\right]^{1/\varepsilon_w^a} \tag{3.84}$$

$$MRPN_t^{hb}(j)=\alpha^b\psi_t^b(j)\left[\frac{Y_t^{mb}(j)}{N_t^b(j)}\right]\left[\frac{\gamma_n^hN_t^b(j)}{N_t^{hb}(j)}\right]^{1/\varepsilon_w^b} \tag{3.85}$$

$$MRPN_t^{sb}(j)=\alpha^b\psi_t^b(j)\left[\frac{Y_t^{mb}(j)}{N_t^b(j)}\right]\left[\frac{(1-\gamma_n^h)N_t^b(j)}{N_t^{sb}(j)}\right]^{1/\varepsilon_w^b} \tag{3.86}$$

参考陈利锋（2017）的设定与推导方法，追求企业价值最大化的劳动力投入条件为：

$$MRPN_t^{ha}(z)=W_t^{ha}(z)/(\widetilde{p}_t^{ma}\ \widetilde{p}_t^a)+G_t^{ha}-\gamma_n^h(1-\delta^{wa})E_t\left\{\Lambda_{t,t+1}^hG_{t+1}^{ha}\right\} \tag{3.87}$$

$$MRPN_t^{sa}(z)=W_t^{sa}(z)/(\widetilde{p}_t^{ma}\ \widetilde{p}_t^a)+G_t^{sa}-(1-\gamma_n^h)(1-\delta^{wa})E_t\left\{\Lambda_{t,t+1}^sG_{t+1}^{sa}\right\} \tag{3.88}$$

$$MRPN_t^{hb}(j)=W_t^{hb}(j)/(\widetilde{p}_t^{mb}\ \widetilde{p}_t^{b})+G_t^{hb}-\gamma_n^h(1-\delta^{wb})E_t\left\{\Lambda_{t,t+1}^h G_{t+1}^{hb}\right\} \tag{3.89}$$

$$MRPN_t^{sb}(j)=W_t^{sb}(j)/(\widetilde{p}_t^{mb}\ \widetilde{p}_t^{b})+G_t^{sb}-(1-\gamma_n^h)(1-\delta^{wb})E_t\left\{\Lambda_{t,t+1}^s G_{t+1}^{sb}\right\} \tag{3.90}$$

企业对各类劳动力的跨期最优雇佣决策为：

$$G_t^{ha}=MRPN_t^{ha}-W_t^{ha}/(\widetilde{p}_t^{ma}\ \widetilde{p}_t^{a})+\gamma_n^h E_t\left\{\Lambda_{t,t+1}^h[(1-\delta^{wa}+\delta^{wa}X_{t+1}^{ha})G_{t+1}^{ha}+\delta^{wa}X_{t+1}^{hb}G_{t+1}^{hb}]\right\} \tag{3.91}$$

$$G_t^{sa}=MRPN_t^{sa}-W_t^{sa}/(\widetilde{p}_t^{ma}\ \widetilde{p}_t^{a})+(1-\gamma_n^h)E_t\left\{\Lambda_{t,t+1}^s[(1-\delta^{wa}+\delta^{wa}X_{t+1}^{sa})G_{t+1}^{sa}+\delta^{wa}X_{t+1}^{sb}G_{t+1}^{sb}]\right\} \tag{3.92}$$

$$G_t^{hb}=MRPN_t^{hb}-W_t^{hb}/(\widetilde{p}_t^{mb}\ \widetilde{p}_t^{b})+\gamma_n^h E_t\left\{\Lambda_{t,t+1}^h[(1-\delta^{wb}+\delta^{wb}X_{t+1}^{hb})G_{t+1}^{hb}+\delta^{wb}X_{t+1}^{ha}G_{t+1}^{ha}]\right\} \tag{3.93}$$

$$G_t^{sb}=MRPN_t^{sb}-W_t^{sb}/(\widetilde{p}_t^{mb}\ \widetilde{p}_t^{b})+(1-\gamma_n^h)E_t\left\{\Lambda_{t,t+1}^s[(1-\delta^{wb}+\delta^{wb}X_{t+1}^{sb})G_{t+1}^{sb}+\delta_l^{wb}X_{t+1}^{sa}G_{t+1}^{sa}]\right\} \tag{3.94}$$

参考陈利锋（2017），以大于0、小于等于1的参数 ϑ^{ha}、ϑ^{sa}、ϑ^{hb}、ϑ^{sb} 来表征各类劳动力的议价能力，那么按照工资议价的纳什均衡条件可得：

$$\begin{aligned}G_t^{ha}=&[\vartheta^{ha}/(1-\vartheta^{ha})]\left[(1-\widetilde{\tau}_t^{wha})W_t^{ha}-(1+\widetilde{\tau}_t^{ch})MRS_t^h\right]/(\widetilde{p}_t^{ma}\ \widetilde{p}_t^{a})\\&+(1-\delta^{wa})[\vartheta^{ha}/(1-\vartheta^{ha})]E_t\left\{\Lambda_{t,t+1}^h(G_{t+1}^{ha}-X_{t+1}^{ha}G_{t+1}^{ha}-X_{t+1}^{hb}G_{t+1}^{hb})\right\}\end{aligned} \tag{3.95}$$

$$\begin{aligned}G_t^{sa}=&[\vartheta^{sa}/(1-\vartheta^{sa})]\left[(1-\widetilde{\tau}_t^{wsa})W_t^{sa}-(1+\widetilde{\tau}_t^{cs})MRS_t^s\right]/(\widetilde{p}_t^{ma}\ \widetilde{p}_t^{a})\\&+(1-\delta^{wa})[\vartheta^{sa}/(1-\vartheta^{sa})]E_t\left\{\Lambda_{t,t+1}^s(G_{t+1}^{sa}-X_{t+1}^{sa}G_{t+1}^{sa}-X_{t+1}^{sb}G_{t+1}^{sb})\right\}\end{aligned} \tag{3.96}$$

$$\begin{aligned}G_t^{hb}=&[\vartheta^{hb}/(1-\vartheta^{hb})]\left[(1-\widetilde{\tau}_t^{whb})W_t^{hb}-(1+\widetilde{\tau}_t^{ch})MRS_t^h\right]/(\widetilde{p}_t^{mb}\ \widetilde{p}_t^{b})\\&+(1-\delta^{wb})[\vartheta^{hb}/(1-\vartheta^{hb})]E_t\left\{\Lambda_{t,t+1}^h(G_{t+1}^{hb}-X_{t+1}^{hb}G_{t+1}^{hb}-X_{t+1}^{ha}G_{t+1}^{ha})\right\}\end{aligned} \tag{3.97}$$

$$\begin{aligned}G_t^{sb}=&[\vartheta^{sb}/(1-\vartheta^{sb})]\left[(1-\widetilde{\tau}_t^{wsb})W_t^{sb}-(1+\widetilde{\tau}_t^{cs})MRS_t^s\right]/(\widetilde{p}_t^{mb}\ \widetilde{p}_t^{b})\\&+(1-\delta^{wb})[\vartheta^{sb}/(1-\vartheta^{sb})]E_t\left\{\Lambda_{t,t+1}^s(G_{t+1}^{sb}-X_{t+1}^{sb}G_{t+1}^{sb}-X_{t+1}^{sa}G_{t+1}^{sa})\right\}\end{aligned} \tag{3.98}$$

第五节　收入分配及其不平等测度

一　劳动收入不平等

为体现税收的分配调节作用，收入不平等一律按税后收入来衡量。

两类家庭内部的劳动力收入不平等程度（行业间劳动收入差距）可表示为：

$$GAP_t^{la} = \frac{(1-\tau_t^{wha})W_t^{ha}Q_t^{ea}N_t^{nha}}{(1-\tau_t^{whb})W_t^{hb}Q_t^{eb}N_t^{nhb}} \tag{3.99}$$

$$GAP_t^{lb} = \frac{(1-\tau_t^{wsa})W_t^{sa}Q_t^{ea}N_t^{nsa}}{(1-\tau_t^{wsb})W_t^{sb}Q_t^{eb}N_t^{nsb}} \tag{3.100}$$

两类家庭之间的劳动力收入不平等程度可表示为：

$$GAP_t^{l} = \frac{(1-\tau_t^{wha})W_t^{ha}Q_t^{ea}N_t^{nha}+(1-\tau_t^{whb})W_t^{hb}Q_t^{eb}N_t^{nhb}}{(1-\tau_t^{wsa})W_t^{sa}Q_t^{ea}N_t^{nsa}+(1-\tau_t^{wsb})W_t^{sb}Q_t^{eb}N_t^{nsb}} \tag{3.101}$$

二　工资水平差距

两类家庭的平均工资（按劳动力数量加权）差距（李嘉图型家庭与非李嘉图型家庭的工资比）：

$$GAP_t^{w} = \frac{\left[\dfrac{(1-\tau_t^{wha})W_t^{ha}Q_t^{ea}N_t^{nha}+(1-\tau_t^{whb})W_t^{hb}Q_t^{eb}N_t^{nhb}}{Q_t^{ea}N_t^{nha}+Q_t^{eb}N_t^{nhb}}\right]}{\left[\dfrac{(1-\tau_t^{wsa})W_t^{sa}Q_t^{ea}N_t^{nsa}+(1-\tau_t^{wsb})W_t^{sb}Q_t^{eb}N_t^{nsb}}{Q_t^{ea}N_t^{nsa}+Q_t^{eb}N_t^{nsb}}\right]} \tag{3.102}$$

模型中，两个行业间的平均工资（加权）差距为：

$$GAP_t^{p} = \frac{\left[\dfrac{\gamma_n^h(1-\tau_t^{wha})W_t^{ha}N_t^{nha}+(1-\gamma_n^h)(1-\tau_t^{wsa})W_t^{sa}N_t^{nsa}}{\gamma_n^hN_t^{nha}+(1-\gamma_n^h)N_t^{nsa}}\right]}{\left[\dfrac{\gamma_n^h(1-\tau_t^{whb})W_t^{hb}N_t^{nhb}+(1-\gamma_n^h)(1-\tau_t^{wsb})W_t^{sb}N_t^{nsb}}{\gamma_n^hN_t^{nhb}+(1-\gamma_n^h)N_t^{nsb}}\right]} \tag{3.103}$$

三　总收入不平等

李嘉图型家庭的税后总收入（含财产性收入）为：

$$inct_t^h = \begin{bmatrix} (1-\tau_t^{wha})P_t W_t^{ha} Q_t^{ea} N_t^{nha} + (1-\tau_t^{whb})P_t W_t^{hb} Q_t^{eb} N_t^{nhb} \\ + (1-\tau_t^{kha})P_t R_t^{ka} K_t^{ha} + (1-\tau_t^{khb})P_t R_t^{kb} K_t^{hb} \end{bmatrix} \tag{3.104}$$

非李嘉图型家庭的税后总收入（即劳动收入）为：

$$inct_t^s = (1-\tau_t^{wsa}) W_t^{sa} N_t^{nsa} + (1-\tau_t^{wsb}) W_t^{sb} N_t^{nsb} \tag{3.105}$$

两类家庭间的总收入不平等程度为：

$$GAP_t = inct_t^h / inct_t^s \tag{3.106}$$

四　消费不平等

消费不平等的计算与收入不平等类似，是贫富家庭消费额的比值：

$$GAP_t^c = C_t^h / C_t^s \tag{3.107}$$

第六节　环境问题与环境规制政策

一　污染物排放、环境规制政策与企业环境行为

两个行业中间产品生产商（单个代表性企业）的污染物排放量分别以 $PL_t^a(z)$、$PL_t^b(j)$ 表示：

$$PL_t^a(z) = \chi^a[1 - CL_t^a(z)](S_t^{pa})^{-1} Y_t^{ma}(z) \tag{3.108}$$

$$PL_t^b(j) = \chi^b[1 - CL_t^b(j)](S_t^{pb})^{-1} Y_t^{mb}(j) \tag{3.109}$$

上述方程中的变量、参数含义为：χ^a、χ^b 为两个行业代表性企业污染物排放强度系数；变量 $CL_t^a(z)$、$CL_t^b(j)$ 用于表征代表性企业的控污力度，力度越大则实际排放量越小；S_t^{pa}、S_t^{pb} 是两个行业环境保护技术冲击项，其自然对数值

ε_t^{pa}、ε_t^{pb} 均服从平稳的 AR（1）过程。上述方程表明，企业的污染物排放量与中间产品产量正相关，但企业也可以通过自身的控污措施来减少实际污染物排放量，各行业环保技术的进步也能起到类似的减排效果。通过参数的合理化设定（如更小的污染物排放强度系数 χ^a），可以使 NK－DSGE 模型中的低污染行业具有更低的污染物排放强度。

企业的控污力度会带来如下成本：

$$QC_t^a(z) = \nu^a [CL_t^a(z)]^{\overline{\omega}^a} Y_t^{ma}(z) \tag{3.110}$$

$$QC_t^b(j) = \nu^b [CL_t^b(j)]^{\overline{\omega}^b} Y_t^{mb}(j) \tag{3.111}$$

上面两个方程中，变量 $QC_t^a(z)$、$QC_t^b(j)$ 分别代表两个行业代表性企业的实际控污成本，ν^a、$\overline{\omega}^a$、ν^b、$\overline{\omega}^b$ 是成本函数中的技术参数。

本书 NK－DSGE 模型中加入了多元化的经济型环境规制政策。根据 Böcher（2012）的划分，模型中的环保税、减排补贴等可以体现经济型环境规制政策的作用，政府环境治理及其经费支出、关停整顿措施、环保准入限制等则可以体现命令—控制型环境规制政策的作用。

在模型中，两个行业环保税税率分别为 τ_t^{pa}、τ_t^{pb}，稳态下平均税率分别为 $\overline{\tau}^{pa}$、$\overline{\tau}^{pb}$。当然，根据企业的实际减排量，政府还会为企业提供奖励性补贴，两个行业的补贴率分别为 RE_t^a、RE_t^b，稳态下平均补贴率分别为 $\overline{RE}^a$、$\overline{RE}^b$。两个行业代表性企业获得的实际补贴数额分别为：$TR_t^{Ea} = RE_t^a \chi^a CL_t^a Y_t^{ma}$、$TR_t^{Eb} = RE_t^b \chi^b CL_t^b Y_t^{mb}$。在这里，设 τ_t^{pa}、τ_t^{pb}、RE_t^a、RE_t^b 对自身稳态的对数偏离值均服从平稳 AR（1）过程。

根据利润最大化原则可以推出，两个行业企业控污力度的最优决定条件为①：

$$CL_t^a(z) = \left[\frac{\chi^a (S_t^{pa})^{-1} (\tau_t^{pa} + RE_t^a)}{\nu^a \overline{\omega}^a \tilde{p}_t^{ma} \tilde{p}_t^a}\right]^{1/(\overline{\omega}^a - 1)} \tag{3.112}$$

① 该条件的推导方式参考自朱军（2015a）和武晓利（2017）。

$$CL_t^b(j)=\left[\frac{\chi^b\ (S_t^{pb})^{-1}(\tau_t^{pb}+RE_t^b)}{\nu^b\overline{\omega}^b\ \widetilde{p}_t^{mb}\ \widetilde{p}_t^b}\right]^{1/(\overline{\omega}^b-1)} \tag{3.113}$$

可见，企业控污减排的积极程度与环保税税率、减排补贴水平等均为正比关系，同时会受到两个行业价格因素（以及与此密切相关的企业数量、市场结构）的影响。

除了环保税、减排补贴等经济型环境规制政策，政府管理部门还会采取整顿、关停等命令—控制型环境规制政策，来减少生产部门的污染物排放量。所以，在企业数量动态方程 $Q_t^{ei}=(1-\delta^{ei})S_t^{ei}(Q_{t-1}^{ei}+E_{t-1}^{ei})$；$i\in\{a,b\}$ 中，我们加入了与命令—控制型环境规制政策（关停整顿）相关的企业数量变化比率 S_t^{ea}，其在稳态下的值为1，其对数偏离项 ε_t^{ea} 符合平滑参数为 ρ^{ea}、随机扰动项为 e_t^{ea} 的平稳 AR（1）过程。

在后续分析中，通过对两个行业政策力度的不同设定，我们还可以分析环境规制政策对不同行业的差异化影响。

二 环境因素影响下的企业边际成本与利润水平

在考虑环境因素及相应成本后，两个行业的代表性中间产品生产商的当期利润为：

$$\begin{aligned}d_t^a(z)=&Y_t^{ma}(z)\ \widetilde{p}_t^{ma}\ \widetilde{p}_t^a-\gamma_n^a W_t^{ha}(z)N_t^{nha}(z)-(1-\gamma_n^a)W_t^{sa}(z)N_t^{nsa}(z)-R_t^{ka}(z)K_t^a(z)\\&-\nu^a[CL_t^a(z)]^{\overline{\omega}^a}Y_t^{ma}(z)\ \widetilde{p}_t^{ma}\ \widetilde{p}_t^a-\tau_t^{pa}PL_t^a(z)+TR_t^{Ea}(z)\\&-\gamma_n^a G_t^{ha}H_t^{ha}(z)\ \widetilde{p}_t^{ma}\ \widetilde{p}_t^a-(1-\gamma_n^a)G_t^{sa}H_t^{sa}(z)\ \widetilde{p}_t^{ma}\ \widetilde{p}_t^a\end{aligned} \tag{3.114}$$

$$\begin{aligned}d_t^b(j)=&Y_t^{mb}(j)\ \widetilde{p}_t^{mb}\ \widetilde{p}_t^b-\gamma_n^h W_t^{hb}(j)N_t^{nhb}(j)-(1-\gamma_n^h)W_t^{sb}(j)N_t^{nsb}(j)-R_t^{kb}(j)K_t^b(j)\\&-\nu^b[CL_t^b(j)]^{\overline{\omega}^b}Y_t^{mb}(j)\ \widetilde{p}_t^{mb}\ \widetilde{p}_t^b-\tau_t^{pb}PL_t^b(j)+TR_t^{Eb}(j)\\&-\gamma_n^h G_t^{hb}H_t^{hb}(j)\ \widetilde{p}_t^{mb}\ \widetilde{p}_t^b-(1-\gamma_n^h)G_t^{sb}H_t^{sb}(j)\ \widetilde{p}_t^{mb}\ \widetilde{p}_t^b\end{aligned} \tag{3.115}$$

综上，可进一步推出考虑环境因素（而非仅考虑要素成本）的两个行业代表性中间产品生产商边际成本 $MC_t^a(z)$、$MC_t^b(j)$：

$$MC_t^a(z)=\psi_t^a(z)+\nu^a[CL_t^a(z)]^{\bar{\omega}^a}+\left\{\tau_t^{pa}[1-CL_t^a(z)]-RE_t^a CL_t^a(z)\right\}\chi^a(S_t^{pa}\tilde{p}_t^{ma}\tilde{p}_t^a)^{-1} \tag{3.116}$$

$$MC_t^b(j)=\psi_t^b(j)+\nu^b[CL_t^b(j)]^{\bar{\omega}^b}+\left\{\tau_t^{pb}[1-CL_t^b(j)]-RE_t^b CL_t^b(j)\right\}\chi^b(S_t^{pb}\tilde{p}_t^{mb}\tilde{p}_t^b)^{-1} \tag{3.117}$$

以上各式表明，环境规制政策给企业带来了环保方面的成本影响（包括环保税、减排成本负担等），$\psi_t^a(z)$、$\psi_t^b(j)$ 表示不包含环境因素的高污染行业生产商实际边际成本。通过前文模型方程可知，企业的定价行为和要素报酬水平均会受到边际成本的影响，所以，本书模型中的环境规制政策切实地影响到企业等经济主体的最优决策，实现了对现实中环境规制政策效应产生机制的准确刻画。

三　环境质量的动态演化

汇总以上各项设定后，环境质量演化过程可表示为：

$$ENV_t=\rho_e\overline{ENV}+(1-\rho_e)ENV_{t-1}-\gamma_y^a Q_t^{ea}PL_t^a-(1-\gamma_y^a)Q_t^{eb}PL_t^b+\Delta G_t^E \tag{3.118}$$

上述方程中，ρ_e代表生态环境的自我恢复能力，ENV_t 是环境当期质量水平，$\overline{ENV}$则表示没有任何污染问题时的环境质量水平理想值，G_t^E 是政府的环境治理经费支出，参数 Δ 用于衡量上述治污支出的转化效率。上述方程的含义为，当期环境质量取决于自然禀赋、上期环境质量（在跨期过程中经历过一定恢复）、本期污染物排放、治污投入等因素，污染物排放会降低环境质量、减缓其自我恢复过程，而政府可以通过直接治理，减少污染物排放所造成的环境后果。此处同样设 G_t^E 对自身稳态的对数偏离值服从平稳 AR（1）过程。

第七节　主要变量的加总

如上所述，模型经济中的企业相互存在微小差异，所以能够形成有限的垄断优势。为简化分析，本书采纳对称均衡假定，即设中间产品生产商不存在信息不对称，且所有中间产品生产商的决策是一致的，所以可设 $P_t^{ma}(z)=P_t^{ma}$，$P_t^{mb}(j)=P_t^{mb}$，$Y_t^{ma}(z)=Y_t^{ma}$，$Y_t^{mb}(j)=Y_t^{mb}$，$d_t^a(z)=d_t^a$，$d_t^b(j)=d_t^b$，$N_t^a(z)=N_t^a$，$N_t^b(j)=N_t^b$，$CL_t^a(z)=CL_t^a$，$CL_t^b(j)=CL_t^b$，$QC_t^a(z)=QC_t^a$，$QC_t^b(j)=QC_t^b$，$PL_t^a(z)=PL_t^a$，$PL_t^b(j)=PL_t^b$。以上等式的右侧为简化后的、忽略差异的单个企业变量。

综合以上等式，并结合方程（3.48）、方程（3.49），可得出单个企业产量与行业最终产品价值的关系：

$$Y_t^a=(Q_t^{ea})^{\frac{\varepsilon^a}{\varepsilon^a-1}}Y_t^{ma} \tag{3.119}$$

$$Y_t^b=(Q_t^{eb})^{\frac{\varepsilon^b}{\varepsilon^b-1}}Y_t^{mb} \tag{3.120}$$

结合方程（3.52）、方程（3.53），可以进一步得出单个企业定价与行业总体价格的关系。

$$P_t^a=(Q_t^{ea})^{\frac{1}{1-\varepsilon^a}}P_t^{ma} \tag{3.121}$$

$$P_t^b=(Q_t^{eb})^{\frac{1}{1-\varepsilon^b}}P_t^{mb} \tag{3.122}$$

第八节　其他经济政策

当前，中国主流宏观经济 DSGE 研究中的货币政策规则主要分为两类：一是数量规则，其特点是模型中货币政策当局直接对经济中的货币流通量进行干预（张伟进等，2015；王曦等，2017）；二是利率规则，其特点是模型中货币政策当局以市场利率或其他相关价格指标为调节对象（陈利锋，2015；江春等，2018）。在最近对中国的研究中，Zhang（2009）通过 DSGE

分析发现，利率规则比数量规则更能解释中国货币政策的经济效应；岳超云、牛霖琳（2014）发现，随着利率市场化水平的提高，泰勒规则（Taylor rule）能够越来越准确地拟合和解释中国货币市场的变化规律；王曦等（2017）发现，NK－DSGE 模型在采用利率规则的货币政策方程时，在解释中国实体经济方面优于数量规则方程。因此，本书中的 NK－DSGE 模型采用了利率型货币政策，利率型货币政策遵循泰勒规则并带有平滑项：

$$\frac{R_t}{\overline{R}} = \left(\frac{R_{t-1}}{\overline{R}}\right)^{\rho_m} \left[\left(\frac{Y_t}{\overline{Y}}\right)^{\psi_y} \left(\frac{\Pi_t}{\overline{\Pi}}\right)^{\psi_p}\right]^{(1-\rho_m)} \exp(\varepsilon_t^r) \tag{3.123}$$

其中，ρ_m为货币政策规则的平滑参数，Π_t为通胀指标，定义为$\Pi_t = P_t / P_{t-1}$，参数ψ_y与ψ_p分别为利率对产出与通胀的反应程度，ε_t^r代表服从平稳 AR（1）过程的外生货币政策冲击。

各项财政支出与税收的基本设定、政策规则在前文模型中已述，为节约篇幅，此处不再重复阐述。

综合前面的设定可知，财政总收入 T_t的方程为：

$$\begin{aligned} T_t = {} & \gamma_n^h \tau_t^c C_t^h + \gamma_n^h \tau_t^{ka} R_t^{ka} K_t^{ha} + \gamma_n^h \tau_t^{kb} R_t^{kb} K_t^{hb} + (1-\gamma_n^h) \tau_t^{cb} C_t^s \\ & + \gamma_n^h \tau_t^{wha} W_t^{ha} Q_t^{ea} N_t^{ha} + (1-\gamma_n^h) \tau_t^{wsa} W_t^{sa} Q_t^{ea} N_t^{sa} \\ & + \gamma_n^h \tau_t^{whb} W_t^{hb} Q_t^{ea} N_t^{hb} + (1-\gamma_n^h) \tau_t^{wsb} W_t^{sb} Q_t^{eb} N_t^{sb} \\ & + \gamma_y^a \tau_t^{pa} Q_t^{ea} PL_t^a + (1-\gamma_y^a) \tau_t^{pb} Q_t^{eb} PL_t^b \end{aligned} \tag{3.124}$$

财政总支出 G_t 为：

$$G_t = G_t^P + G_t^E + \gamma_y^a TR_t^{Ea} + (1-\gamma_y^a) TR_t^{Eb} \tag{3.125}$$

从以上二式可见，模型中财政总支出额由直接治污支出、企业减排补贴以及除环境支出外的购买性财政支出等部分构成。财政平衡条件为：

$$T_t + R_t^{-1} \frac{B_{t+1}}{P_{t+1}} = \frac{B_t}{P_t} + G_t \tag{3.126}$$

第九节 经济的总供求平衡（市场出清）条件

市场出清条件的含义即总支出等于总供给：

$$
\begin{aligned}
Y_t = {} & \gamma_n^h (C_t^h + I_t^{ha} + I_t^{hb}) + (1 - \gamma_n^h) C_t^s \\
& + \gamma_n^h (G_t^{ha} H_t^{ha} Q_t^{ea} \widetilde{p}_t^{ma} \widetilde{p}_t^{a} + G_t^{hb} H_t^{hb} Q_t^{eb} \widetilde{p}_t^{mb} \widetilde{p}_t^{b}) \\
& + (1 - \gamma_n^h) (G_t^{sa} H_t^{sa} Q_t^{ea} \widetilde{p}_t^{ma} \widetilde{p}_t^{a} + G_t^{sb} H_t^{sb} Q_t^{eb} \widetilde{p}_t^{mb} \widetilde{p}_t^{b}) \\
& + G_t + \gamma_y^a Q_t^{ea} QC_t^a \widetilde{p}_t^{ma} \widetilde{p}_t^{a} + (1 - \gamma_y^a) Q_t^{eb} QC_t^b \widetilde{p}_t^{mb} \widetilde{p}_t^{b}
\end{aligned}
\qquad (3.127)
$$

至此，本书基准 NK - DSGE 模型的主要设计特征已全部介绍完毕。读者可以在本章附录 3c 中查阅基准 NK - DSGE 模型的全部数学方程。

第十节 模型间比较与评价：备择模型的设计

为了考察并保证本书 NK - DSGE 模型设计的合理性，本章除了构建基准 NK - DSGE 模型之外，还要进一步构建若干个在设计上有所差异的备择模型。构建这些备择模型的原因，以及它们所能起到的作用如下。

现有的 DSGE 研究文献在以收入分配问题为研究对象时，通常是直接构建含有分配和不平等要素的 DSGE 模型并加以运用，对模型的建模质量缺少全面、客观的评价；部分文献虽有较成熟的评价手段，但是在模型评价的基本逻辑方面往往存在问题。例如，Mandelman & Zlate（2012）、张伟进等（2015）等，通常只对含有分配和不平等要素的 DSGE 模型进行建模质量评价，并没有将其与其他备择模型（去除分配公平等关键设计要素）进行比对。这类用单一模型评价结果来体现自身建模合理性的做法实际是存在“自证循环”嫌疑的，无法有效检验模型中关于分配公平的结构设计是否合理、是否真正契合中国经济的现实情况。

实际上，分配公平等问题在主流新凯恩斯主义 DSGE 分析框架中属于扩展设计，所以任何一个采用该设计的研究者都应该正视这种扩展的合理性问题。如果在加入分配公平方面的结构设计之后，NK－DSGE 分析框架的建模质量比加入之前显著下降，那么从这样一个扩展模型中得出的分析结论必然会受到更多的怀疑乃至批判，其理论意义和应用价值也就会大打折扣——甚至可以说，在此情况下，这种关于分配公平的模型扩展是缺少基本必要性的。

所以，在建模质量评价方面，本书选择了一种更具逻辑合理性的技术路线：在使用相同参数估计技术、相同数据来源，模型数理基础也尽可能一致的前提下，建立三个备择模型。这三个备择模型中依次去除了本书 NK－DSGE 模型中最为关键的几项设计因素，所以分别是不含收入分配问题的模型（单一家户 NK－DSGE 模型）、不含行业异质性和行业间要素资源流动问题的模型（单一行业 NK－DSGE 模型）、既不含家庭异质性也不含行业异质性和行业间要素资源流动问题的模型（单家户单行业 NK－DSGE 模型）。

随后，本书将对基准 NK－DSGE 模型和三个备择模型进行参数校准与估计，并利用估计结果计算相应的检验统计量，用以判断各个模型的建模质量（对现实经济数据的拟合质量）。如果基准 NK－DSGE 模型对现实经济数据的拟合质量不弱于三个备择模型，那么可认为：首先，本书的基准 NK－DSGE模型在总体上具备相对较高的建模质量，能够更准确地拟合现实经济数据（即便与结构相对简单、机制更加单一的模型相比）；其次，本书的基准 NK－DSGE 模型中最为关键（对收入分配的机制刻画最为重要）的拓展性结构设计，包括异质性家庭和收入分配、异质性行业和要素跨行业流动等，在 DSGE 模型中并不是多余的，而是合理有效、贴合现实的，并且这些设计要素的缺失将有损于模型的质量。

实际上，上述评价思路在现有文献中已得到一定应用（朱军，2015a），但在分配公平问题研究中还较少被采纳（陈利锋，2015）。

接下来将会依次介绍三个备择模型的主要设计特征。三个备择模型的全部数学方程可参见本章附录 3d 至附录 3f。

一　单一家户 NK－DSGE 模型

本书采用的第一个备择模型是去除了异质性家庭和收入分配不平等问题的 NK－DSGE 模型，所以该备择模型又称为单一家户 NK－DSGE 模型。

假设单一家户 NK－DSGE 模型中只存在李嘉图型的代表性家庭、不存在任何非李嘉图型家庭，所以涉及非李嘉图型家庭经济决策条件、劳动力搜寻—匹配过程的方程一概不存在于该模型当中（参见本章附录 3d）。

而且，由于仅有单一家户设定的缘故，模型中的劳动力结构变得单一化，所以各行业代表性企业的劳动力组合也从方程（3.81）、方程（3.82）所刻画的形式调整为：

$$N_t^a(z) = N_t^{nha}(z) \tag{3.128}$$

$$N_t^b(j) = N_t^{nhb}(j) \tag{3.129}$$

由于劳动力结构的变化，两个行业代表性中间产品生产商的当期利润方程也应从方程（3.114）、方程（3.115）调整为：

$$\begin{aligned} d_t^a = & Y_t^{ma}\,\tilde{p}_t^{ma}\,\tilde{p}_t^a - W_t^{ha}N_t^{nha} - R_t^{ka}(K_t^a/Q_t^{ea}) \\ & - \nu^a(CL_t^a)^{\bar{\omega}^a}Y_t^{ma}\,\tilde{p}_t^{ma}\,\tilde{p}_t^a - \tau_t^{pa}PL_t^a + TR_t^{Ea} \\ & - G_t^{ha}H_t^{ha}\,\tilde{p}_t^{ma}\,\tilde{p}_t^a \end{aligned} \tag{3.130}$$

$$\begin{aligned} d_t^b = & Y_t^{mb}\,\tilde{p}_t^{mb}\,\tilde{p}_t^b - W_t^{hb}N_t^{nhb} - R_t^{kb}(K_t^b/Q_t^{eb}) \\ & - \nu^b(CL_t^b)^{\bar{\omega}^b}Y_t^{mb}\,\tilde{p}_t^{mb}\,\tilde{p}_t^b - \tau_t^{pb}PL_t^b + TR_t^{Eb} \\ & - G_t^{hb}H_t^{hb}\,\tilde{p}_t^{mb}\,\tilde{p}_t^b \end{aligned} \tag{3.131}$$

在财政政策方面，由于家户类型的调整改变了税源，财政总收入 T_t 的方程应从方程（3.124）调整为：

$$T_t = \tau_t^c C_t^h + \tau_t^{ka} R_t^{ka} K_t^{ha} + \tau_t^{kb} R_t^{kb} K_t^{hb} + \tau_t^{wha} W_t^{ha} Q_t^{ea} N_t^{ha} + \tau_t^{whb} W_t^{hb} Q_t^{eb} N_t^{hb} + \gamma_y^a \tau_t^{pa} Q_t^{ea} PL_t^a + (1-\gamma_y^a) \tau_t^{pb} Q_t^{eb} PL_t^b \tag{3.132}$$

类似的，市场出清条件（总供求平衡）方程也应从方程（3.127）调整为：

$$Y_t = C_t^h + I_t^{ha} + I_t^{hb} + G_t^{ha} H_t^{ha} Q_t^{ea} \tilde{p}_t^{ma} \tilde{p}_t^a + G_t^{hb} H_t^{hb} Q_t^{eb} \tilde{p}_t^{mb} \tilde{p}_t^b + G_t + \gamma_y^a Q_t^{ea} QC_t^a \tilde{p}_t^{ma} \tilde{p}_t^a + (1-\gamma_y^a) Q_t^{eb} QC_t^b \tilde{p}_t^{mb} \tilde{p}_t^b \tag{3.133}$$

限于篇幅，这里只介绍改变最为显著的几个模型方程，读者可以从单一家户 NK－DSGE 模型的全部数学方程（参见本章附录 3d）来理解模型的具体变化之处。

二　单一行业 NK－DSGE 模型

本书采用的第二个备择模型是去除了行业异质性和行业间要素资源流动问题的 NK－DSGE 模型，所以该模型又称为单一行业 NK－DSGE 模型。

单一行业 NK－DSGE 模型与基准模型的最大差异是仅存在 a 行业（低污染行业）。所以，单一行业 NK－DSGE 模型中除了不存在 b 行业（高污染行业）资本积累方程、生产函数、成本函数和生产行为决策条件之外，李嘉图型家庭对 b 行业的投资和投资决策机制、两个行业之间的要素（劳动力）流动机制也被去除。

由于模型中不再有 b 行业的资本积累与投资活动，家庭也不可能再从这一行业获得劳动收入，所以李嘉图型家庭的经济决策目标从方程（3.2）调整为：

$$\begin{aligned} &\max E_h = \sum_{t=0}^{\infty} (\beta^h)^t U^h (C_t^h, ENV_t^h, N_t^{nth}) \\ &\text{s.t.}\ (1+\tau_t^{ch}) P_t C_t^h + P_t I_t^{ha} + R_t^{-1} B_{t+1}^h + (\gamma_n^h)^{-1} P_t v_t^a (Q_t^{ea} + E_t^{ea}) x_{t+1}^a \\ &= \begin{bmatrix} (1-\tau_t^{wha}) P_t W_t^{ha} Q_t^{ea} N_t^{nha} + (1-\tau_t^{kha}) P_t R_t^{ka} K_t^{ha} \\ + (\gamma_n^h)^{-1} P_t (d_t^a + v_t^a) Q_t^{ea} x_t^a + B_t^h \end{bmatrix} \end{aligned} \tag{3.134}$$

从上述方程不难看出，在单一行业 NK - DSGE 模型中，基准模型中的一些家庭经济决策一阶优化条件不复存在，如方程（3.11）、方程（3.13）等。

由于行业结构的变化，两类家庭的就业结构（就业去向）和劳动力搜寻—匹配过程也不得不采用新的方程来刻画。李嘉图型家庭的劳动力构成从方程（3.57）调整为：

$$L_t^h = Q_t^{ea}(\overline{N}^{ha} + N_t^{ha}) + N_t^{ea} + U_t^h \tag{3.135}$$

搜寻工作岗位的李嘉图型家庭劳动力总量从方程（3.61）调整为：

$$J_t^h = U_{t-1}^h + \delta^{wha} Q_t^{ea} N_{t-1}^{ha} + N_t^{ea} - N_{t-1}^{ea} \tag{3.136}$$

非李嘉图型家庭的劳动力构成从方程（3.67）调整为：

$$L_t^s = Q_t^{ea}(\overline{N}^{sa} + N_t^{sa}) + U_t^s \tag{3.137}$$

搜寻工作岗位的非李嘉图型家庭劳动力总量从方程（3.71）调整为：

$$J_t^s = U_{t-1}^s + \delta^{wsa} Q_t^{ea} N_{t-1}^{sa} \tag{3.138}$$

在价格指数方面，由于行业结构变得单一化，产品加总关系的方程从方程（3.54）调整为：

$$Y_t = Y_t^a \tag{3.139}$$

总体物价指数 P_t 与低污染行业价格指数 P_t^a 的关系式也从方程（3.55）变化为：

$$P_t = P_t^a \tag{3.140}$$

在环境质量和环保政策方面，由于行业结构的调整改变了污染物的来源，生产活动的环境外部性需要进行刻画，所以环境质量演化过程应从方程（3.118）调整为：

$$ENV_t = \rho_e \overline{ENV} + (1 - \rho_e) ENV_{t-1} - Q_t^{ea} PL_t^a + \Delta G_t^E \tag{3.141}$$

在财政政策方面，由于行业结构的调整改变了税源，财政总收入 T_t 的方程应从方程（3.124）调整为：

$$T_t=\gamma_n^h\tau_t^c C_t^h+\gamma_n^h\tau_t^{ka}R_t^{ka}K_t^{ha}+(1-\gamma_n^h)\tau_t^c C_t^s+\gamma_n^h\tau_t^{wha}W_t^{ha}Q_t^{ea}N_t^{ha}+(1-\gamma_n^h)\tau_t^{wsa}W_t^{sa}Q_t^{ea}N_t^{sa}$$
$$+\tau_t^{pa}Q_t^{ea}PL_t^a \tag{3.142}$$

由于单一行业 NK－DSGE 模型中的总产出仅来自低污染行业，市场出清条件（总供求平衡）方程也应从方程（3.127）调整为：

$$\begin{aligned}Y_t&=\gamma_n^h(C_t^h+I_t^{ha}+I_t^{hb})+(1-\gamma_n^h)(C_t^s)+\gamma_n^h(G_t^{ha}H_t^{ha}Q_t^{ea}\ \tilde{p}_t^{ma}\ \tilde{p}_t^a)\\&+(1-\gamma_n^h)(G_t^{sa}H_t^{sa}Q_t^{ea}\ \tilde{p}_t^{ma}\ \tilde{p}_t^a)+G_t+Q_t^{ea}QC_t^a\ \tilde{p}_t^{ma}\ \tilde{p}_t^a\end{aligned} \tag{3.143}$$

由于保留了异质性家庭但去除了行业异质性设计，所以上述模型中仍存在收入分配与收入不平等问题，而且收入不平等水平的测度指标需要做出如下调整。

首先，任何涉及两个行业之间收入对比的不平等指标均不适用于单一行业 NK－DSGE 模型。

其次，两类家庭之间的劳动力收入不平等程度从方程（3.101）调整为：

$$GAP_t^l=\frac{(1-\tau_t^{wha})W_t^{ha}Q_t^{ea}N_t^{nha}}{(1-\tau_t^{wsa})W_t^{sa}Q_t^{ea}N_t^{nsa}} \tag{3.144}$$

李嘉图型家庭的税后总收入（含财产性收入）从方程（3.104）调整为：

$$inct_t^h=[(1-\tau_t^{wha})P_tW_t^{ha}Q_t^{ea}N_t^{nha}+(1-\tau_t^{kha})P_tR_t^{ka}K_t^{ha}] \tag{3.145}$$

两类家庭间的总收入不平等程度依旧为：

$$GAP_t=inct_t^h/inct_t^s \tag{3.146}$$

读者可以通过全部数学方程（参见本章附录 3e）来理解单一行业 NK－DSGE 模型的具体设计。

三　单家户单行业 NK - DSGE 模型

本书采用的第三个备择模型是同时去除了行业异质性和家庭异质性的 NK - DSGE 模型，所以该模型又称为单家户单行业 NK - DSGE 模型。

相对于基准模型，单家户单行业 NK - DSGE 模型所做的改动幅度最大，其实质上相当于进一步去除了家庭异质性设计的单一行业 NK - DSGE 模型。所以，与单一家户 NK - DSGE 模型的修改过程类似，首先需要将所有涉及非李嘉图型家庭经济决策条件、劳动力搜寻—匹配过程的方程从单一行业 NK - DSGE 模型中去除。其中，代表性企业的劳动力组合从方程（3.81）所刻画的形式调整为：

$$N_t^a(z) = N_t^{nha}(z) \tag{3.147}$$

代表性中间产品生产商的当期利润方程从方程（3.114）调整为：

$$\begin{aligned} d_t^a = & Y_t^{ma}\ \widetilde{p}_t^{ma}\ \widetilde{p}_t^a - W_t^{ha} N_t^{nha} - R_t^{ka}(K_t^a / Q_t^{ea}) \\ & - \nu^a\ (CL_t^a)^{\bar{\omega}^a} Y_t^{ma}\ \widetilde{p}_t^{ma}\ \widetilde{p}_t^a - \tau_t^{pa} PL_t^a + TR_t^{Ea} \\ & - G_t^{ha} H_t^{ha}\ \widetilde{p}_t^{ma}\ \widetilde{p}_t^a \end{aligned} \tag{3.148}$$

财政总收入 T_t 的方程从方程（3.124）调整为：

$$T_t = \tau_t^c C_t^h + \tau_t^{ka} R_t^{ka} K_t^{ha} + \tau_t^{wha} W_t^{ha} Q_t^{ea} N_t^{ha} + \tau_t^{pa} Q_t^{ea} PL_t^a \tag{3.149}$$

市场出清条件（总供求平衡）方程也从方程（3.127）调整为：

$$Y_t = C_t^h + I_t^{ha} + G_t^{ha} H_t^{ha} Q_t^{ea}\ \widetilde{p}_t^{ma}\ \widetilde{p}_t^a + G_t + Q_t^{ea} QC_t^a\ \widetilde{p}_t^{ma}\ \widetilde{p}_t^a \tag{3.150}$$

单家户单行业 NK - DSGE 模型的所有数学方程列于本章附录 3f 中。

第十一节　模型的线性化变换

为了简化模型的求解、参数化和应用分析过程，DSGE 的理论模型往往需要采用线性化方法加以简化，最后形成带有差分项、预期项、外生冲击项的线性化方程组。

本书采用的模型线性化方法主要为 Uhlig（2006）提供的方法。该方法的基本原理是对模型变量相对于稳态的对数偏离量进行低阶近似，使变量成为对数偏离形式，从而令方程组转变为线性形式。

在本书 NK - DSGE 模型的方程组中，绝大多数方程可以直接使用 Uhlig（2006）的方法实现线性变换，例如李嘉图型家庭边际替代率为：

$$MRS_t^h = S_t^n\ (\gamma_e^h)^{-1}(N_t^{nth})^{\varphi^h}(\widetilde{C}_t^h)(\widetilde{C}_t^{eh})^{\sigma^h - 1} \tag{3.151}$$

首先说明，在以下的线性化方法阐述过程中，一律用变量字母的小写格式（顶部加尖形符号）表示变量相对其稳态的对数偏离程度，用带 ss 下标或顶部带有横线的变量符号表示经济系统达到稳态时变量的值，*i. e.*，$\hat{x}_t \equiv \log X_t / X_{ss}$，那么我们就可以将原始的变量替换为其稳态值乘以自然底数 e 的对数偏离值次方，*i. e.*，$X_t \equiv X_{ss} e^{\hat{x}_t}$，那么方程（3.33）可以变换为：

$$\begin{aligned} MRS_{ss}^h e^{\widehat{mrs}_t^h} &= e^{\varepsilon_t^n}(\gamma_n^h)^{-1}(N_{ss}^{nth})\varphi^h e^{\varphi^h \hat{n}_t^{nth}}\ \widetilde{C}_{ss}^h e^{\hat{\tilde{c}}_t^h}(C_{ss}^{eh})\sigma^h - 1 e^{(\sigma^h - 1)\hat{\tilde{c}}_t^{eh}} \\ \Rightarrow MRS_{ss}^h e^{\widehat{mrs}_t^h} &= (\gamma_n^h)^{-1}(N_{ss}^{nth})\varphi^h\ \widetilde{C}_{ss}^h(\widetilde{C}_{ss}^{eh})\sigma^h - 1 e^{\varepsilon_t^n + \varphi^h \hat{n}_t^{nth} + \hat{\tilde{c}}_t^h + (\sigma^h - 1)\hat{\tilde{c}}_t^{eh}} \end{aligned} \tag{3.152}$$

不难看出，对上面形式的方程来说，可直接得到如下线性化结果：

$$\widehat{mrs}_t^h = \varepsilon_t^n + \varphi^h \hat{n}_t^{nth} + \hat{\tilde{c}}_t^h + (\sigma^h - 1)\hat{\tilde{c}}_t^{eh} \tag{3.153}$$

但是，上述处理方式显然无法应对形式较为复杂的方程，例如在方程一侧有若干项之间为加（减）关系时，上面的方法便不宜使用。所以在 Uhlig（2006）的方法中，对类似 $e^{\hat{x}_t}$ 的项还可以用一阶泰勒展开法得到它们在稳态附近的近似值：

$$e^{\hat{x}_t} \approx e^{\hat{x}_{ss}} + e^{\hat{x}_{ss}}(\hat{x}_t - \hat{x}_{ss}) \tag{3.154}$$

由于对数偏离仅存在于动态过程中，所以任何变量对数偏离值的稳态 $\hat{x}_{ss}$ 都为 0。所以，上述方程又可变换为：

$$e^{\hat{x}_t} \approx 1 + \hat{x}_t$$

将该方法运用于方程（3.152），可做出如下推导：

$$MRS_{ss}^{h} e^{\widehat{mrs}_t^h} = (\gamma_n^h)^{-1} (N_{ss}^{nth}) \varphi^h \tilde{C}_{ss}^h (\tilde{C}_{ss}^{eh})^{\sigma^h - 1} e^{\varepsilon_t^n + \varphi^h \hat{n}_t^{nth} + \hat{\tilde{c}}_t^h + (\sigma^h - 1) \hat{\tilde{c}}_t^{eh}}$$

$$\Rightarrow MRS_{ss}^{h} (1 + \widehat{mrs}_t^h) = (\gamma_n^h)^{-1} (N_{ss}^{nth}) \varphi^h \tilde{C}_{ss}^h (\tilde{C}_{ss}^{eh})^{\sigma^h - 1} [1 + \varepsilon_t^n + \varphi^h \hat{n}_t^{nth} + \hat{\tilde{c}}_t^h + (\sigma^h - 1) \hat{\tilde{c}}_t^{eh}] \tag{3.155}$$

上述方程进一步化简后，可得出以下线性化方程组：

$$\widehat{mrs}_t^h = \varepsilon_t^n + \varphi^h \hat{n}_t^{nth} + \hat{\tilde{c}}_t^h + (\sigma^h - 1) \hat{\tilde{c}}_t^{eh} \tag{3.156}$$

可见其与方程（3.153）是一致的。

运用上面的方法，可以实现本书基准 NK－DSGE 模型中绝大多数方程的线性化变换，例如环境质量演化过程［方程（3.118）］的线性化形式为：

$$\begin{aligned} ENV_{ss}\widehat{env}_t = & (1-\rho^E) ENV_{ss}\widehat{env}_{t-1} - \gamma_y^a Q_{ss}^{ea} PL_{ss}^a (\hat{q}_t^{ea} + \widehat{pl}_t^a) \\ & - (1-\gamma_y^a) Q_{ss}^{eb} PL_{ss}^b (\hat{q}_t^{eb} + \widehat{pl}_t^b) + \Delta G_{ss}^E \hat{g}_t^E \end{aligned} \tag{3.157}$$

NK－DSGE 模型中仍有少数方程无法直接以 Uhlig（2006）的方法进行线性化处理，其原因主要是部分方程为复合函数形式［如方程（3.6）］或递归形式［如方程（3.46）、方程（3.47）］。而且，新凯恩斯主义菲利普斯曲线（NKPC）等关键方程的推导需要通过较复杂的变换来实现。对这类方程的线性化处理过程列于本章附录 3a、附录 3b 中。

附录 3a　家庭跨期最优决策条件中涉及物质资本投资的方程的线性化

为节约篇幅，这里首先以 a 行业（低污染行业）投资决定条件的推导为例。

方程（3.25）的对数线性化推导过程为，首先，计算出物质资本调整函数一阶导数的负 1 次方的一阶泰勒展开结果：

$$\left[\varphi'\left(\frac{I_t}{K_t}\right)\right]^{-1}\approx\left\{\begin{aligned}&\left[\varphi'\left(\frac{\bar I}{\bar K}\right)\right]^{-1}-\left[\varphi'\left(\frac{\bar I}{\bar K}\right)\right]^{-2}\varphi''\left(\frac{\bar I}{\bar K}\right)\frac{1}{\bar K}(I_t-\bar I)\\&+\left[\varphi'\left(\frac{\bar I}{\bar K}\right)\right]^{-2}\varphi''\left(\frac{\bar I}{\bar K}\right)\frac{\bar I}{(\bar K)^2}(K_t-\bar K)\end{aligned}\right\}$$

从上述方程可得到：

$$Q_t=\begin{bmatrix}1+\eta^{-1}(\bar I)^{-1}(I_t-\bar I)\\-\eta^{-1}(\bar K)^{-1}(K_t-\bar K)\end{bmatrix}\Rightarrow Q_t=\begin{bmatrix}1+\eta^{-1}(\bar I)^{-1}I_t\\-\eta^{-1}(\bar K)^{-1}K_t\end{bmatrix}\tag{3a. 1}$$

上述方程中的 η 为投资—资本比率弹性系数，定义为：$\eta=\left[-\varphi''\left(\frac{\bar I}{\bar K}\right)\frac{\bar I}{\bar K}\right]^{-1}$，也可表达为：$\eta=[-\varphi''(\delta)\delta]^{-1}$。

然后，继续对方程（3a. 1）进行 Uhlig 线性化处理，得到模型方程之一：

$$\hat q_t=\eta^{-1}(\hat i_t-\hat k_t)\tag{3a. 2}$$

方程（3. 26）的对数线性化推导过程为：首先，得出物质资本调整成本函数的一阶泰勒展开式：

$$\varphi\left(\frac{I_t}{K_t}\right)\approx\varphi\left(\frac{\bar I}{\bar K}\right)+\varphi'\left(\frac{\bar I}{\bar K}\right)\frac{1}{\bar K}(I_t-\bar I)-\varphi'\left(\frac{\bar I}{\bar K}\right)\frac{\bar I}{(\bar K)^2}(K_t-\bar K)$$

$$\Rightarrow\varphi\left(\frac{I_t}{K_t}\right)\approx\delta+\frac{I_t}{\bar K}-\delta\frac{K_t}{\bar K}$$

将上述方程代入方程（3. 26）中，同时将方程（3. 24）代入，得到：

$$\Lambda_{t,t+1}^{-1}Q_t=(1-\tau_t^k)R_{t+1}^k+Q_{t+1}\left[1-\delta+\varphi\left(\frac{I_{t+1}}{K_{t+1}}\right)-\varphi'\left(\frac{I_{t+1}}{K_{t+1}}\right)\frac{I_{t+1}}{K_{t+1}}\right]$$

$$\Rightarrow R_t\left(\frac{P_t}{P_{t+1}}\right)Q_t=(1-\tau_t^k)R_{t+1}^k+Q_{t+1}+\left[\left(\frac{I_{t+1}}{\bar K}\right)Q_{t+1}-\delta\left(\frac{K_{t+1}}{\bar K}\right)Q_{t+1}\right]-\frac{I_{t+1}}{K_{t+1}}$$

上述方程 Uhlig 线性化的第一步为：

$$\begin{aligned}&\bar R e^{\hat r_t}e^{-(\hat p_{t+1}-\hat p_t)}\bar Q e^{\hat q_t}\\&=(1-\bar\tau^k)\bar R^k e^{\hat r_{t+1}^k}+\bar Q e^{\hat q_{t+1}}+\frac{\bar I}{\bar K}\bar Q e^{\hat i_{t+1}+\hat q_{t+1}}-\delta\frac{\bar K}{\bar K}\bar Q e^{\hat k_{t+1}+\hat q_{t+1}}-\frac{\bar I}{\bar K}e^{\hat i_{t+1}-\hat k_{t+1}}\end{aligned}\tag{3a. 3}$$

稳态下 Q_t 的值为：

$$\overline{Q}=\left[\varphi'\left(\frac{\overline{I}}{\overline{K}}\right)\right]^{-1}=1$$

稳态下的资本收益率 $\overline{R}^k$ 可以通过如下过程推得：

$$\overline{Q}=\overline{\Lambda}\left\{(1-\overline{\tau}^k)\overline{R}^k+\overline{Q}\left[1-\delta+\varphi\left(\frac{\overline{I}}{\overline{K}}\right)-\varphi'\left(\frac{\overline{I}}{\overline{K}}\right)\frac{\overline{I}}{\overline{K}}\right]\right\}$$

$$\Rightarrow\overline{R}^k=(1-\overline{\tau}^k)^{-1}[\beta^{-1}-(1-\delta)]$$

稳态下的市场利率 R_t 可通过对方程（3.24）的稳态分析求得：

$$\overline{R}=\beta^{-1}$$

将 Q_t 和 R_t^k、R_t 的稳态计算结果代入线性化计算方程（3a.3）中并进行变换、化简，最终整理得到 DSGE 模型的主要方程之一：

$$\hat{q}_t=[1-\beta(1-\delta)]E_t\{\hat{r}_{t+1}^k\}+\beta E_t\{\hat{q}_{t+1}\}-\hat{r}_t+E_t\{\pi_{t+1}\} \tag{3a.4}$$

此外，李嘉图型家庭资本积累方程的 Uhlig 线性化过程为：首先，将物质资本调整成本函数的一阶泰勒展开式代入资本积累方程，得到：

$$K_{t+1}=(1-\delta)K_t+K_t\left(\delta+\frac{I_t}{\overline{K}}-\delta\frac{K_t}{\overline{K}}\right) \tag{3a.5}$$

上述方程的 Uhlig 线性化结果为：

$$\hat{k}_{t+1}=\hat{k}_t+\delta(\hat{i}_t-\hat{k}_t) \tag{3a.6}$$

附录 3b　新凯恩斯主义菲利普斯曲线（NKPC）

为节约篇幅，这里首先以 a 行业（低污染行业）NKPC 的推导为例。根据正文所述，中间产品生产商确定最优定价 P_t^{a*} 的一阶条件为：

$$\sum_{k=0}^{\infty}[\theta^a(1-\delta^{ea})]^k E_t\left\{(\prod_0^k x_{t+k}^{ea})\Lambda_{t,t+k}Y_{t+k|t}^{ma}(z)[(P_t^{a*}/P_{t+k})-\mu^a MC_{t+k|t}^a(z)]\right\}=0$$

$$\mu^a=\frac{\varepsilon^a}{(\varepsilon^a-1)} \tag{3b.1}$$

接下来，先把上述方程中的累加式分拆至等号两侧：

$$\sum_{k=0}^{\infty}[\theta^a(1-\delta^{ea})]^k(\beta^h)^k E_t\left\{(\prod_0^k x_{t+k}^{ea})\Upsilon_{t,t+k}^a Y_{t+k|t}^{ma}(z)(P_t^{a*}/P_{t+k})\right\}$$

$$=\sum_{k=0}^{\infty}[\theta^a(1-\delta^{ea})]^k(\beta^h)^k E_t\left\{(\prod_0^k x_{t+k}^{ea})\Upsilon_{t,t+k}^a Y_{t+k|t}^{ma}(z)\mu^a MC_{t+k|t}^a\right\}$$

上述方程中：$\Upsilon_{t,t+k}=\beta^{-k}\Lambda_{t,t+k}$。然后，对上述方程等号两端进行 Uhlig 线性化，第一步变换为：

$$\begin{aligned}&\sum_{k=0}^{\infty}[\theta^a(1-\delta^{ea})]^k(\beta^h)^k E_t\left\{(\prod_0^k e^{\hat{x}_{t+k}^{ea}})e^{\hat{\Upsilon}_{t,t+k}^a}(\tilde{p}_{ss}^{ma}\ \tilde{p}_{ss}^a)e^{\hat{p}_t^*-\hat{p}_{t+k}}Y_{ss}^{ma}(z)e^{\hat{y}(j)_{t+k|t}^{ma}}\right\}\\&=\sum_{k=0}^{\infty}[\theta^a(1-\delta^{ea})]^k(\beta^h)^k E_t\left\{(\prod_0^k e^{\hat{x}_{t+k}^{ea}})e^{\hat{\Upsilon}_{t,t+k}^a}Y_{ss}^{ma}(z)e^{\hat{y}(j)_{t+k|t}^{ma}}\mu^a MC_{ss}^a e^{\widehat{mc}_{t+k|t}^a}\right\}\end{aligned}\tag{3b.2}$$

上述方程中有 $\tilde{p}_{ss}^{ma}=P_{ss}^{ma}/P_{ss}^a$，$\tilde{p}_{ss}^a=P_{ss}^a/P_{ss}$，稳态下最优价格选择条件为：

$$(\tilde{p}_{ss}^{ma}\ \tilde{p}_{ss}^a)-\mu^a MC_{ss}^a=0$$

可以推出：$MC_{ss}^a=(\tilde{p}_{ss}^{ma}\ \tilde{p}_{ss}^a)\ /\mu^a$，将其代入方程（3.49），且令等号两侧同类项相互抵消，得到：

$$\sum_{k=0}^{\infty}[\theta^a(1-\delta^{ea})]^k(\beta^h)^k E_t\left\{e\sum_0^k(\hat{x}_{t+k}^{ea})+\hat{\Upsilon}_{t,t+k}^a+\hat{p}_t^{a*}-\hat{p}_{t+k}+\hat{y}(j)_{t+k|t}^m\right\}$$

$$=\sum_{k=0}^{\infty}[\theta^a(1-\delta^{ea})]^k(\beta^h)^k E_t\left\{e\sum_0^k(\hat{x}_{t+k}^{ea})+\hat{\Upsilon}_{t,t+k}^a+\hat{y}(j)_{t+k|t}^m+\widehat{mc}_{t+k|t}^a\right\}$$

$$\Rightarrow\sum_{k=0}^{\infty}[\theta^a(1-\delta^{ea})]^k(\beta^h)^k E_t\left\{1+\sum_0^k(\hat{x}_{t+k}^{ea})+\hat{p}_t^{a*}-\hat{p}_{t+k}\right\}$$

$$=\sum_{k=0}^{\infty}[\theta(1-\delta^{ea})]^k(\beta^h)^k E_t\left\{\sum_0^k(\hat{x}_{t+k}^{ea})+\widehat{mc}_{t+k|t}^a+1\right\}$$

$$\Rightarrow[1-\theta^2(1-\delta^{ea})\beta^h]^{-1}\hat{p}_t^{a*}=\sum_{k=0}^{\infty}[\theta^a(1-\delta^{ea})]^k(\beta^h)^k E_t\left\{\widehat{mc}_{t+k|t}^a+\hat{p}_{t+k}\right\}$$

整理得到：

$$\hat{p}_t^{a*}=(1-\theta^a(1-\delta^{ea})\beta^h)\sum_{k=0}^{\infty}[\theta^a(1-\delta^{ea})]^k(\beta^h)^k E_t\left\{\widehat{mc}_{t+k|t}^a+\hat{p}_{t+k}\right\}\tag{3b.3}$$

对方程（3.52）进一步变换可得：

$$\hat{p}_t^{a*}=[1-\theta^a(1-\delta^{ea})\beta^h](\widehat{mc}_t^a+\hat{p}_t)$$
$$+[1-\theta^a(1-\delta^{ea})\beta^h]\sum_{k=0}^{\infty}[\theta^a(1-\delta^{ea})]^{k+1}(\beta^h)^{k+1}E_t\{\widehat{mc}_{t+k+1|t}^a+\hat{p}_{t+k+1}\}$$

上述方程可变换为：

$$\hat{p}_t^{a*}-\theta^a(1-\delta^{ea})\beta^h E_t\{\hat{p}_{t+1}^{a*}\}=[1-\theta^a(1-\delta^{ea})\beta^h](\widehat{mc}_t^a+\hat{p}_t)$$

同时，根据 Calvo 定价规则可得：

$$[P_t^{ma}(z)]^{1-\varepsilon^a}=\theta^a[P_t^{ma}(z)]^{1-\varepsilon^a}+(1-\theta^a)(P_t^{a*})^{1-\varepsilon^a}$$
$$\Rightarrow\left[\frac{P_t^{ma}(z)}{P_{t-1}^{ma}(z)}\right]^{1-\varepsilon^a}=\theta^a+(1-\theta^a)\left[\frac{P_t^{a*}}{P_{t-1}^{ma}(z)}\right]^{1-\varepsilon^a}$$

根据 $\tilde{p}_t^{ma}=P_t^{ma}(z)/P_t^a$，$\tilde{p}_t^a=P_t^a/P_t$，可得：

$$\left[\frac{P_t^{ma}(z)}{P_{t-1}^{ma}(z)}\right]^{1-\varepsilon^a}=\theta^a+(1-\theta^a)\left[\frac{P_t^{a*}}{P_{t-1}^{ma}(z)}\right]^{1-\varepsilon^a}$$
$$\Rightarrow\left(\frac{\tilde{p}_t^{ma}P_t^a}{\tilde{p}_{t-1}^{ma}P_{t-1}^a}\right)^{1-\varepsilon^a}=\theta^a+(1-\theta^a)\left(\frac{P_t^{a*}}{\tilde{p}_{t-1}^{ma}P_{t-1}^a}\right)^{1-\varepsilon^a}$$

对上述方程进行 Uhlig 线性化可得：

$$\pi_t^a+\hat{\tilde{p}}_t^{ma}-\hat{\tilde{p}}_{t-1}^{ma}=(1-\theta^a)(\hat{p}_t^{a*}-\hat{p}_{t-1}^a-\hat{\tilde{p}}_{t-1}^{ma})$$
$$\Rightarrow\hat{p}_t^{a*}=(1-\theta^a)^{-1}(\pi_t^a+\hat{\tilde{p}}_t^{ma}-\hat{\tilde{p}}_{t-1}^{ma})+\hat{p}_{t-1}^a+\hat{\tilde{p}}_{t-1}^{ma}$$

将上述方程代入方程（3.52），并继续推导：

$$(1-\theta^a)^{-1}(\pi_t^a+\hat{\tilde{p}}_t^{ma}-\hat{\tilde{p}}_{t-1}^{ma})+\hat{p}_{t-1}^a+\hat{\tilde{p}}_{t-1}^{ma}-\theta^a(1-\delta^{ea})\beta^h$$
$$E_t\left\{(1-\theta^a)^{-1}(\pi_{t+1}^a+\hat{\tilde{p}}_{t+1}^{ma}-\hat{\tilde{p}}_t^{ma})+\hat{p}_t^a+\hat{\tilde{p}}_t^{ma}\right\}$$
$$=[1-\theta^a(1-\delta^{ea})\beta^h](\widehat{mc}_t^a+\hat{p}_t)$$

上述方程中有：$\tilde{p}_t^{ma}=P_t^{ma}(z)/P_t^a$，$\tilde{p}_t^a=P_t^a/P_t$，故可得：

$$(1-\theta^a)^{-1}(\pi_t^a+\hat{\tilde{p}}_t^{ma}-\hat{\tilde{p}}_{t-1}^{ma})+\hat{p}_{t-1}^a+\hat{\tilde{p}}_{t-1}^{ma}-\theta^a(1-\delta^{ea})\beta^h$$

$$E_t\left\{(1-\theta^a)^{-1}(\pi_{t+1}^a+\hat{\tilde{p}}_{t+1}^{ma}-\hat{\tilde{p}}_t^{ma})+\hat{p}_t^a+\hat{\tilde{p}}_t^{ma}\right\}$$

$$=[1-\theta^a(1-\delta^{ea})\beta^h](\hat{mc}_t^a+\hat{p}_t^a-\hat{\tilde{p}}_t^a)$$

$$\Rightarrow(1-\theta^a)^{-1}(\pi_t^a+\hat{\tilde{p}}_t^{ma}-\hat{\tilde{p}}_{t-1}^{ma})+\hat{p}_{t-1}^a+\hat{\tilde{p}}_{t-1}^{ma}-\theta^a(1-\delta^{ea})\beta^h$$

$$E_t\left\{(1-\theta^a)^{-1}(\pi_{t+1}^a+\hat{\tilde{p}}_{t+1}^{ma}-\hat{\tilde{p}}_t^{ma})+\hat{p}_t^a+\hat{\tilde{p}}_t^{ma}\right\}$$

$$=[1-\theta^a(1-\delta^{ea})\beta^h](\hat{mc}_t^a-\hat{\tilde{p}}_t^a)+\hat{p}_t^a-\theta^a(1-\delta^{ea})\beta^h\hat{p}_t^a$$

$$\Rightarrow(1-\theta^a)^{-1}(\pi_t^a+\hat{\tilde{p}}_t^{ma}-\hat{\tilde{p}}_{t-1}^{ma})+\hat{p}_{t-1}^a-\hat{p}_t^a+\hat{\tilde{p}}_{t-1}^{ma}-\theta^a(1-\delta^{ea})\beta^h$$

$$E_t\left\{(1-\theta^a)^{-1}(\pi_{t+1}^a+\hat{\tilde{p}}_{t+1}^{ma}-\hat{\tilde{p}}_t^{ma})+\hat{\tilde{p}}_t^{ma}\right\}$$

$$=[1-\theta^a(1-\delta^{ea})\beta^h](\hat{mc}_t^a-\hat{\tilde{p}}_t^a)$$

$$\Rightarrow(1-\theta^a)^{-1}(\pi_t^a+\hat{\tilde{p}}_t^{ma}-\hat{\tilde{p}}_{t-1}^{ma})-\pi_t^a+\hat{\tilde{p}}_{t-1}^{ma}-\theta^a(1-\delta^{ea})\beta^h$$

$$E_t\left\{(1-\theta^a)^{-1}(\pi_{t+1}^a+\hat{\tilde{p}}_{t+1}^{ma}-\hat{\tilde{p}}_t^{ma})+\hat{\tilde{p}}_t^{ma}\right\}$$

$$=[1-\theta^a(1-\delta^{ea})\beta^h](\hat{mc}_t^a-\hat{\tilde{p}}_t^a)$$

$$\Rightarrow(1-\theta^a)^{-1}(\pi_t^a+\hat{\tilde{p}}_t^{ma}-\hat{\tilde{p}}_{t-1}^{ma})-\pi_t^a$$

$$=[1-\theta^a(1-\delta^{ea})\beta^h](\hat{mc}_t^a-\hat{\tilde{p}}_t^a)-\hat{\tilde{p}}_{t-1}^{ma}+\theta^a(1-\delta^{ea})\beta^h$$

$$E_t\left\{(1-\theta^a)^{-1}(\pi_{t+1}^a+\hat{\tilde{p}}_{t+1}^{ma}-\hat{\tilde{p}}_t^{ma})+\hat{\tilde{p}}_t^{ma}\right\}$$

$$\Rightarrow(\pi_t^a+\hat{\tilde{p}}_t^{ma}-\hat{\tilde{p}}_{t-1}^{ma})-(1-\theta^a)\pi_t^a$$

$$=(1-\theta^a)[1-\theta^a(1-\delta^{ea})\beta^h](\hat{mc}_t^a-\hat{\tilde{p}}_t^a)-(1-\theta^a)\hat{\tilde{p}}_{t-1}^{ma}$$

$$+(1-\theta^a)\theta^a(1-\delta^{ea})\beta^hE_t\left\{(1-\theta^a)^{-1}(\pi_{t+1}^a+\hat{\tilde{p}}_{t+1}^{ma}-\hat{\tilde{p}}_t^{ma})+\hat{\tilde{p}}_t^{ma}\right\}$$

$$\Rightarrow\theta^a\pi_t^a=(1-\theta^a)[1-\theta^a(1-\delta^{ea})\beta^h](\hat{mc}_t^a-\hat{\tilde{p}}_t^a)$$

$$+\theta^a(1-\delta^{ea})\beta^hE_t\left\{(\pi_{t+1}^a+\hat{\tilde{p}}_{t+1}^{ma}-\hat{\tilde{p}}_t^{ma})+(1-\theta^a)\hat{\tilde{p}}_t^{ma}\right\}+\theta^a\hat{\tilde{p}}_{t-1}^{ma}-\hat{\tilde{p}}_t^{ma}$$

整理得到的结果即新凯恩斯主义菲利普斯曲线（NKPC）的方程：

$$\pi_t^a=(\theta^a)^{-1}(1-\theta^a)[1-\theta^a(1-\delta^{ea})\beta^h](\widehat{mc}_t^a-\hat{\tilde{p}}_t^a)$$
$$+(1-\delta^{ea})\beta^h E_t\left\{(\pi_{t+1}^a+\hat{\tilde{p}}_{t+1}^{ma}-\hat{\tilde{p}}_t^{ma})+(1-\theta^a)\hat{\tilde{p}}_t^{ma}\right\}+\hat{\tilde{p}}_{t-1}^{ma}-(\theta^a)^{-1}\hat{\tilde{p}}_t^{ma} \tag{3b.4}$$

附录3c　基准NK－DSGE模型全部数学方程（非线性）汇总

家庭部门：

a. 家庭效用最大化一阶条件：

$$R_t\Lambda_{t,t+1}^h\frac{P_t}{P_{t+1}}=1 \tag{3c.1}$$

$$Q_t^a=\left[\varphi'\left(\frac{I_t^{ha}}{K_t^{ha}}\right)\right]^{-1} \tag{3c.2}$$

$$Q_t^a=E_t\left\{\Lambda_{t,t+1}^h(1-\tilde{\tau}_{t+1}^{kh})R_{t+1}^{ka}+\Lambda_{t,t+1}^hQ_{t+1}^a\left[1-\delta^a+\varphi\left(\frac{I_{t+1}^{ha}}{K_{t+1}^{ha}}\right)-\varphi'\left(\frac{I_{t+1}^{ha}}{K_{t+1}^{ha}}\right)\frac{I_{t+1}^{ha}}{K_{t+1}^{ha}}\right]\right\} \tag{3c.3}$$

$$Q_t^b=\left[\varphi'\left(\frac{I_t^{hb}}{K_t^{hb}}\right)\right]^{-1} \tag{3c.4}$$

$$Q_t^b=E_t\left\{\Lambda_{t,t+1}^h(1-\tilde{\tau}_{t+1}^{kh})R_{t+1}^{kb}+\Lambda_{t,t+1}^hQ_{t+1}^b\left[1-\delta^b+\varphi\left(\frac{I_{t+1}^{hb}}{K_{t+1}^{hb}}\right)-\varphi'\left(\frac{I_{t+1}^{hb}}{K_{t+1}^{hb}}\right)\frac{I_{t+1}^{hb}}{K_{t+1}^{hb}}\right]\right\} \tag{3c.5}$$

$$\Lambda_{t,t+k}^h=(\beta^h)^k\frac{(\tilde{C}_{t+k}^{eh})^{1-\sigma^h}}{(\tilde{C}_t^{eh})^{1-\sigma^h}}\frac{\tilde{C}_t^h(1+\tau_t^c)}{\tilde{C}_{t+k}^h(1+\tau_{t+k}^c)} \tag{3c.6}$$

$$\Lambda_{t,t+k}^s=(\beta^s)^k\frac{(\tilde{C}_{t+k}^{es})^{1-\sigma^s}}{(\tilde{C}_t^{es})^{1-\sigma^s}}\frac{\tilde{C}_t^s(1+\tau_t^c)}{\tilde{C}_{t+k}^s(1+\tau_{t+k}^c)} \tag{3c.7}$$

$$\widetilde{C}_t^{eh} = (\widetilde{C}_t^h)^{\gamma_e^h} ENV_t^{(1-\gamma_e^h)} \tag{3c.8}$$

$$\widetilde{C}_t^{es} = (\widetilde{C}_t^s)^{\gamma_e^s} ENV_t^{(1-\gamma_e^s)} \tag{3c.9}$$

$$\widetilde{C}_t^h = C_t^h - \zeta^h C_{t-1}^h \tag{3c.10}$$

$$\widetilde{C}_t^s = C_t^s - \zeta^s C_{t-1}^s \tag{3c.11}$$

b. 企业数量动态与创业参股（投资）决定条件：

$$Q_t^{ea} = (1-\delta^{ea}) S_t^{ea} (Q_{t-1}^{ea} + E_{t-1}^{ea}) \tag{3c.12}$$

$$Q_t^{eb} = (1-\delta^{eb}) S_t^{eb} (Q_{t-1}^{eb} + E_{t-1}^{eb}) \tag{3c.13}$$

$$v_t^a = E_t\{\Lambda_{t,t+1}^h (1-\delta^{ea}) S_{t+1}^{ea} (d_{t+1}^a + v_{t+1}^a)\} \tag{3c.14}$$

$$v_t^b = E_t\{\Lambda_{t,t+1}^h (1-\delta^{eb}) S_{t+1}^{eb} (d_{t+1}^b + v_{t+1}^b)\} \tag{3c.15}$$

c. 创业劳动力数量：

$$\gamma_n^h N_t^{ea} = E_t^{ea} fc_t^a / S_t^a \tag{3c.16}$$

$$\gamma_n^h N_t^{eb} = E_t^{eb} fc_t^b / S_t^a \tag{3c.17}$$

d. 创业者最优决策条件：

$$\gamma_y^a v_t^a = X_t^{ha} W_t^{ha} fc_t^a / S_t^a + X_t^{hb} W_t^{hb} fc_t^b / S_t^a \tag{3c.18}$$

$$\gamma_y^a v_t^a = (1-\gamma_y^a) v_t^b \tag{3c.19}$$

e. 家庭成员的边际替代率：

$$MRS_t^h = S_t^n\ (\gamma_e^h)^{-1} (N_t^{nth})^{\varphi^h} (\widetilde{C}_t^h)(\widetilde{C}_t^{eh})^{\sigma^h - 1} \tag{3c.20}$$

$$MRS_t^s = S_t^n\ (\gamma_e^s)^{-1} (N_t^{nts})^{\varphi^s} (\widetilde{C}_t^s)(\widetilde{C}_t^{es})^{\sigma^s - 1} \tag{3c.21}$$

f. 物质资本的动态积累过程：

$$K_{t+1}^{ha} = (1-\delta^a) K_t^{ha} + K_t^{ha}\left[\varphi\left(\frac{I_t^{ha}}{K_t^{ha}}\right)\right] \tag{3c.22}$$

$$K_{t+1}^{hb}=(1-\delta^{b})K_{t}^{hb}+K_{t}^{hb}\left[\varphi\left(\frac{I_{t}^{hb}}{K_{t}^{hb}}\right)\right] \tag{3c.23}$$

g. 非李嘉图型家庭预算约束条件（也是消费决定条件）：

$$(1+\tau_{t}^{cs})P_{t}C_{t}^{s}=(1-\tau_{t}^{wsb})W_{t}^{sb}P_{t}N_{t}^{nsb}+(1-\tau_{t}^{wsa})W_{t}^{sa}P_{t}N_{t}^{nsa} \tag{3c.24}$$

h. 家庭部门主要经济变量的加总：

$$C_{t}=\gamma_{n}^{h}C_{t}^{h}+(1-\gamma_{n}^{h})C_{t}^{s} \tag{3c.25}$$

$$K_{t}^{a}=\gamma_{n}^{h}K_{t}^{ha} \tag{3c.26}$$

$$I_{t}^{a}=\gamma_{n}^{h}I_{t}^{ha} \tag{3c.27}$$

$$K_{t}^{b}=\gamma_{n}^{h}K_{t}^{hb} \tag{3c.28}$$

$$I_{t}^{b}=\gamma_{n}^{h}I_{t}^{hb} \tag{3c.29}$$

$$B_{t}=\gamma_{n}^{h}B_{t}^{h} \tag{3c.30}$$

生产部门：

a. 中间产品生产函数：

$$Y_{t}^{ma}=(K_{t-1}^{a}/Q_{t-1}^{ea})^{(1-\alpha^{a})}(S_{t}^{a}N_{t}^{a})^{\alpha^{a}} \tag{3c.31}$$

$$Y_{t}^{mb}=(K_{t-1}^{b}/Q_{t-1}^{eb})^{(1-\alpha^{b})}(S_{t}^{a}N_{t}^{b})^{\alpha^{b}} \tag{3c.32}$$

b. 资本要素报酬水平（实际资本收益率）：

$$R_{t}^{ka}=(1-\alpha^{a})\psi_{t}^{a}\left(\frac{Y_{t}^{ma}}{K_{t-1}^{a}}\right) \tag{3c.33}$$

$$R_{t}^{kb}=(1-\alpha^{b})\psi_{t}^{b}\left(\frac{Y_{t}^{mb}}{K_{t-1}^{b}}\right) \tag{3c.34}$$

c. 两类家庭劳动力的边际产出：

$$MRPN_{t}^{ha}=\alpha^{a}\psi_{t}^{a}\left(\frac{Y_{t}^{ma}}{N_{t}^{a}}\right)\left(\frac{\gamma_{n}^{h}N_{t}^{a}}{N_{t}^{ha}}\right)^{1/\varepsilon_{w}^{a}} \tag{3c.35}$$

$$MRPN_{t}^{sa}=\alpha^{a}\psi_{t}^{a}\left(\frac{Y_{t}^{ma}}{N_{t}^{a}}\right)\left[\frac{(1-\gamma_{n}^{h})N_{t}^{a}}{N_{t}^{sa}}\right]^{1/\varepsilon_{w}^{a}} \tag{3c.36}$$

$$MRPN_t^{sb}=\alpha^b\psi_t^b\left(\frac{Y_t^{mb}}{N_t^b}\right)\left[\frac{(1-\gamma_n^h)N_t^b}{N_t^{sb}}\right]^{1/\varepsilon_w^b} \tag{3c.37}$$

$$MRPN_t^{hb}=\alpha^b\psi_t^b\left(\frac{Y_t^{mb}}{N_t^b}\right)\left(\frac{\gamma_n^h N_t^b}{N_t^{hb}}\right)^{1/\varepsilon_w^b} \tag{3c.38}$$

d. 中间产品生产商的价格调整过程（Calvo 规则）：

$$(P_t^{ma})^{1-\varepsilon^a}=\theta^a\ (P_{t-1}^{ma})^{1-\varepsilon^a}+(1-\theta^a)(P_t^{a*})^{1-\varepsilon^a} \tag{3c.39}$$

$$(P_t^{mb})^{1-\varepsilon^b}=\theta^b\ (P_{t-1}^{mb})^{1-\varepsilon^b}+(1-\theta^b)(P_t^{b*})^{1-\varepsilon^b} \tag{3c.40}$$

e. 中间产品生产商的利润最大化一阶条件：

$$\sum_{k=0}^{\infty}[\theta^a(1-\delta^{ea})]^k E_t\left\{(\prod_0^k x_{t+k}^{ea})\Lambda_{t,t+k}^h Y_{t+k|t}^{ma}\left(\frac{P_t^{a*}}{P_{t+k}}-\mu^a MC_{t+k|t}^a\right)\right\}=0,\ \mu^a=\frac{\varepsilon^a}{(\varepsilon^a-1)} \tag{3c.41}$$

$$\sum_{k=0}^{\infty}[\theta^b(1-\delta^{eb})]^k E_t\left\{(\prod_0^k x_{t+k}^{eb})\Lambda_{t,t+k}^h Y_{t+k|t}^{mb}\left(\frac{P_t^{b*}}{P_{t+k}}-\mu^b MC_{t+k|t}^b\right)\right\}=0,\ \mu^b=\frac{\varepsilon^b}{(\varepsilon^b-1)} \tag{3c.42}$$

f. 单个企业产量与行业最终产品价值的关系：

$$Y_t^a=(Q_t^{ea})^{\frac{\varepsilon^a}{\varepsilon^a-1}}Y_t^{ma} \tag{3c.43}$$

$$Y_t^b=(Q_t^{eb})^{\frac{\varepsilon^b}{\varepsilon^b-1}}Y_t^{mb} \tag{3c.44}$$

g. 单个企业定价与行业总体价格的关系：

$$P_t^a=(Q_t^{ea})^{\frac{1}{1-\varepsilon^a}}P_t^{ma} \tag{3c.45}$$

$$P_t^b=(Q_t^{eb})^{\frac{1}{1-\varepsilon^b}}P_t^{mb} \tag{3c.46}$$

h. 国内跨行业经销商的 CES 加总函数：

$$Y_t=[(\gamma_y^a)^{1/\varepsilon_p}(Y_t^a)^{(\varepsilon_p-1)/\varepsilon_p}+(1-\gamma_y^a)^{1/\varepsilon_p}(Y_t^b)^{(\varepsilon_p-1)/\varepsilon_p}]^{\varepsilon_p/(\varepsilon_p-1)} \tag{3c.47}$$

i. 物价指数：

$$P_t=[\gamma_y^a\ (P_t^a)^{(1-\varepsilon_p)}+(1-\gamma_y^a)(P_t^b)^{(1-\varepsilon_p)}]^{1/(1-\varepsilon_p)} \tag{3c.48}$$

劳动力市场的搜寻—匹配过程：

两类家庭劳动力的构成与流动机制：

a. 劳动力总数与非自愿失业总数：

$$L_t = L_t^h + L_t^s \tag{3c.49}$$

$$U_t = U_t^h + U_t^s \tag{3c.50}$$

b. 李嘉图型家庭劳动力构成：

$$L_t^h = Q_t^{ea}(\overline{N}^{ha} + N_t^{ha}) + Q_t^{eb}(\overline{N}^{hb} + N_t^{hb}) + N_t^{ea} + N_t^{eb} + U_t^h \tag{3c.51}$$

c. 李嘉图型家庭在代表性企业的流动劳动力和沉淀劳动力加总：

$$N_t^{nha} = \overline{N}^{ha} + N_t^{ha} \tag{3c.52}$$

$$N_t^{nhb} = \overline{N}^{hb} + N_t^{hb} \tag{3c.53}$$

d. 李嘉图型家庭的实际就业总量（含创业）：

$$N_t^{nth} = Q_t^{ea} N_t^{nha} + Q_t^{eb} N_t^{nhb} + N_t^{ea} E_t^{ea} + N_t^{eb} E_t^{eb} \tag{3c.54}$$

e. 搜寻工作岗位的李嘉图型家庭劳动力总量：

$$J_t^h = U_{t-1}^h + \delta^{wha} Q_t^{ea} N_{t-1}^{ha} + \delta^{whb} Q_t^{eb} N_{t-1}^{hb} + N_t^{ea} + N_t^{eb} - N_{t-1}^{ea} - N_{t-1}^{eb} \tag{3c.55}$$

f. 李嘉图型家庭在代表性企业的就业数量动态：

$$N_t^{ha} = (1 - \delta^{wha}) N_{t-1}^{ha} + H_t^{ha} \tag{3c.56}$$

$$N_t^{hb} = (1 - \delta^{whb}) N_{t-1}^{hb} + H_t^{hb} \tag{3c.57}$$

g. 当期李嘉图型家庭失业人员总量：

$$U_t^h = (1 - X_t^{ha} - X_t^{hb}) J_t^h \tag{3c.58}$$

h. 非李嘉图型家庭劳动力构成：

$$L_t^s = Q_t^{eb}(\overline{N}^{sb} + N_t^{sb}) + Q_t^{ea}(\overline{N}^{sa} + N_t^{sa}) + U_t^s \tag{3c.59}$$

i. 非李嘉图型家庭在代表性企业的流动劳动力和沉淀劳动力加总：

$$N_t^{nsa} = \overline{N}^{sa} + N_t^{sa} \tag{3c.60}$$

$$N_t^{nsb} = \overline{N}^{sb} + N_t^{sb} \tag{3c.61}$$

j. 非李嘉图型家庭的实际就业总量：

$$N_t^{nts} = Q_t^{ea} N_t^{nsa} + Q_t^{eb} N_t^{nsb} \tag{3c.62}$$

k. 搜寻工作岗位的非李嘉图型家庭劳动力总量：

$$J_t^s = U_{t-1}^s + \delta^{wsa} Q_t^{ea} N_{t-1}^{sa} + \delta^{wsb} Q_t^{eb} N_{t-1}^{sb} \tag{3c.63}$$

l. 非李嘉图型家庭在代表性企业的就业数量动态：

$$N_t^{sa} = (1 - \delta^{wsa}) N_{t-1}^{sa} + H_t^{sa} \tag{3c.64}$$

$$N_t^{sb} = (1 - \delta^{wsb}) N_{t-1}^{sb} + H_t^{sb} \tag{3c.65}$$

m. 当期非李嘉图型家庭失业人员总量：

$$U_t^s = (1 - X_t^{sa} - X_t^{sb}) J_t^s \tag{3c.66}$$

n. 李嘉图型家庭求职者获聘概率（就业紧度）：

$$X_t^{ha} = Q_t^{ea} H_t^{ha} / J_t^h \tag{3c.67}$$

$$X_t^{hb} = Q_t^{eb} H_t^{hb} / J_t^h \tag{3c.68}$$

o. 非李嘉图型家庭求职者获聘概率（就业紧度）：

$$X_t^{sa} = Q_t^{ea} H_t^{sa} / J_t^s \tag{3c.69}$$

$$X_t^{sb} = Q_t^{eb} H_t^{sb} / J_t^s \tag{3c.70}$$

p. 低污染行业两类家庭劳动力雇佣成本：

$$G_t^{ha} = \nu^{ha} S_t^a (X^{ha})^{\overline{\omega}^{ha}} \tag{3c.71}$$

$$G_t^{sa} = \nu^{sa} S_t^a (X^{sa})^{\overline{\omega}^{sa}} \tag{3c.72}$$

q. 高污染行业两类家庭劳动力雇佣成本：

$$G_t^{hb} = \nu^{hb} S_t^a (X^{hb})^{\overline{\omega}^{hb}} \tag{3c.73}$$

$$G_t^{sb} = \nu^{sb} S_t^a (X^{sb})^{\overline{\omega}^{sb}} \tag{3c.74}$$

r. 各行业代表性企业的两类家庭劳动力组合运用方式：

$$N_t^a=[(\gamma_n^h)^{1/\varepsilon_w^a}(N_t^{nha})^{(\varepsilon_w^a-1)/\varepsilon_w^a}+(1-\gamma_n^h)^{1/\varepsilon_w^a}(N_t^{nsa})^{(\varepsilon_w^a-1)/\varepsilon_w^a}]^{\varepsilon_w^a/(\varepsilon_w^a-1)} \tag{3c.75}$$

$$N_t^b=[(\gamma_n^h)^{1/\varepsilon_w^b}(N_t^{nhb})^{(\varepsilon_w^b-1)/\varepsilon_w^b}+(1-\gamma_n^h)^{1/\varepsilon_w^b}(N_t^{nsb})^{(\varepsilon_w^b-1)/\varepsilon_w^b}]^{\varepsilon_w^b/(\varepsilon_w^b-1)} \tag{3c.76}$$

企业与家庭成员的雇佣（就业）决策和博弈过程：

a. 代表性企业劳动力投入条件：

$$MRPN_t^{ha}=W_t^{ha}/(\tilde{p}_t^{ma}\ \tilde{p}_t^{a})+G_t^{ha}-\gamma_n^h(1-\delta^{wa})E_t\{\Lambda_{t,t+1}^h G_{t+1}^{ha}\} \tag{3c.77}$$

$$MRPN_t^{hb}=W_t^{hb}/(\tilde{p}_t^{mb}\ \tilde{p}_t^{b})+G_t^{hb}-\gamma_n^h(1-\delta^{wb})E_t\{\Lambda_{t,t+1}^h G_{t+1}^{hb}\} \tag{3c.78}$$

$$MRPN_t^{sb}=W_t^{sb}/(\tilde{p}_t^{mb}\ \tilde{p}_t^{b})+G_t^{sb}-(1-\gamma_n^h)(1-\delta^{wb})E_t\{\Lambda_{t,t+1}^s G_{t+1}^{sb}\} \tag{3c.79}$$

$$MRPN_t^{sa}=W_t^{sa}/(\tilde{p}_t^{ma}\ \tilde{p}_t^{a})+G_t^{sa}-(1-\gamma_n^h)(1-\delta^{wa})E_t\{\Lambda_{t,t+1}^s G_{t+1}^{sa}\} \tag{3c.80}$$

b. 企业对各类劳动力的跨期最优雇佣决策：

$$\begin{aligned}G_t^{ha}&=MRPN_t^{ha}-W_t^{ha}/(\tilde{p}_t^{ma}\ \tilde{p}_t^{a})\\&\quad+\gamma_n^h E_t\{\Lambda_{t,t+1}^h[(1-\delta^{wa}+\delta^{wa}X_{t+1}^{ha})G_{t+1}^{ha}+\delta^{wa}X_{t+1}^{hb}G_{t+1}^{hb}]\}\end{aligned} \tag{3c.81}$$

$$\begin{aligned}G_t^{hb}&=MRPN_t^{hb}-W_t^{hb}/(\tilde{p}_t^{mb}\ \tilde{p}_t^{b})\\&\quad+\gamma_n^h E_t\{\Lambda_{t,t+1}^h[(1-\delta^{wb}+\delta^{wb}X_{t+1}^{hb})G_{t+1}^{hb}+\delta^{wb}X_{t+1}^{ha}G_{t+1}^{ha}]\}\end{aligned} \tag{3c.82}$$

$$\begin{aligned}G_t^{sb}&=MRPN_t^{sb}-W_t^{sb}/(\tilde{p}_t^{mb}\ \tilde{p}_t^{b})\\&\quad+(1-\gamma_n^h)E_t\{\Lambda_{t,t+1}^s[(1-\delta^{wb}+\delta^{wb}X_{t+1}^{sb})G_{t+1}^{sb}+\delta_t^{wb}X_{t+1}^{sa}G_{t+1}^{sa}]\}\end{aligned} \tag{3c.83}$$

$$\begin{aligned}G_t^{sa}&=MRPN_t^{sa}-W_t^{sa}/(\tilde{p}_t^{ma}\ \tilde{p}_t^{a})\\&\quad+(1-\gamma_n^h)E_t\{\Lambda_{t,t+1}^s[(1-\delta^{wa}+\delta^{wa}X_{t+1}^{sa})G_{t+1}^{sa}+\delta^{wa}X_{t+1}^{sb}G_{t+1}^{sb}]\}\end{aligned} \tag{3c.84}$$

c. 工资议价的纳什均衡条件：

$$
\begin{aligned}
G_t^{ha} = & [\vartheta^{ha}/(1-\vartheta^{ha})][(1-\tilde{\tau}_t^{wha})W_t^{ha}-(1+\tilde{\tau}_t^{ch})MRS_t^h]/(\tilde{p}_t^{ma}\ \tilde{p}_t^a) \\
& +(1-\delta^{wa})[\vartheta^{ha}/(1-\vartheta^{ha})]E_t\{\Lambda_{t,t+1}^h(G_{t+1}^{ha}-X_{t+1}^{ha}G_{t+1}^{ha}-X_{t+1}^{hb}G_{t+1}^{hb})\}
\end{aligned}
\tag{3c.85}
$$

$$
\begin{aligned}
G_t^{hb} = & [\vartheta^{hb}/(1-\vartheta^{hb})][(1-\tilde{\tau}_t^{whb})W_t^{hb}-(1+\tilde{\tau}_t^{ch})MRS_t^h]/(\tilde{p}_t^{mb}\ \tilde{p}_t^b) \\
& +(1-\delta^{wb})[\vartheta^{hb}/(1-\vartheta^{hb})]E_t\{\Lambda_{t,t+1}^h(G_{t+1}^{hb}-X_{t+1}^{hb}G_{t+1}^{hb}-X_{t+1}^{ha}G_{t+1}^{ha})\}
\end{aligned}
\tag{3c.86}
$$

$$
\begin{aligned}
G_t^{sb} = & [\vartheta^{sb}/(1-\vartheta^{sb})][(1-\tilde{\tau}_t^{wsb})W_t^{sb}-(1+\tilde{\tau}_t^{cs})MRS_t^s]/(\tilde{p}_t^{mb}\ \tilde{p}_t^b) \\
& +(1-\delta^{wb})[\vartheta^{sb}/(1-\vartheta^{sb})]E_t\{\Lambda_{t,t+1}^s(G_{t+1}^{sb}-X_{t+1}^{sb}G_{t+1}^{sb}-X_{t+1}^{sa}G_{t+1}^{sa})\}
\end{aligned}
\tag{3c.87}
$$

$$
\begin{aligned}
G_t^{sa} = & [\vartheta^{sa}/(1-\vartheta^{sa})][(1-\tilde{\tau}_t^{wsa})W_t^{sa}-(1+\tilde{\tau}_t^{cs})MRS_t^s]/(\tilde{p}_t^{ma}\ \tilde{p}_t^a) \\
& +(1-\delta^{wa})[\vartheta^{sa}/(1-\vartheta^{sa})]E_t\{\Lambda_{t,t+1}^s(G_{t+1}^{sa}-X_{t+1}^{sa}G_{t+1}^{sa}-X_{t+1}^{sb}G_{t+1}^{sb})\}
\end{aligned}
\tag{3c.88}
$$

各类不平等指标：

a. 劳动力收入不平等程度（行业间劳动收入差距）：

$$GAP_t^{la}=\frac{(1-\tau_t^{wha})W_t^{ha}Q_t^{ea}N_t^{nha}}{(1-\tau_t^{whb})W_t^{hb}Q_t^{eb}N_t^{nhb}}\tag{3c.89}$$

$$GAP_t^{lb}=\frac{(1-\tau_t^{wsa})W_t^{sa}Q_t^{ea}N_t^{nsa}}{(1-\tau_t^{wsb})W_t^{sb}Q_t^{eb}N_t^{nsb}}\tag{3c.90}$$

b. 两类家庭之间的劳动收入不平等程度：

$$GAP_t^{l}=\frac{(1-\tau_t^{wha})W_t^{ha}Q_t^{ea}N_t^{nha}+(1-\tau_t^{whb})W_t^{hb}Q_t^{eb}N_t^{nhb}}{(1-\tau_t^{wsa})W_t^{sa}Q_t^{ea}N_t^{nsa}+(1-\tau_t^{wsb})W_t^{sb}Q_t^{eb}N_t^{nsb}}\tag{3c.91}$$

c. 工资水平差距：

$$GAP_t^{w}=\frac{\left[\dfrac{(1-\tau_t^{wha})W_t^{ha}Q_t^{ea}N_t^{nha}+(1-\tau_t^{whb})W_t^{hb}Q_t^{eb}N_t^{nhb}}{Q_t^{ea}N_t^{nha}+Q_t^{eb}N_t^{nhb}}\right]}{\left[\dfrac{(1-\tau_t^{wsa})W_t^{sa}Q_t^{ea}N_t^{nsa}+(1-\tau_t^{wsb})W_t^{sb}Q_t^{eb}N_t^{nsb}}{Q_t^{ea}N_t^{nsa}+Q_t^{eb}N_t^{nsb}}\right]}\tag{3c.92}$$

d. 模型中两个行业间的加权平均工资差距：

$$GAP_t^p=\frac{\left[\dfrac{\gamma_n^h(1-\tau_t^{wha})W_t^{ha}N_t^{nha}+(1-\gamma_n^h)(1-\tau_t^{wsa})W_t^{sa}N_t^{nsa}}{\gamma_n^hN_t^{nha}+(1-\gamma_n^h)N_t^{nsa}}\right]}{\left[\dfrac{\gamma_n^h(1-\tau_t^{whb})W_t^{hb}N_t^{nhb}+(1-\gamma_n^h)(1-\tau_t^{wsb})W_t^{sb}N_t^{nsb}}{\gamma_n^hN_t^{nhb}+(1-\gamma_n^h)N_t^{nsb}}\right]} \tag{3c.93}$$

e. 李嘉图型家庭的税后总收入（含财产性收入）：

$$inct_t^h=\left[\begin{array}{c}(1-\tau_t^{wha})P_tW_t^{ha}Q_t^{ea}N_t^{nha}+(1-\tau_t^{whb})P_tW_t^{hb}Q_t^{eb}N_t^{nhb}\\+(1-\tau_t^{kha})P_tR_t^{ka}K_t^{ha}+(1-\tau_t^{khb})P_tR_t^{kb}K_t^{hb}\end{array}\right] \tag{3c.94}$$

f. 非李嘉图家庭的税后总收入（即劳动收入）：

$$inct_t^s=(1-\tau_t^{wsa})W_t^{sa}N_t^{nsa}+(1-\tau_t^{wsb})W_t^{sb}N_t^{nsb} \tag{3c.95}$$

g. 两类家庭间的总收入不平等程度：

$$GAP_t=inct_t^h/inct_t^s \tag{3c.96}$$

h. 消费不平等的计算与收入不平等类似，是贫富家庭消费额的比值：

$$GAP_t^c=C_t^h/C_t^s \tag{3c.97}$$

环境问题与环境规制政策：

a. 中间产品生产商（单个代表性企业）的污染物排放量：

$$PL_t^a=\chi^a(1-CL_t^a)(S_t^{pa})^{-1}Y_t^{ma} \tag{3c.98}$$

$$PL_t^b=\chi^b(1-CL_t^b)(S_t^{pb})^{-1}Y_t^{mb} \tag{3c.99}$$

b. 代表性企业的控污成本：

$$QC_t^a=\nu^a\ (CL_t^a)^{\bar{\omega}^a}Y_t^{ma} \tag{3c.100}$$

$$QC_t^b=\nu^b\ (CL_t^b)^{\bar{\omega}^b}Y_t^{mb} \tag{3c.101}$$

c. 两个行业环保税税率：

$$\frac{\tau_t^{pa}}{\bar{\tau}^{pa}}=\left(\frac{\tau_{t-1}^{pa}}{\bar{\tau}^{pa}}\right)^{\rho^{pa}}\exp(e_t^{pa})\ ;\ e_t^{pa}\sim i.i.d.\ N(0,\sigma_{pa}^2) \tag{3c.102}$$

$$\frac{\tau_t^{pb}}{\overline{\tau}^{pb}} = \left(\frac{\tau_{t-1}^{pb}}{\overline{\tau}^{pb}}\right)^{\rho^{pb}} \exp(e_t^{pb})\ ;\ e_t^{pb} \sim i.\,i.\,d.\,N(0,\sigma_{pb}^2) \tag{3c.103}$$

d. 环境治理支出：

$$\frac{G_t^E}{\overline{G}^E} = \left(\frac{G_{t-1}^E}{\overline{G}^E}\right)^{\rho_g^E} \exp(e_t^{ge})\ ;\ e_t^{ge} \sim i.\,i.\,d.\,N(0,\sigma_{ge}^2) \tag{3c.104}$$

e. 两个行业减排补贴率：

$$\frac{RE_t^a}{\overline{RE}^a} = \left(\frac{RE_{t-1}^a}{\overline{RE}^a}\right)^{\rho^{rea}} \exp(e_t^{rea})\ ;\ e_t^{rea} \sim i.\,i.\,d.\,N(0,\sigma_{rea}^2) \tag{3c.105}$$

$$\frac{RE_t^b}{\overline{RE}^b} = \left(\frac{RE_{t-1}^b}{\overline{RE}^b}\right)^{\rho^{reb}} \exp(e_t^{reb})\ ;\ e_t^{reb} \sim i.\,i.\,d.\,N(0,\sigma_{reb}^2) \tag{3c.106}$$

f. 代表性企业获得的减排补贴总额：

$$TR_t^{Ea} = RE_t^a \chi^a CL_t^a Y_t^{ma} \tag{3c.107}$$

$$TR_t^{Eb} = RE_t^b \chi^b CL_t^b Y_t^{mb} \tag{3c.108}$$

g. 代表性企业控污力度的最优决定条件（基于环保税税率和减排补贴率）：

$$CL_t^a(z) = \left[\frac{\chi^a\ (S_t^{pa})^{-1}(\tau_t^{pa} + RE_t^a)}{\nu^a \overline{\omega}^a\ \widetilde{p}_t^{ma}\ \widetilde{p}_t^a}\right]^{1/(\overline{\omega}^a - 1)} \tag{3c.109}$$

$$CL_t^b(j) = \left[\frac{\chi^b\ (S_t^{pb})^{-1}(\tau_t^{pb} + RE_t^b)}{\nu^b \overline{\omega}^b\ \widetilde{p}_t^{mb}\ \widetilde{p}_t^b}\right]^{1/(\overline{\omega}^b - 1)} \tag{3c.110}$$

h. 代表性中间产品生产商的当期利润（考虑环境因素与相关成本）：

$$\begin{aligned} d_t^a = {} & Y_t^{ma}\ \widetilde{p}_t^{ma}\ \widetilde{p}_t^a - \gamma_n^h W_t^{ha} N_t^{nha} - (1-\gamma_n^h) W_t^{sa} N_t^{nsa} - R_t^{ka}(K_t^a / Q_t^{ea}) \\ & - \nu^a\ (CL_t^a)^{\overline{\omega}^a} Y_t^{ma}\ \widetilde{p}_t^{ma}\ \widetilde{p}_t^a - \tau_t^{pa} PL_t^a + TR_t^{Ea} \\ & - \gamma_n^h G_t^{ha} H_t^{ha}\ \widetilde{p}_t^{ma}\ \widetilde{p}_t^a - (1-\gamma_n^h) G_t^{sa} H_t^{sa}\ \widetilde{p}_t^{ma}\ \widetilde{p}_t^a \end{aligned} \tag{3c.111}$$

$$\begin{aligned} d_t^b = {} & Y_t^{mb}\ \widetilde{p}_t^{mb}\ \widetilde{p}_t^b - \gamma_n^h W_t^{hb} N_t^{nhb} - (1-\gamma_n^h) W_t^{sb} N_t^{nsb} - R_t^{kb}(K_t^b / Q_t^{eb}) \\ & - \nu^b\ (CL_t^b)^{\overline{\omega}^b} Y_t^{mb}\ \widetilde{p}_t^{mb}\ \widetilde{p}_t^b - \tau_t^{pb} PL_t^b + TR_t^{Eb} \\ & - \gamma_n^h G_t^{hb} H_t^{hb}\ \widetilde{p}_t^{mb}\ \widetilde{p}_t^b - (1-\gamma_n^h) G_t^{sb} H_t^{sb}\ \widetilde{p}_t^{mb}\ \widetilde{p}_t^b \end{aligned} \tag{3c.112}$$

i. 考虑环境因素（环保税、减排补贴、减排成本等）的代表性中间产品生产商边际成本：

$$MC_t^a=\psi_t^a+\nu^a\left(CL_t^a\right)^{\bar{\omega}^a}+\left[\tau_t^{pa}\left(1-CL_t^a\right)-RE_t^a CL_t^a\right]\chi^a\left(S_t^{pa}\,\widetilde{p}_t^{ma}\,\widetilde{p}_t^a\right)^{-1} \tag{3c.113}$$

$$MC_t^b=\psi_t^b+\nu^b\left(CL_t^b\right)^{\bar{\omega}^b}+\left[\tau_t^{pb}\left(1-CL_t^b\right)-RE_t^b CL_t^b\right]\chi^b\left(S_t^{pb}\,\widetilde{p}_t^{mb}\,\widetilde{p}_t^b\right)^{-1} \tag{3c.114}$$

j. 环境质量演化过程：

$$ENV_t=\rho_e\overline{ENV}+\left(1-\rho_e\right)ENV_{t-1}-\gamma_y^a Q_t^{ea}PL_t^a-\left(1-\gamma_y^a\right)Q_t^{eb}PL_t^b+\Delta G_t^E \tag{3c.115}$$

货币政策与财政收支：

a. 货币政策泰勒规则：

$$\frac{R_t}{\overline{R}}=\left(\frac{R_{t-1}}{\overline{R}}\right)^{\rho_m}\left[\left(\frac{Y_t}{\overline{Y}}\right)^{\psi_y}\left(\frac{\Pi_t}{\overline{\Pi}}\right)^{\psi_p}\right]^{(1-\rho_m)}\exp\left(\varepsilon_t^r\right) \tag{3c.116}$$

b. 财政总收入：

$$\begin{aligned}T_t=&\gamma_n^h\tau_t^c C_t^h+\gamma_n^h\tau_t^{ka}R_t^{ka}K_t^{ha}+\gamma_n^h\tau_t^{kb}R_t^{kb}K_t^{hb}+\left(1-\gamma_n^h\right)\tau_t^c C_t^s\\&+\gamma_n^h\tau_t^{wha}W_t^{ha}Q_t^{ea}N_t^{ha}+\left(1-\gamma_n^h\right)\tau_t^{wsa}W_t^{sa}Q_t^{ea}N_t^{sa}\\&+\gamma_n^h\tau_t^{whb}W_t^{hb}Q_t^{eb}N_t^{hb}+\left(1-\gamma_n^h\right)\tau_t^{wsb}W_t^{sb}Q_t^{eb}N_t^{sb}\\&+\gamma_y^a\tau_t^{pa}Q_t^{ea}PL_t^a+\left(1-\gamma_y^a\right)\tau_t^{pb}Q_t^{eb}PL_t^b\end{aligned} \tag{3c.117}$$

c. 非环境领域的财政支出（政府消费）：

$$\frac{G_t^P}{\overline{G}^P}=\left(\frac{G_{t-1}^P}{\overline{G}^P}\right)^{\rho gp}\exp\left(e_t^{gp}\right);\ e_t^{gp}\sim i.\,i.\,d.\,N\left(0,\sigma_{gp}^2\right) \tag{3c.118}$$

d. 财政总支出：

$$G_t=G_t^P+G_t^E+\gamma_y^a TR_t^{Ea}+\left(1-\gamma_y^a\right)TR_t^{Eb} \tag{3c.119}$$

e. 财政收支平衡条件：

$$T_t+R_t^{-1}\frac{B_{t+1}}{P_{t+1}}=\frac{B_t}{P_t}+G_t \tag{3c.120}$$

总供求平衡条件：

$$
\begin{aligned}
Y_t = {} & \gamma_n^h (C_t^h + I_t^{ha} + I_t^{hb}) + (1 - \gamma_n^h) C_t^s \\
& + \gamma_n^h (G_t^{ha} H_t^{ha} Q_t^{ea} \tilde{p}_t^{ma} \tilde{p}_t^a + G_t^{hb} H_t^{hb} Q_t^{eb} \tilde{p}_t^{mb} \tilde{p}_t^b) \\
& + (1 - \gamma_n^h)(G_t^{sa} H_t^{sa} Q_t^{ea} \tilde{p}_t^{ma} \tilde{p}_t^a + G_t^{sb} H_t^{sb} Q_t^{eb} \tilde{p}_t^{mb} \tilde{p}_t^b) \\
& + G_t + \gamma_y^a Q_t^{ea} QC_t^a \tilde{p}_t^{ma} \tilde{p}_t^a + (1 - \gamma_y^a) Q_t^{eb} QC_t^b \tilde{p}_t^{mb} \tilde{p}_t^b
\end{aligned} \tag{3c. 121}
$$

外生冲击：

模型经济须面对外生的劳动供给冲击（ε_t^n）、技术（TFP）冲击（ε_t^a）、财政政策冲击（ε_t^{gp}）、货币政策冲击（ε_t^r）、环境技术冲击（ε_t^p）、两个行业关停整顿冲击（ε_t^{ea}、ε_t^{eb}）、两个行业环保税税率冲击（ε_t^{pa}、ε_t^{pb}）、两个行业减排补贴率冲击（ε_t^{re}、ε_t^{reb}）、环境治理支出冲击（ε_t^{ge}），所有外生冲击均遵循如下的 AR（1）过程：

$$
\varepsilon_t^k = \rho_k \varepsilon_{t-1}^k + e_t^k;\ e_t^k \sim i.i.d.\ N(0, \sigma_k^2),\ k \in \{n, a, gp, r, p, ea, eb, pa, pb, rea, reb, ge\} \tag{3c. 122}
$$

其中，ρ_k为介于 0 和 1 之间的持续性参数，随机扰动项 e_t^k 服从均值为 0、标准差为 σ_k的正态分布。

附录 3d　单一家户 NK－DSGE 模型全部数学方程（非线性）汇总

家庭部门：

a. 家庭效用最大化一阶条件：

$$
R_t \Lambda_{t,t+1}^h \frac{P_t}{P_{t+1}} = 1 \tag{3d. 1}
$$

$$
Q_t^a = \left[\varphi' \left(\frac{I_t^{ha}}{K_t^{ha}} \right) \right]^{-1} \tag{3d. 2}
$$

$$Q_t^a = E_t\left\{\Lambda_{t,t+1}^h(1-\widetilde{\tau}_{t+1}^{kh})R_{t+1}^k + \Lambda_{t,t+1}^h Q_{t+1}^a\left[1-\delta^a+\varphi\left(\frac{I_{t+1}^{ha}}{K_{t+1}^{ha}}\right)-\varphi'\left(\frac{I_{t+1}^{ha}}{K_{t+1}^{ha}}\right)\frac{I_{t+1}^{ha}}{K_{t+1}^{ha}}\right]\right\} \quad (3d.3)$$

$$Q_t^b = \left[\varphi'\left(\frac{I_t^{hb}}{K_t^{hb}}\right)\right]^{-1} \quad (3d.4)$$

$$Q_t^b = E_t\left\{\Lambda_{t,t+1}^h(1-\widetilde{\tau}_{t+1}^{kh})R_{t+1}^{kb} + \Lambda_{t,t+1}^h Q_{t+1}^b\left[1-\delta^b+\varphi\left(\frac{I_{t+1}^{hb}}{K_{t+1}^{hb}}\right)-\varphi'\left(\frac{I_{t+1}^{hb}}{K_{t+1}^{hb}}\right)\frac{I_{t+1}^{hb}}{K_{t+1}^{hb}}\right]\right\} \quad (3d.5)$$

$$\Lambda_{t,t+k}^h = (\beta^h)^k\frac{(\widetilde{C}_{t+k}^{eh})^{1-\sigma^h}}{(\widetilde{C}_t^{eh})^{1-\sigma^h}}\frac{\widetilde{C}_t^h(1+\tau_t^c)}{\widetilde{C}_{t+k}^h(1+\tau_{t+k}^c)} \quad (3d.6)$$

$$\widetilde{C}_t^{eh} = (\widetilde{C}_t^h)^{\gamma_e^h}ENV_t^{(1-\gamma_e^h)} \quad (3d.7)$$

$$\widetilde{C}_t^h = C_t^h - \zeta^h C_{t-1}^h \quad (3d.8)$$

b. 企业数量动态与创业参股（投资）决定条件：

$$Q_t^{ea} = (1-\delta^{ea})S_t^{ea}(Q_{t-1}^{ea}+E_{t-1}^{ea}) \quad (3d.9)$$

$$Q_t^{eb} = (1-\delta^{eb})S_t^{eb}(Q_{t-1}^{eb}+E_{t-1}^{eb}) \quad (3d.10)$$

$$v_t^a = E_t\{\Lambda_{t,t+1}^h(1-\delta^{ea})S_{t+1}^{ea}(d_{t+1}^a+v_{t+1}^a)\} \quad (3d.11)$$

$$v_t^b = E_t\{\Lambda_{t,t+1}^h(1-\delta^{eb})S_{t+1}^{eb}(d_{t+1}^b+v_{t+1}^b)\} \quad (3d.12)$$

c. 创业劳动力数量：

$$\gamma_n^h N_t^{ea} = E_t^{ea}fc_t^a/S_t^a \quad (3d.13)$$

$$\gamma_n^h N_t^{eb} = E_t^{eb}fc_t^b/S_t^a \quad (3d.14)$$

d. 创业者最优决策条件

$$\gamma_y^a v_t^a = X_t^{ha}W_t^{ha}fc_t^a/S_t^a + X_t^{hb}W_t^{hb}fc_t^b/S_t^a \quad (3d.15)$$

$$\gamma_y^a v_t^a = (1-\gamma_y^a)v_t^b \quad (3d.16)$$

e. 家庭成员的边际替代率：

$$MRS_t^h = S_t^n(\gamma_e^h)^{-1}(N_t^{nth})^{\varphi^h}(\widetilde{C}_t^h)(\widetilde{C}_t^{eh})^{\sigma^h-1} \quad (3d.17)$$

f. 物质资本的动态积累过程：

$$K_{t+1}^{ha} = (1-\delta^a)K_t^{ha} + K_t^{ha}\left[\varphi\left(\frac{I_t^{ha}}{K_t^{ha}}\right)\right] \tag{3d.18}$$

$$K_{t+1}^{hb} = (1-\delta^b)K_t^{hb} + K_t^{hb}\left[\varphi\left(\frac{I_t^{hb}}{K_t^{hb}}\right)\right] \tag{3d.19}$$

g. 家庭部门主要经济变量的加总：

$$C_t = C_t^h \tag{3d.20}$$

$$K_t^a = K_t^{ha} \tag{3d.21}$$

$$I_t^a = I_t^{ha} \tag{3d.22}$$

$$K_t^b = K_t^{hb} \tag{3d.23}$$

$$I_t^b = I_t^{hb} \tag{3d.24}$$

$$B_t = B_t^h \tag{3d.25}$$

生产部门：

a. 中间产品生产函数：

$$Y_t^{ma} = (K_{t-1}^a/Q_{t-1}^{ea})^{(1-\alpha^a)}(S_t^a N_t^a)^{\alpha^a} \tag{3d.26}$$

$$Y_t^{mb} = (K_{t-1}^b/Q_{t-1}^{eb})^{(1-\alpha^b)}(S_t^a N_t^b)^{\alpha^b} \tag{3d.27}$$

b. 资本要素报酬水平（实际资本收益率）：

$$R_t^{ka} = (1-\alpha^a)\psi_t^a\left(\frac{Y_t^{ma}}{K_{t-1}^a}\right) \tag{3d.28}$$

$$R_t^{kb} = (1-\alpha^b)\psi_t^b\left(\frac{Y_t^{mb}}{K_{t-1}^b}\right) \tag{3d.29}$$

c. 两类家庭劳动力的边际产出：

$$MRPN_t^{ha} = \alpha^a\psi_t^a\left(\frac{Y_t^{ma}}{N_t^a}\right)\left(\frac{\gamma_n^h N_t^a}{N_t^{ha}}\right)^{1/\varepsilon_w^a} \tag{3d.30}$$

$$MRPN_t^{hb} = \alpha^b\psi_t^b\left(\frac{Y_t^{mb}}{N_t^b}\right)\left(\frac{\gamma_n^h N_t^b}{N_t^{hb}}\right)^{1/\varepsilon_w^b} \tag{3d.31}$$

d. 中间产品生产商的价格调整过程（Calvo 规则）：

$$(P_t^{ma})^{1-\varepsilon^a}=\theta^a\ (P_{t-1}^{ma})^{1-\varepsilon^a}+(1-\theta^a)(P_t^{a*})^{1-\varepsilon^a} \tag{3d. 32}$$

$$(P_t^{mb})^{1-\varepsilon^b}=\theta^b\ (P_{t-1}^{mb})^{1-\varepsilon^b}+(1-\theta^b)(P_t^{b*})^{1-\varepsilon^b} \tag{3d. 33}$$

e. 中间产品生产商的利润最大化一阶条件：

$$\sum_{k=0}^{\infty}[\theta^a(1-\delta^{ea})]^k E_t\left\{(\prod_0^k x_{t+k}^{ea})\Lambda_{t,t+k}^h Y_{t+k|t}^{ma}\left[\frac{P_t^{a*}}{P_{t+k}}-\mu^a MC_{t+k|t}^a\right]\right\}=0,\ \mu^a=\frac{\varepsilon^a}{(\varepsilon^a-1)} \tag{3d. 34}$$

$$\sum_{k=0}^{\infty}[\theta^b(1-\delta^{eb})]^k E_t\left\{(\prod_0^k x_{t+k}^{eb})\Lambda_{t,t+k}^h Y_{t+k|t}^{mb}\left[\frac{P_t^{b*}}{P_{t+k}}-\mu^b MC_{t+k|t}^b\right]\right\}=0,\ \mu^b=\frac{\varepsilon^b}{(\varepsilon^b-1)} \tag{3d. 35}$$

f. 单个企业产量与行业最终产品价值的关系：

$$Y_t^a=(Q_t^{ea})^{\frac{\varepsilon^a}{\varepsilon^a-1}}Y_t^{ma} \tag{3d. 36}$$

$$Y_t^b=(Q_t^{eb})^{\frac{\varepsilon^b}{\varepsilon^b-1}}Y_t^{mb} \tag{3d. 37}$$

g. 单个企业定价与行业总体价格的关系：

$$P_t^a=(Q_t^{ea})^{\frac{1}{1-\varepsilon^a}}P_t^{ma} \tag{3d. 38}$$

$$P_t^b=(Q_t^{eb})^{\frac{1}{1-\varepsilon^b}}P_t^{mb} \tag{3d. 39}$$

h. 国内跨行业经销商的 CES 加总函数：

$$Y_t=[(\gamma_y^a)^{1/\varepsilon_p}(Y_t^a)^{(\varepsilon_p-1)/\varepsilon_p}+(1-\gamma_y^a)^{1/\varepsilon_p}(Y_t^b)^{(\varepsilon_p-1)/\varepsilon_p}]^{\varepsilon_p/(\varepsilon_p-1)} \tag{3d. 40}$$

i. 物价指数：

$$P_t=[\gamma_y^a\ (P_t^a)^{(1-\varepsilon_p)}+(1-\gamma_y^a)(P_t^b)^{(1-\varepsilon_p)}]^{1/(1-\varepsilon_p)} \tag{3d. 41}$$

劳动力市场的搜寻—匹配过程：

家庭劳动力的构成与流动机制：

a. 劳动力总数与非自愿失业总数：

$$L_t=L_t^h \tag{3d. 42}$$

$$U_t = U_t^h \tag{3d.43}$$

b. 家庭劳动力构成：

$$L_t^h = Q_t^{ea}(\overline{N}^{ha} + N_t^{ha}) + Q_t^{eb}(\overline{N}^{hb} + N_t^{hb}) + N_t^{ea} + N_t^{eb} + U_t^h \tag{3d.44}$$

c. 家庭在代表性企业的流动劳动力和沉淀劳动力加总：

$$N_t^{nha} = \overline{N}^{ha} + N_t^{ha} \tag{3d.45}$$

$$N_t^{nhb} = \overline{N}^{hb} + N_t^{hb} \tag{3d.46}$$

d. 家庭的实际就业总量（含创业）：

$$N_t^{nth} = Q_t^{ea} N_t^{nha} + Q_t^{eb} N_t^{nhb} + N_t^{ea} E_t^{ea} + N_t^{eb} E_t^{eb} \tag{3d.47}$$

e. 搜寻工作岗位的家庭劳动力总量：

$$J_t^h = U_{t-1}^h + \delta^{wha} Q_t^{ea} N_{t-1}^{ha} + \delta^{whb} Q_t^{eb} N_{t-1}^{hb} + N_t^{ea} + N_t^{eb} - N_{t-1}^{ea} - N_{t-1}^{eb} \tag{3d.48}$$

f. 家庭在代表性企业的就业数量动态：

$$N_t^{ha} = (1 - \delta^{wha}) N_{t-1}^{ha} + H_t^{ha} \tag{3d.49}$$

$$N_t^{hb} = (1 - \delta^{whb}) N_{t-1}^{hb} + H_t^{hb} \tag{3d.50}$$

g. 当期家庭失业人员总量：

$$U_t^h = (1 - X_t^{ha} - X_t^{hb}) J_t^h \tag{3d.51}$$

h. 家庭求职者获聘概率（就业紧度）：

$$X_t^{ha} = Q_t^{ea} H_t^{ha} / J_t^h \tag{3d.52}$$

$$X_t^{hb} = Q_t^{eb} H_t^{hb} / J_t^h \tag{3d.53}$$

i. 低污染行业家庭劳动力雇佣成本：

$$G_t^{ha} = \nu^{ha} S_t^a (X^{ha})^{\bar{\omega}^{ha}} \tag{3d.54}$$

j. 高污染行业家庭劳动力雇佣成本：

$$G_t^{hb} = \nu^{hb} S_t^a (X^{hb})^{\bar{\omega}^{hb}} \tag{3d.55}$$

k. 各行业代表性企业的家庭劳动力组合运用方式：

$$N_t^a = N_t^{nha} \tag{3d.56}$$

$$N_t^b = N_t^{nhb} \tag{3d.57}$$

企业与家庭成员的雇佣（就业）决策和博弈过程：

a. 代表性企业劳动力投入条件：

$$MRPN_t^{ha} = W_t^{ha}/(\widetilde{p}_t^{ma}\ \widetilde{p}_t^{a}) + G_t^{ha} - \gamma_n^h(1-\delta^{wa})E_t\{\Lambda_{t,t+1}^h G_{t+1}^{ha}\} \tag{3d.58}$$

$$MRPN_t^{hb} = W_t^{hb}/(\widetilde{p}_t^{mb}\ \widetilde{p}_t^{b}) + G_t^{hb} - \gamma_n^h(1-\delta^{wb})E_t\{\Lambda_{t,t+1}^h G_{t+1}^{hb}\} \tag{3d.59}$$

b. 企业对劳动力的跨期最优雇佣决策：

$$\begin{aligned} G_t^{ha} = {} & MRPN_t^{ha} - W_t^{ha}/(\widetilde{p}_t^{ma}\ \widetilde{p}_t^{a}) \\ & + \gamma_n^h E_t\{\Lambda_{t,t+1}^h[(1-\delta^{wa}+\delta^{wa}X_{t+1}^{ha})G_{t+1}^{ha} + \delta^{wa}X_{t+1}^{hb}G_{t+1}^{hb}]\} \end{aligned} \tag{3d.60}$$

$$\begin{aligned} G_t^{hb} = {} & MRPN_t^{hb} - W_t^{hb}/(\widetilde{p}_t^{mb}\ \widetilde{p}_t^{b}) \\ & + \gamma_n^h E_t\{\Lambda_{t,t+1}^h[(1-\delta^{wb}+\delta^{wb}X_{t+1}^{hb})G_{t+1}^{hb} + \delta^{wb}X_{t+1}^{ha}G_{t+1}^{ha}]\} \end{aligned} \tag{3d.61}$$

c. 工资议价的纳什均衡条件：

$$\begin{aligned} G_t^{ha} = {} & [\vartheta^{ha}/(1-\vartheta^{ha})][(1-\widetilde{\tau}_t^{wha})W_t^{ha} - (1+\widetilde{\tau}_t^{ch})MRS_t^h]/(\widetilde{p}_t^{ma}\ \widetilde{p}_t^{a}) \\ & + (1-\delta^{wa})[\vartheta^{ha}/(1-\vartheta^{ha})]E_t\{\Lambda_{t,t+1}^h(G_{t+1}^{ha} - X_{t+1}^{ha}G_{t+1}^{ha} - X_{t+1}^{hb}G_{t+1}^{hb})\} \end{aligned} \tag{3d.62}$$

$$\begin{aligned} G_t^{hb} = {} & [\vartheta^{hb}/(1-\vartheta^{hb})][(1-\widetilde{\tau}_t^{whb})W_t^{hb} - (1+\widetilde{\tau}_t^{ch})MRS_t^h]/(\widetilde{p}_t^{mb}\ \widetilde{p}_t^{b}) \\ & + (1-\delta^{wb})[\vartheta^{hb}/(1-\vartheta^{hb})]E_t\{\Lambda_{t,t+1}^h(G_{t+1}^{hb} - X_{t+1}^{hb}G_{t+1}^{hb} - X_{t+1}^{ha}G_{t+1}^{ha})\} \end{aligned} \tag{3d.63}$$

环境问题与环境规制政策：

a. 中间产品生产商（单个代表性企业）的污染物排放量：

$$PL_t^a = \chi^a(1-CL_t^a)(S_t^{pa})^{-1}Y_t^{ma} \tag{3d.64}$$

$$PL_t^b = \chi^b (1 - CL_t^b)(S_t^{pb})^{-1} Y_t^{mb} \tag{3d.65}$$

b. 代表性企业的控污成本：

$$QC_t^a = \nu^a \ (CL_t^a)^{\overline{\omega}^a} Y_t^{ma} \tag{3d.66}$$

$$QC_t^b = \nu^b \ (CL_t^b)^{\overline{\omega}^b} Y_t^{mb} \tag{3d.67}$$

e. 两个行业环保税税率：

$$\frac{\tau_t^{pa}}{\overline{\tau}^{pa}} = \left(\frac{\tau_{t-1}^{pa}}{\overline{\tau}^{pa}}\right)^{\rho^{pa}} \exp(e_t^{pa}) ; \ e_t^{pa} \sim i.\ i.\ d.\ N(0, \sigma_{pa}^2) \tag{3d.68}$$

$$\frac{\tau_t^{pb}}{\overline{\tau}^{pb}} = \left(\frac{\tau_{t-1}^{pb}}{\overline{\tau}^{pb}}\right)^{\rho^{pb}} \exp(e_t^{pb}) ; \ e_t^{pb} \sim i.\ i.\ d.\ N(0, \sigma_{pb}^2) \tag{3d.69}$$

d. 环境治理支出：

$$\frac{G_t^E}{\overline{G}^E} = \left(\frac{G_{t-1}^E}{\overline{G}^E}\right)^{\rho_g^E} \exp(e_t^{ge}) ; \ e_t^{ge} \sim i.\ i.\ d.\ N(0, \sigma_{ge}^2) \tag{3d.70}$$

e. 两个行业减排补贴率：

$$\frac{RE_t^a}{\overline{RE}^a} = \left(\frac{RE_{t-1}^a}{\overline{RE}^a}\right)^{\rho^{rea}} \exp(e_t^{rea}) ; \ e_t^{rea} \sim i.\ i.\ d.\ N(0, \sigma_{rea}^2) \tag{3d.71}$$

$$\frac{RE_t^b}{\overline{RE}^b} = \left(\frac{RE_{t-1}^b}{\overline{RE}^b}\right)^{\rho^{reb}} \exp(e_t^{reb}) ; \ e_t^{reb} \sim i.\ i.\ d.\ N(0, \sigma_{reb}^2) \tag{3d.72}$$

f. 代表性企业获得的减排补贴总额：

$$TR_t^{Ea} = RE_t^a \chi^a CL_t^a Y_t^{ma} \tag{3d.73}$$

$$TR_t^{Eb} = RE_t^b \chi^b CL_t^b Y_t^{mb} \tag{3d.74}$$

g. 代表性企业控污力度的最优决定条件（基于环保税税率和减排补贴率）：

$$CL_t^a(z) = \left[\frac{\chi^a \ (S_t^{pa})^{-1} (\tau_t^{pa} + RE_t^a)}{\nu^a \overline{\omega}^a \ \widetilde{p}_t^{ma} \ \widetilde{p}_t^a}\right]^{1/(\overline{\omega}^a - 1)} \tag{3d.75}$$

$$CL_t^b(j) = \left[\frac{\chi^b \ (S_t^{pb})^{-1} (\tau_t^{pb} + RE_t^b)}{\nu^b \overline{\omega}^b \ \widetilde{p}_t^{mb} \ \widetilde{p}_t^b}\right]^{1/(\overline{\omega}^b - 1)} \tag{3d.76}$$

h. 代表性中间产品生产商的当期利润（考虑环境因素与相关成本）：

$$d_t^a = Y_t^{ma}\,\tilde{p}_t^{ma}\,\tilde{p}_t^a - W_t^{ha}N_t^{nha} - R_t^{ka}(K_t^a/Q_t^{ea}) - \nu^a(CL_t^a)^{\bar{\omega}^a}Y_t^{ma}\,\tilde{p}_t^{ma}\,\tilde{p}_t^a - \tau_t^{pa}PL_t^a + TR_t^{Ea} - G_t^{ha}H_t^{ha}\,\tilde{p}_t^{ma}\,\tilde{p}_t^a \quad (3d.77)$$

$$d_t^b = Y_t^{mb}\,\tilde{p}_t^{mb}\,\tilde{p}_t^b - W_t^{hb}N_t^{nhb} - R_t^{kb}(K_t^b/Q_t^{eb}) - \nu^b(CL_t^b)^{\bar{\omega}^b}Y_t^{mb}\,\tilde{p}_t^{mb}\,\tilde{p}_t^b - \tau_t^{pb}PL_t^b + TR_t^{Eb} - G_t^{hb}H_t^{hb}\,\tilde{p}_t^{mb}\,\tilde{p}_t^b \quad (3d.78)$$

i. 考虑环境因素（环保税、减排补贴、减排成本等）的代表性中间产品生产商边际成本：

$$MC_t^a = \psi_t^a + \nu^a(CL_t^a)^{\bar{\omega}^a} + [\tau_t^{pa}(1-CL_t^a) - RE_t^aCL_t^a]\,\chi^a(S_t^{pa}\,\tilde{p}_t^{ma}\,\tilde{p}_t^a)^{-1} \quad (3d.79)$$

$$MC_t^b = \psi_t^b + \nu^b(CL_t^b)^{\bar{\omega}^b} + [\tau_t^{pb}(1-CL_t^b) - RE_t^bCL_t^b]\,\chi^b(S_t^{pb}\,\tilde{p}_t^{mb}\,\tilde{p}_t^b)^{-1} \quad (3d.80)$$

j. 环境质量演化过程：

$$ENV_t = \rho_e\overline{ENV} + (1-\rho_e)ENV_{t-1} - \gamma_y^aQ_t^{ea}PL_t^a - (1-\gamma_y^a)Q_t^{eb}PL_t^b + \Delta G_t^E \quad (3d.81)$$

货币政策与财政收支：

a. 货币政策泰勒规则：

$$\frac{R_t}{\bar{R}} = \left(\frac{R_{t-1}}{\bar{R}}\right)^{\rho_m}\left[\left(\frac{Y_t}{\bar{Y}}\right)^{\psi_y}\left(\frac{\Pi_t}{\bar{\Pi}}\right)^{\psi_p}\right]^{(1-\rho_m)}\exp(\varepsilon_t^r) \quad (3d.82)$$

b. 财政总收入：

$$T_t = \tau_t^cC_t^h + \tau_t^{ka}R_t^{ka}K_t^{ha} + \tau_t^{kb}R_t^{kb}K_t^{hb} + \tau_t^{wha}W_t^{ha}Q_t^{ea}N_t^{ha} + \tau_t^{whb}W_t^{hb}Q_t^{eb}N_t^{hb} + \gamma_y^a\tau_t^{pa}Q_t^{ea}PL_t^a + (1-\gamma_y^a)\tau_t^{pb}Q_t^{eb}PL_t^b \quad (3d.83)$$

c. 非环境领域的财政支出（政府消费）：

$$\frac{G_t^P}{\bar{G}^P} = \left(\frac{G_{t-1}^P}{\bar{G}^P}\right)^{\rho^{gp}}\exp(e_t^{gp});\ e_t^{gp}\sim i.i.d.\ N(0,\sigma_{gp}^2) \quad (3d.84)$$

d. 财政总支出：

$$G_t = G_t^P + G_t^E + \gamma_y^a TR_t^{Ea} + (1-\gamma_y^a) TR_t^{Eb} \tag{3d.85}$$

e. 财政收支平衡条件：

$$T_t + R_t^{-1}\frac{B_{t+1}}{P_{t+1}} = \frac{B_t}{P_t} + G_t \tag{3d.86}$$

总供求平衡条件：

$$\begin{aligned} Y_t = {} & C_t^h + I_t^{ha} + I_t^{hb} + G_t^{ha} H_t^{ha} Q_t^{ea}\ \tilde{p}_t^{ma}\ \tilde{p}_t^a + G_t^{hb} H_t^{hb} Q_t^{eb}\ \tilde{p}_t^{mb}\ \tilde{p}_t^b \\ & + G_t + \gamma_y^a Q_t^{ea} QC_t^a\ \tilde{p}_t^{ma}\ \tilde{p}_t^a + (1-\gamma_y^a) Q_t^{eb} QC_t^b\ \tilde{p}_t^{mb}\ \tilde{p}_t^b \end{aligned} \tag{3d.87}$$

外生冲击：

模型经济须面对外生的劳动供给冲击（ε_t^n）、技术（TFP）冲击（ε_t^a）、财政政策冲击（ε_t^{gp}）、货币政策冲击（ε_t^r）、环境技术冲击（ε_t^p）、两个行业关停整顿冲击（ε_t^{ea}、ε_t^{eb}）、两个行业环保税税率冲击（ε_t^{pa}、ε_t^{pb}）、两个行业减排补贴率冲击（ε_t^{re}、ε_t^{reb}）、环境治理支出冲击（ε_t^{ge}），所有外生冲击均遵循如下的 AR（1）过程：

$$\begin{gathered} \varepsilon_t^k = \rho_k \varepsilon_{t-1}^k + e_t^k;\ e_t^k \sim i.\,i.\,d.\,N(0,\sigma_k^2), \\ k \in \{n, a, gp, r, p, ea, eb, pa, pb, rea, reb, ge\} \end{gathered} \tag{3d.88}$$

其中，ρ_k为介于 0 和 1 之间的持续性参数，随机扰动项 e_t^k 服从均值为 0、标准差为 σ_k的正态分布。

附录 3e　单一行业 NK－DSGE 模型全部数学方程（非线性）汇总

家庭部门：

a. 家庭效用最大化一阶条件：

$$R_t \Lambda_{t,t+1}^h \frac{P_t}{P_{t+1}} = 1 \tag{3e.1}$$

$$Q_t^a = \left[\varphi' \left(\frac{I_t^{ha}}{K_t^{ha}} \right) \right]^{-1} \tag{3e. 2}$$

$$Q_t^a = E_t \left\{ \Lambda_{t,t+1}^h (1 - \widetilde{\tau}_{t+1}^{kh}) R_{t+1}^k + \Lambda_{t,t+1}^h Q_{t+1}^a \left[1 - \delta^a + \varphi \left(\frac{I_{t+1}^{ha}}{K_{t+1}^{ha}} \right) - \varphi' \left(\frac{I_{t+1}^{ha}}{K_{t+1}^{ha}} \right) \frac{I_{t+1}^{ha}}{K_{t+1}^{ha}} \right] \right\} \tag{3e. 3}$$

$$\Lambda_{t,t+k}^h = (\beta^h)^k \frac{(\widetilde{C}_{t+k}^{eh})^{1-\sigma^h}}{(\widetilde{C}_t^{eh})^{1-\sigma^h}} \frac{\widetilde{C}_t^h (1 + \tau_t^c)}{\widetilde{C}_{t+k}^h (1 + \tau_{t+k}^c)} \tag{3e. 4}$$

$$\Lambda_{t,t+k}^s = (\beta^s)^k \frac{(\widetilde{C}_{t+k}^{es})^{1-\sigma^s}}{(\widetilde{C}_t^{es})^{1-\sigma^s}} \frac{\widetilde{C}_t^s (1 + \tau_t^c)}{\widetilde{C}_{t+k}^s (1 + \tau_{t+k}^c)} \tag{3e. 5}$$

$$\widetilde{C}_t^{eh} = (\widetilde{C}_t^h)^{\gamma_e^h} ENV_t^{(1-\gamma_e^h)} \tag{3e. 6}$$

$$\widetilde{C}_t^{es} = (\widetilde{C}_t^s)^{\gamma_e^s} ENV_t^{(1-\gamma_e^s)} \tag{3e. 7}$$

$$\widetilde{C}_t^h = C_t^h - \zeta^h C_{t-1}^h \tag{3e. 8}$$

$$\widetilde{C}_t^s = C_t^s - \zeta^s C_{t-1}^s \tag{3e. 9}$$

b. 企业数量动态与创业参股（投资）决定条件：

$$Q_t^{ea} = (1 - \delta^{ea}) S_t^{ea} (Q_{t-1}^{ea} + E_{t-1}^{ea}) \tag{3e. 10}$$

$$v_t^a = E_t \{ \Lambda_{t,t+1}^h (1 - \delta^{ea}) S_{t+1}^{ea} (d_{t+1}^a + v_{t+1}^a) \} \tag{3e. 11}$$

c. 创业劳动力数量：

$$\gamma_n^h N_t^{ea} = E_t^{ea} fc_t^a / S_t^a \tag{3e. 12}$$

d. 创业者最优决策条件：

$$\gamma_y^a v_t^a = X_t^{ha} W_t^{ha} fc_t^a / S_t^a \tag{3e. 13}$$

e. 家庭成员的边际替代率：

$$MRS_t^h = S_t^n (\gamma_e^h)^{-1} (N_t^{nth})^{\varphi^h} (\widetilde{C}_t^h) (\widetilde{C}_t^{eh})^{\sigma^h - 1} \tag{3e. 14}$$

$$MRS_t^s = S_t^n \ (\gamma_e^s)^{-1} (N_t^{nts})^{\varphi^s} (\widetilde{C}_t^s) (\widetilde{C}_t^{es})^{\sigma^s - 1} \tag{3e. 15}$$

f. 物质资本的动态积累过程：

$$K_{t+1}^{ha} = (1 - \delta^a) K_t^{ha} + K_t^{ha} \left[\varphi\left(\frac{I_t^{ha}}{K_t^{ha}} \right) \right] \tag{3e. 16}$$

g. 非李嘉图型家庭预算约束条件（也是消费决定条件）：

$$(1 + \tau_t^{cs}) P_t C_t^s = (1 - \tau_t^{wsa}) W_t^{sa} P_t N_t^{nsa} \tag{3e. 17}$$

h. 家庭部门主要经济变量的加总：

$$C_t = \gamma_n^h C_t^h + (1 - \gamma_n^h) C_t^s \tag{3e. 18}$$

$$K_t^a = \gamma_n^h K_t^{ha} \tag{3e. 19}$$

$$I_t^a = \gamma_n^h I_t^{ha} \tag{3e. 20}$$

$$B_t = \gamma_n^h B_t^h \tag{3e. 21}$$

生产部门：

a. 中间产品生产函数：

$$Y_t^{ma} = (K_{t-1}^a / Q_{t-1}^{ea})^{(1-\alpha^a)} (S_t^a N_t^a)^{\alpha^a} \tag{3e. 22}$$

b. 资本要素报酬水平（实际资本收益率）：

$$R_t^{ka} = (1 - \alpha^a) \psi_t^a \left(\frac{Y_t^{ma}}{K_{t-1}^m} \right) \tag{3e. 23}$$

c. 两类家庭劳动力的边际产出：

$$MRPN_t^{ha} = \alpha^a \psi_t^a \left(\frac{Y_t^{ma}}{N_t^a} \right) \left(\frac{\gamma_n^h N_t^a}{N_t^{ha}} \right)^{1/\varepsilon_w^a} \tag{3e. 24}$$

$$MRPN_t^{sa} = \alpha^a \psi_t^a \left(\frac{Y_t^{ma}}{N_t^a} \right) \left[\frac{(1 - \gamma_n^h) N_t^a}{N_t^{sa}} \right]^{1/\varepsilon_w^a} \tag{3e. 25}$$

d. 中间产品生产商的价格调整过程（Calvo 规则）：

$$(P_t^{ma})^{1-\varepsilon^a} = \theta^a \ (P_{t-1}^{ma})^{1-\varepsilon^a} + (1 - \theta^a) (P_t^{a*})^{1-\varepsilon^a} \tag{3e. 26}$$

e. 中间产品生产商的利润最大化一阶条件：

$$\sum_{k=0}^{\infty}[\theta^{a}(1-\delta^{ea})]^{k}E_{t}\left\{(\prod_{0}^{k}x_{t+k}^{ea})\Lambda_{t,t+k}^{h}Y_{t+k|t}^{ma}\left[\frac{P_{t}^{a*}}{P_{t+k}}-\mu^{a}MC_{t+k|t}^{a}\right]\right\}=0,\ \mu^{a}=\frac{\varepsilon^{a}}{(\varepsilon^{a}-1)} \tag{3e.27}$$

f. 单个企业产量与行业最终产品价值的关系：

$$Y_{t}^{a}=(Q_{t}^{ea})^{\frac{\varepsilon^{a}}{\varepsilon^{a}-1}}Y_{t}^{ma} \tag{3e.28}$$

g. 单个企业定价与行业总体价格的关系：

$$P_{t}^{a}=(Q_{t}^{ea})^{\frac{1}{1-\varepsilon^{a}}}P_{t}^{ma} \tag{3e.29}$$

h. 物价指数：

$$P_{t}=P_{t}^{a} \tag{3e.30}$$

劳动力市场的搜寻—匹配过程：

两类家庭劳动力的构成与流动机制：

a. 劳动力总数与非自愿失业总数：

$$L_{t}=L_{t}^{h}+L_{t}^{s} \tag{3e.31}$$

$$U_{t}=U_{t}^{h}+U_{t}^{s} \tag{3e.32}$$

b. 李嘉图型家庭劳动力构成：

$$L_{t}^{h}=Q_{t}^{ea}(\overline{N}^{ha}+N_{t}^{ha})+N_{t}^{ea}+U_{t}^{h} \tag{3e.33}$$

c. 李嘉图型家庭在代表性企业的流动劳动力和沉淀劳动力加总：

$$N_{t}^{nha}=\overline{N}^{ha}+N_{t}^{ha} \tag{3e.34}$$

d. 李嘉图型家庭的实际就业总量（含创业）：

$$N_{t}^{nth}=Q_{t}^{ea}N_{t}^{nha}+N_{t}^{ea}E_{t}^{ea} \tag{3e.35}$$

e. 搜寻工作岗位的李嘉图型家庭劳动力总量：

$$J_{t}^{h}=U_{t-1}^{h}+\delta^{wha}Q_{t}^{ea}N_{t-1}^{ha}+N_{t}^{ea}-N_{t-1}^{ea} \tag{3e.36}$$

f. 李嘉图型家庭在代表性企业的就业数量动态：

$$N_t^{ha}=(1-\delta^{wha})N_{t-1}^{ha}+H_t^{ha} \tag{3e.37}$$

g. 当期李嘉图型家庭失业人员总量：

$$U_t^h=(1-X_t^{ha})J_t^h \tag{3e.38}$$

h. 非李嘉图型家庭劳动力构成：

$$L_t^s=Q_t^{ea}(\overline{N}^{sa}+N_t^{sa})+U_t^s \tag{3e.39}$$

i. 非李嘉图型家庭在代表性企业的流动劳动力和沉淀劳动力加总：

$$N_t^{nsa}=\overline{N}^{sa}+N_t^{sa} \tag{3e.40}$$

j. 非李嘉图型家庭的实际就业总量：

$$N_t^{nts}=Q_t^{ea}N_t^{nsa} \tag{3e.41}$$

k. 搜寻工作岗位的非李嘉图型家庭劳动力总量：

$$J_t^s=U_{t-1}^s+\delta^{wsa}Q_t^{ea}N_{t-1}^{sa} \tag{3e.42}$$

l. 非李嘉图型家庭在代表性企业的就业数量动态：

$$N_t^{sa}=(1-\delta^{wsa})N_{t-1}^{sa}+H_t^{sa} \tag{3e.43}$$

m. 当期非李嘉图型家庭失业人员总量：

$$U_t^s=(1-X_t^{sa})J_t^s \tag{3e.44}$$

n. 李嘉图型家庭求职者获聘概率（就业紧度）：

$$X_t^{ha}=Q_t^{ea}H_t^{ha}/J_t^h \tag{3e.45}$$

o. 非李嘉图型家庭求职者获聘概率（就业紧度）：

$$X_t^{sa}=Q_t^{ea}H_t^{sa}/J_t^s \tag{3e.46}$$

p. 两类家庭劳动力雇佣成本：

$$G_t^{ha}=\nu^{ha}S_t^a\,(X^{ha})^{\overline{\omega}^{ha}} \tag{3e.47}$$

$$G_t^{sa}=\nu^{sa}S_t^a\,(X^{sa})^{\overline{\omega}^{sa}} \tag{3e.48}$$

q. 代表性企业的两类家庭劳动力组合运用方式：

$$N_t^a = [(\gamma_n^h)^{1/\varepsilon_w^a}(N_t^{nha})^{(\varepsilon_w^a-1)/\varepsilon_w^a} + (1-\gamma_n^h)^{1/\varepsilon_w^a}(N_t^{nsa})^{(\varepsilon_w^a-1)/\varepsilon_w^a}]^{\varepsilon_w^a/(\varepsilon_w^a-1)} \tag{3e.49}$$

企业与家庭成员的雇佣（就业）决策和博弈过程：

a. 代表性企业劳动力投入条件：

$$MRPN_t^{ha} = W_t^{ha}/(\widetilde{p}_t^{ma}\ \widetilde{p}_t^a) + G_t^{ha} - \gamma_n^h(1-\delta^{wa})E_t\{\Lambda_{t,t+1}^h G_{t+1}^{ha}\} \tag{3e.50}$$

$$MRPN_t^{sa} = W_t^{sa}/(\widetilde{p}_t^{ma}\ \widetilde{p}_t^a) + G_t^{sa} - (1-\gamma_n^h)(1-\delta^{wa})E_t\{\Lambda_{t,t+1}^s G_{t+1}^{sa}\} \tag{3e.51}$$

b. 企业对各类劳动力的跨期最优雇佣决策：

$$\begin{aligned} G_t^{ha} &= MRPN_t^{ha} - W_t^{ha}/(\widetilde{p}_t^{ma}\ \widetilde{p}_t^a) \\ &+ \gamma_n^h E_t\{\Lambda_{t,t+1}^h[(1-\delta^{wa}+\delta^{wa}X_{t+1}^{ha})G_{t+1}^{ha}]\} \end{aligned} \tag{3e.52}$$

$$\begin{aligned} G_t^{sa} &= MRPN_t^{sa} - W_t^{sa}/(\widetilde{p}_t^{ma}\ \widetilde{p}_t^a) \\ &+ (1-\gamma_n^h)E_t\{\Lambda_{t,t+1}^s[(1-\delta^{wa}+\delta^{wa}X_{t+1}^{sa})G_{t+1}^{sa}]\} \end{aligned} \tag{3e.53}$$

c. 工资议价的纳什均衡条件：

$$\begin{aligned} G_t^{ha} &= [\vartheta^{ha}/(1-\vartheta^{ha})][(1-\widetilde{\tau}_t^{wha})W_t^{ha} - (1+\widetilde{\tau}_t^{ch})MRS_t^h]/(\widetilde{p}_t^{ma}\ \widetilde{p}_t^a) \\ &+ (1-\delta^{wa})[\vartheta^{ha}/(1-\vartheta^{ha})]E_t\{\Lambda_{t,t+1}^h(G_{t+1}^{ha} - X_{t+1}^{ha}G_{t+1}^{ha})\} \end{aligned} \tag{3e.54}$$

$$\begin{aligned} G_t^{sa} &= [\vartheta^{sa}/(1-\vartheta^{sa})][(1-\widetilde{\tau}_t^{wsa})W_t^{sa} - (1+\widetilde{\tau}_t^{cs})MRS_t^s]/(\widetilde{p}_t^{ma}\ \widetilde{p}_t^a) \\ &+ (1-\delta^{wa})[\vartheta^{sa}/(1-\vartheta^{sa})]E_t\{\Lambda_{t,t+1}^s(G_{t+1}^{sa} - X_{t+1}^{sa}G_{t+1}^{sa})\} \end{aligned} \tag{3e.55}$$

各类不平等指标：

a. 两类家庭之间的劳动收入不平等程度：

$$GAP_t^l = \frac{(1-\tau_t^{wha})W_t^{ha}Q_t^{ea}N_t^{nha}}{(1-\tau_t^{wsa})W_t^{sa}Q_t^{ea}N_t^{nsa}} \tag{3e.56}$$

b. 工资水平差距：

$$GAP_t^w = \frac{\left[\frac{(1-\tau_t^{wha})W_t^{ha}Q_t^{ea}N_t^{nha}}{Q_t^{ea}N_t^{nha}}\right]}{\left[\frac{(1-\tau_t^{wsa})W_t^{sa}Q_t^{ea}N_t^{nsa}}{Q_t^{ea}N_t^{nsa}}\right]} \tag{3e.57}$$

c. 李嘉图型家庭的税后总收入（含财产性收入）：

$$inct_t^h = [(1-\tau_t^{wha})P_t W_t^{ha} Q_t^{ea} N_t^{nha} + (1-\tau_t^{kha})P_t R_t^{ka} K_t^{ha}] \tag{3e.58}$$

d. 非李嘉图型家庭的税后总收入（即劳动收入）：

$$inct_t^s = (1-\tau_t^{wsa})W_t^{sa}N_t^{nsa} \tag{3e.59}$$

e. 两类家庭之间的总收入不平等程度：

$$GAP_t = inct_t^h / inct_t^s \tag{3e.60}$$

f. 消费不平等的计算与收入不平等类似，是贫富家庭消费额的比值：

$$GAP_t^c = C_t^h / C_t^s \tag{3e.61}$$

环境问题与环境规制政策：

a. 中间产品生产商（单个代表性企业）的污染物排放量：

$$PL_t^a = \chi^a (1-CL_t^a)(S_t^{pa})^{-1} Y_t^{ma} \tag{3e.62}$$

b. 代表性企业的控污成本：

$$QC_t^a = \nu^a (CL_t^a)^{\bar{\omega}^a} Y_t^{ma} \tag{3e.63}$$

c. 环保税税率：

$$\frac{\tau_t^{pa}}{\overline{\tau}^{pa}} = \left(\frac{\tau_{t-1}^{pa}}{\overline{\tau}^{pa}}\right)^{\rho^{pa}} \exp(e_t^{pa});\ e_t^{pa} \sim i.i.d.\ N(0,\sigma_{pa}^2) \tag{3e.64}$$

d. 环境治理支出：

$$\frac{G_t^E}{\overline{G}^E} = \left(\frac{G_{t-1}^E}{\overline{G}^E}\right)^{\rho_g^E} \exp(e_t^{ge});\ e_t^{ge} \sim i.i.d.\ N(0,\sigma_{ge}^2) \tag{3e.65}$$

e. 减排补贴率：

$$\frac{RE_t^a}{\overline{RE^a}} = \left(\frac{RE_{t-1}^a}{\overline{RE^a}}\right)^{\rho^{rea}} \exp(e_t^{rea})\ ;\ e_t^{rea} \sim i.\ i.\ d.\ N(0,\sigma_{rea}^2) \tag{3e.66}$$

f. 代表性企业获得的减排补贴总额：

$$TR_t^{Ea} = RE_t^a \chi^a CL_t^a Y_t^{ma} \tag{3e.67}$$

g. 代表性企业控污力度的最优决定条件（基于环保税税率和减排补贴率）：

$$CL_t^a(z) = \left[\frac{\chi^a\ (S_t^{pa})^{-1}(\tau_t^{pa} + RE_t^a)}{\nu^a \overline{\omega}^a\ \widetilde{p}_t^{ma}\ \widetilde{p}_t^a}\right]^{1/(\overline{\omega}^a - 1)} \tag{3e.68}$$

h. 代表性中间产品生产商的当期利润（考虑环境因素与相关成本）：

$$\begin{aligned} d_t^a = {} & Y_t^{ma}\ \widetilde{p}_t^{ma}\ \widetilde{p}_t^a - \gamma_n^h W_t^{ha} N_t^{nha} - (1-\gamma_n^h) W_t^{sa} N_t^{nsa} - R_t^{ka}(K_t^a/Q_t^{ea}) \\ & - \nu^a\ (CL_t^a)^{\overline{\omega}^a} Y_t^{ma}\ \widetilde{p}_t^{ma}\ \widetilde{p}_t^a - \tau_t^{pa} PL_t^a + TR_t^{Ea} \\ & - \gamma_n^h G_t^{ha} H_t^{ha}\ \widetilde{p}_t^{ma}\ \widetilde{p}_t^a - (1-\gamma_n^h) G_t^{sa} H_t^{sa}\ \widetilde{p}_t^{ma}\ \widetilde{p}_t^a \end{aligned} \tag{3e.69}$$

i. 考虑环境因素（环保税、减排补贴、减排成本等）的代表性中间产品生产商边际成本：

$$MC_t^a = \psi_t^a + \nu^a\ (CL_t^a)^{\overline{\omega}^a} + [\tau_t^{pa}(1 - CL_t^a) - RE_t^a CL_t^a]\ \chi^a\ (S_t^{pa}\ \widetilde{p}_t^{ma}\ \widetilde{p}_t^a)^{-1} \tag{3e.70}$$

j. 环境质量演化过程：

$$ENV_t = \rho_e\ \overline{ENV} + (1-\rho_e) ENV_{t-1} - Q_t^{ea} PL_t^a + \Delta G_t^E \tag{3e.71}$$

货币政策与财政收支：

a. 货币政策泰勒规则：

$$\frac{R_t}{\overline{R}} = \left(\frac{R_{t-1}}{\overline{R}}\right)^{\rho_m} \left[\left(\frac{Y_t}{\overline{Y}}\right)^{\psi_y} \left(\frac{\Pi_t}{\overline{\Pi}}\right)^{\psi_p}\right]^{(1-\rho_m)} \exp(\varepsilon_t^r) \tag{3e.72}$$

b. 财政总收入：

$$T_t = \gamma_n^h \tau_t^c C_t^h + \gamma_n^h \tau_t^{ka} R_t^{ka} K_t^{ha} + (1-\gamma_n^h)\tau_t^c C_t^s + \gamma_n^h \tau_t^{wha} W_t^{ha} Q_t^{ea} N_t^{ha} + (1-\gamma_n^h)\tau_t^{wsa} W_t^{sa} Q_t^{ea} N_t^{sa} + \tau_t^{pa} Q_t^{ea} PL_t^a \tag{3e.73}$$

c. 非环境领域的财政支出（政府消费）：

$$\frac{G_t^P}{\overline{G}^P} = \left(\frac{G_{t-1}^P}{\overline{G}^P}\right)^{\rho gp} \exp(e_t^{gp})\,;\ e_t^{gp} \sim i.i.d.\ N(0,\sigma_{gp}^2) \tag{3e.74}$$

d. 财政总支出：

$$G_t = G_t^P + G_t^E + TR_t^{Ea} \tag{3e.75}$$

e. 财政收支平衡条件：

$$T_t + R_t^{-1}\frac{B_{t+1}}{P_{t+1}} = \frac{B_t}{P_t} + G_t \tag{3e.76}$$

总供求平衡条件：

$$Y_t = \gamma_n^h (C_t^h + I_t^{ha} + I_t^{hb}) + (1-\gamma_n^h) C_t^s + \gamma_n^h (G_t^{ha} H_t^{ha} Q_t^{ea}\ \tilde{p}_t^{ma}\ \tilde{p}_t^a) + (1-\gamma_n^h)(G_t^{sa} H_t^{sa} Q_t^{ea}\ \tilde{p}_t^{ma}\ \tilde{p}_t^a) + G_t + Q_t^{ea} QC_t\ \tilde{p}_t^{ma}\ \tilde{p}_t^a \tag{3e.77}$$

外生冲击：

模型经济须面对外生的劳动供给冲击（ε_t^n）、技术（TFP）冲击（ε_t^a）、财政政策冲击（ε_t^{gp}）、货币政策冲击（ε_t^r）、环境技术冲击（ε_t^p）、关停整顿冲击（ε_t^{ea}）、环保税税率冲击（ε_t^{pa}）、减排补贴率冲击（ε_t^{re}）、环境治理支出冲击（ε_t^{ge}），所有外生冲击均遵循如下的 AR（1）过程：

$$\varepsilon_t^k = \rho_k \varepsilon_{t-1}^k + e_t^k\,;\ e_t^k \sim i.i.d.\ N(0,\sigma_k^2),\ k \in \{n,a,gp,r,p,ea,pa,rea,ge\} \tag{3e.78}$$

其中，ρ_k为介于 0 和 1 之间的持续性参数，随机扰动项 e_t^k 服从均值为

0、标准差为 σ_k 的正态分布。

附录3f　单家户单行业 NK－DSGE 模型全部数学方程（非线性）汇总

家庭部门：

a. 家庭效用最大化一阶条件：

$$R_t \Lambda^h_{t,t+1} \frac{P_t}{P_{t+1}} = 1 \tag{3f. 1}$$

$$Q^a_t = \left[\varphi'\left(\frac{I^{ha}_t}{K^{ha}_t}\right)\right]^{-1} \tag{3f. 2}$$

$$Q^a_t = E_t\left\{\Lambda^h_{t,t+1}(1-\tilde{\tau}^{kh}_{t+1})R^k_{t+1} + \Lambda^h_{t,t+1}Q^a_{t+1}\left[1-\delta^a+\varphi\left(\frac{I^{ha}_{t+1}}{K^{ha}_{t+1}}\right)-\varphi'\left(\frac{I^{ha}_{t+1}}{K^{ha}_{t+1}}\right)\frac{I^{ha}_{t+1}}{K^{ha}_{t+1}}\right]\right\} \tag{3f. 3}$$

$$\Lambda^h_{t,t+k} = (\beta^h)^k \frac{(\tilde{C}^{eh}_{t+k})^{1-\sigma^h}}{(\tilde{C}^{eh}_t)^{1-\sigma^h}} \frac{\tilde{C}^h_t(1+\tau^c_t)}{\tilde{C}^h_{t+k}(1+\tau^c_{t+k})} \tag{3f. 4}$$

$$\tilde{C}^{eh}_t = (\tilde{C}^h_t)^{\gamma^h_e} ENV_t^{(1-\gamma^h_e)} \tag{3f. 5}$$

$$\tilde{C}^h_t = C^h_t - \zeta^h C^h_{t-1} \tag{3f. 6}$$

b. 企业数量动态与创业参股（投资）决定条件：

$$Q^{ea}_t = (1-\delta^{ea}) S^{ea}_t (Q^{ea}_{t-1} + E^{ea}_{t-1}) \tag{3f. 7}$$

$$v^a_t = E_t\{\Lambda^h_{t,t+1}(1-\delta^{ea}) S^{ea}_{t+1}(d^a_{t+1} + v^a_{t+1})\} \tag{3f. 8}$$

c. 创业劳动力数量：

$$\gamma^h_n N^{ea}_t = E^{ea}_t fc^a_t / S^a_t \tag{3f. 9}$$

d. 创业者最优决策条件：

$$\gamma^a_y v^a_t = X^{hb}_t W^{hb}_t fc^b_t / S^a_t \tag{3f. 10}$$

e. 家庭成员的边际替代率：

$$MRS_t^h = S_t^n (\gamma_e^h)^{-1} (N_t^{nth})^{\varphi^h} (\widetilde{C}_t^h) (\widetilde{C}_t^{eh})^{\sigma^h - 1} \tag{3f.11}$$

f. 物质资本的动态积累过程：

$$K_{t+1}^{ha} = (1-\delta^a) K_t^{ha} + K_t^{ha}\left[\varphi\left(\frac{I_t^{ha}}{K_t^{ha}}\right)\right] \tag{3f.12}$$

g. 家庭部门主要经济变量的加总：

$$C_t = C_t^h \tag{3f.13}$$

$$K_t^a = K_t^{ha} \tag{3f.14}$$

$$I_t^a = I_t^{ha} \tag{3f.15}$$

$$K_t^b = K_t^{hb} \tag{3f.16}$$

$$I_t^b = I_t^{hb} \tag{3f.17}$$

$$B_t = B_t^h \tag{3f.18}$$

生产部门：

a. 中间产品生产函数：

$$Y_t^{ma} = (K_{t-1}^a / Q_{t-1}^{ea})^{(1-\alpha^a)} (S_t^a N_t^a)^{\alpha^a} \tag{3f.19}$$

b. 资本要素报酬水平（实际资本收益率）：

$$R_t^{ka} = (1-\alpha^a)\psi_t^a\left(\frac{Y_t^{ma}}{K_{t-1}^a}\right) \tag{3f.20}$$

c. 两类家庭劳动力的边际产出：

$$MRPN_t^{ha} = \alpha^a \psi_t^a \left(\frac{Y_t^{ma}}{N_t^a}\right)\left(\frac{\gamma_n^h N_t^a}{N_t^{ha}}\right)^{1/\varepsilon_w^a} \tag{3f.21}$$

d. 中间产品生产商的价格调整过程（Calvo 规则）：

$$(P_t^{ma})^{1-\varepsilon^a} = \theta^a (P_{t-1}^{ma})^{1-\varepsilon^a} + (1-\theta^a)(P_t^{a*})^{1-\varepsilon^a} \tag{3f.22}$$

e. 中间产品生产商的利润最大化一阶条件：

$$\sum_{k=0}^{\infty}[\theta^{a}(1-\delta^{ea})]^{k}E_{t}\left\{\left(\prod_{0}^{k}x_{t+k}^{ea}\right)\Lambda_{t,t+k}^{h}Y_{t+k|t}^{ma}\left[\frac{P_{t}^{a*}}{P_{t+k}}-\mu^{a}MC_{t+k|t}^{a}\right]\right\}=0,\ \mu^{a}=\frac{\varepsilon^{a}}{(\varepsilon^{a}-1)} \tag{3f. 23}$$

f. 单个企业产量与行业最终产品价值的关系：

$$Y_{t}^{a}=(Q_{t}^{ea})^{\frac{\varepsilon^{a}}{\varepsilon^{a}-1}}Y_{t}^{ma} \tag{3f. 24}$$

g. 单个企业定价与行业总体价格的关系：

$$P_{t}^{a}=(Q_{t}^{ea})^{\frac{1}{1-\varepsilon^{a}}}P_{t}^{ma} \tag{3f. 25}$$

h. 物价指数：

$$P_{t}=P_{t}^{a} \tag{3f. 26}$$

劳动力市场的搜寻—匹配过程：

家庭劳动力的构成与流动机制：

a. 劳动力总数与非自愿失业总数：

$$L_{t}=L_{t}^{h} \tag{3f. 27}$$

$$U_{t}=U_{t}^{h} \tag{3f. 28}$$

b. 家庭劳动力构成：

$$L_{t}^{h}=Q_{t}^{ea}(\overline{N}^{ha}+N_{t}^{ha})+N_{t}^{ea}+U_{t}^{h} \tag{3f. 29}$$

c. 家庭在代表性企业的流动劳动力和沉淀劳动力加总：

$$N_{t}^{nha}=\overline{N}^{ha}+N_{t}^{ha} \tag{3f. 30}$$

d. 家庭的实际就业总量（含创业）：

$$N_{t}^{nth}=Q_{t}^{ea}N_{t}^{nha}+N_{t}^{ea}E_{t}^{ea} \tag{3f. 31}$$

e. 搜寻工作岗位的家庭劳动力总量：

$$J_{t}^{h}=U_{t-1}^{h}+\delta^{wha}Q_{t}^{ea}N_{t-1}^{ha}+N_{t}^{ea}-N_{t-1}^{ea} \tag{3f. 32}$$

f. 家庭在代表性企业的就业数量动态：

$$N_t^{ha} = (1 - \delta^{wha}) N_{t-1}^{ha} + H_t^{ha} \tag{3f.33}$$

g. 当期家庭失业人员总量：

$$U_t^h = (1 - X_t^{ha}) J_t^h \tag{3f.34}$$

h. 家庭求职者获聘概率（就业紧度）：

$$X_t^{ha} = Q_t^{ea} H_t^{ha} / J_t^h \tag{3f.35}$$

i. 低污染行业家庭劳动力雇佣成本：

$$G_t^{ha} = \nu^{ha} S_t^a (X^{ha})^{\bar{\omega}^{ha}} \tag{3f.36}$$

j. 各行业代表性企业的家庭劳动力组合运用方式：

$$N_t^a = N_t^{nha} \tag{3f.37}$$

企业与家庭成员的雇佣（就业）决策和博弈过程：

a. 代表性企业劳动力投入条件：

$$MRPN_t^{ha} = W_t^{ha} / (\tilde{p}_t^{ma}\ \tilde{p}_t^a) + G_t^{ha} - \gamma_n^h (1 - \delta^{wa}) E_t \{ \Lambda_{t,t+1}^h G_{t+1}^{ha} \} \tag{3f.38}$$

b. 企业对劳动力的跨期最优雇佣决策：

$$G_t^{ha} = MRPN_t^{ha} - W_t^{ha} / (\tilde{p}_t^{ma}\ \tilde{p}_t^a) + \gamma_n^h E_t \{ \Lambda_{t,t+1}^h [(1 - \delta^{wa} + \delta^{wa} X_{t+1}^{ha}) G_{t+1}^{ha}] \} \tag{3f.39}$$

c. 工资议价的纳什均衡条件：

$$\begin{aligned} G_t^{ha} = & [\vartheta^{ha} / (1 - \vartheta^{ha})] [(1 - \tilde{\tau}_t^{wha}) W_t^{ha} - (1 + \tilde{\tau}_t^{ch}) MRS_t^h] / (\tilde{p}_t^{ma}\ \tilde{p}_t^a) \\ & + (1 - \delta^{wa}) [\vartheta^{ha} / (1 - \vartheta^{ha})] E_t \{ \Lambda_{t,t+1}^h (G_{t+1}^{ha} - X_{t+1}^{ha} G_{t+1}^{ha}) \} \end{aligned} \tag{3f.40}$$

环境问题与环境规制政策：

a. 中间产品生产商（单个代表性企业）的污染物排放量：

$$PL_t^a = \chi^a (1 - CL_t^a) (S_t^{pa})^{-1} Y_t^{ma} \tag{3f.41}$$

b. 代表性企业的控污成本：

$$QC_t^a = \nu^a \ (CL_t^a)^{\bar{\omega}^a} Y_t^{ma} \tag{3f. 42}$$

c. 环保税税率：

$$\frac{\tau_t^{pa}}{\overline{\tau}^{pa}} = \left(\frac{\tau_{t-1}^{pa}}{\overline{\tau}^{pa}}\right)^{\rho^{pa}} \exp(e_t^{pa})\ ;\ e_t^{pa} \sim i.\ i.\ d.\ N(0,\sigma_{pa}^2) \tag{3f. 43}$$

d. 环境治理支出：

$$\frac{G_t^E}{\overline{G}^E} = \left(\frac{G_{t-1}^E}{\overline{G}^E}\right)^{\rho_g^E} \exp(e_t^{ge})\ ;\ e_t^{ge} \sim i.\ i.\ d.\ N(0,\sigma_{ge}^2) \tag{3f. 44}$$

e. 减排补贴率：

$$\frac{RE_t^a}{\overline{RE}^a} = \left(\frac{RE_{t-1}^a}{\overline{RE}^a}\right)^{\rho^{rea}} \exp(e_t^{rea})\ ;\ e_t^{rea} \sim i.\ i.\ d.\ N(0,\sigma_{rea}^2) \tag{3f. 45}$$

f. 代表性企业获得的减排补贴总额：

$$TR_t^{Ea} = RE_t^a \chi^a CL_t^a Y_t^{ma} \tag{3f. 46}$$

g. 代表性企业控污力度的最优决定条件（基于环保税税率和减排补贴率）：

$$CL_t^a(z) = \left[\frac{\chi^a \ (S_t^{pa})^{-1}(\tau_t^{pa} + RE_t^a)}{\nu^a \overline{\omega}^a \ \widetilde{p}_t^{ma} \ \widetilde{p}_t^a}\right]^{1/(\overline{\omega}^a - 1)} \tag{3f. 47}$$

h. 代表性中间产品生产商的当期利润（考虑环境因素与相关成本）：

$$\begin{aligned} d_t^a = {} & Y_t^{ma} \ \widetilde{p}_t^{ma} \ \widetilde{p}_t^a - W_t^{ha} N_t^{nha} - R_t^{ka}(K_t^a/Q_t^{ea}) - \nu^a \ (CL_t^a)^{\bar{\omega}^a} Y_t^{ma} \ \widetilde{p}_t^{ma} \ \widetilde{p}_t^a \\ & - \tau_t^{pa} PL_t^a + TR_t^{Ea} - G_t^{ha} H_t^{ha} \ \widetilde{p}_t^{ma} \ \widetilde{p}_t^a \end{aligned} \tag{3f. 48}$$

i. 考虑环境因素（环保税、减排补贴、减排成本等）的代表性中间产品生产商边际成本：

$$MC_t^a = \psi_t^a + \nu^a \ (CL_t^a)^{\bar{\omega}^a} + [\tau_t^{pa}(1 - CL_t^a) - RE_t^a CL_t^a]\chi^a \ (S_t^{pa} \ \widetilde{p}_t^{ma} \ \widetilde{p}_t^a)^{-1} \tag{3f. 49}$$

j. 环境质量演化过程：

$$ENV_t = \rho_e \overline{ENV} + (1 - \rho_e) ENV_{t-1} - Q_t^{ea} PL_t^a + \Delta G_t^E \tag{3f. 50}$$

货币政策与财政收支：

a. 货币政策泰勒规则：

$$\frac{R_t}{\overline{R}}=\left(\frac{R_{t-1}}{\overline{R}}\right)^{\rho_m}\left[\left(\frac{Y_t}{\overline{Y}}\right)^{\psi_y}\left(\frac{\Pi_t}{\overline{\Pi}}\right)^{\psi_p}\right]^{(1-\rho_m)}\exp(\varepsilon_t^r) \tag{3f. 51}$$

b. 财政总收入：

$$T_t=\tau_t^c C_t^h+\tau_t^{ka}R_t^{ka}K_t^{ha}+\tau_t^{wha}W_t^{ha}Q_t^{ea}N_t^{ha}+\tau_t^{pa}Q_t^{ea}PL_t^a \tag{3f. 52}$$

c. 非环境领域的财政支出（政府消费）：

$$\frac{G_t^P}{\overline{G}^P}=\left(\frac{G_{t-1}^P}{\overline{G}^P}\right)^{\rho gp}\exp(e_t^{gp})\,;\ e_t^{gp}\sim i.\ i.\ d.\ N(0,\sigma_{gp}^2) \tag{3f. 53}$$

d. 财政总支出：

$$G_t=G_t^P+G_t^E+TR_t^{Ea} \tag{3f. 54}$$

e. 财政收支平衡条件：

$$T_t+R_t^{-1}\frac{B_{t+1}}{P_{t+1}}=\frac{B_t}{P_t}+G_t \tag{3f. 55}$$

总供求平衡条件：

$$Y_t=C_t^h+I_t^{ha}+G_t^{ha}H_t^{ha}Q_t^{ea}\,\widetilde{p}_t^{ma}\,\widetilde{p}_t^{a}+G_t+Q_t^{ea}QC_t^a\,\widetilde{p}_t^{ma}\,\widetilde{p}_t^{a} \tag{3f. 56}$$

外生冲击：

模型经济须面对外生的劳动供给冲击（ε_t^n）、技术（TFP）冲击（ε_t^a）、财政政策冲击（ε_t^{gp}）、货币政策冲击（ε_t^r）、环境技术冲击（ε_t^p）、关停整顿冲击（ε_t^{ea}）、环保税税率冲击（ε_t^{pa}）、减排补贴率冲击（ε_t^{re}）、环境治理支出冲击（ε_t^{ge}），所有外生冲击均遵循如下的 AR（1）过程：

$$\varepsilon_t^k=\rho_k\varepsilon_{t-1}^k+e_t^k\,;\ e_t^k\sim i.\ i.\ d.\ N(0,\sigma_k^2)\,,\ k\in\{n,a,gp,r,p,ea,pa,rea,ge\} \tag{3f. 57}$$

其中，ρ_k为介于 0 和 1 之间的持续性参数，随机扰动项 e_t^k 服从均值为 0、标准差为 σ_k的正态分布。

第四章
NK - DSGE 模型的求解与参数化

在采用 Uhlig 方法实施线性化处理后的 NK - DSGE 模型方程中，所有的变量均已被转换成对数偏离值，它们相互之间全部为线性关系。线性化的 NK - DSGE 模型共由 140 个方程构成，其中包含 12 类外生冲击。接下来的分析步骤是利用由 DSGE 模型方程所构成的状态空间模型求得稳定解，然后运用来自现实经济的各项观测数据进行参数的识别和估计，实现模型的参数化。

合理的参数化过程将使模型拥有扎实、稳健的实证基础，而 DSGE 模型参数的合理性决定着模型是否能够有效拟合现实世界、是否能够更科学合理地完成后续的经济问题分析，从而直接关系到模型的现实意义。

本章还会利用从贝叶斯估计结果得出的统计量与评价准则，对基准 NK - DSGE模型、三个备择模型进行建模质量的比较与评价，以确定基准 NK - DSGE 模型是否能够尽可能准确地拟合现实经济数据。

第一节　模型求解

线性化后的 DSGE 理论模型是一系列带有当期变量、前定变量、预期项、随机冲击等要素的线性差分方程。运用简单的数学变换，即可将附录 3b 中的方程组整理为类似下方的状态空间形式：

$$M\begin{bmatrix} x_{t+1} \\ E_t y_{t+1} \end{bmatrix} = P\begin{bmatrix} x_t \\ y_t \end{bmatrix} + S\varepsilon_t \tag{4.1}$$

方程（4.1）中的向量 x_t和 y_t分别代表第 t 期的所有前定变量和非前定变量，ε_t是随机冲击向量；其中 x_t是 $n\times 1$ 维列向量，y_t是 $m\times 1$ 维列向量，ε_t的维数是 $k\times 1$。上述前定变量和非前定变量间的主要区别在于，在前一期（t）和下一期（$t+1$）之间，非前定变量的变化将取决于第 $t+1$ 期内的随机变化，但它们在第 t 期是不可预测的；前定变量的变化则与第 $t+1$ 期内的随机冲击无关。因此，从上述方程可以看出，在方程左侧第 $t+1$ 期的两类变量中，向量 x_{t+1}与向量 y_{t+1}一样，不会乘以左侧的期望乘子 E_t。在方程（4.1）中，符号 M、P 和 S 是系数矩阵，其中 M 和 P 是（$m+n$）×（$m+n$）阶矩阵，S 是（$m+n$）$\times k$ 阶矩阵。

在用上述方法实现 DSGE 理论模型的变换后，为了真正掌握模型动态演化过程中每个变量的动态，必须对模型方程组进行求解。上述方程的求解也是整个 DSGE 理论模型应用过程中的难点，目前主流文献中使用的方法主要有：Blanchard & Kahn（1980）提出的求解方法（简称 BK 方法），以及 Klein（2000）和 Sims（2002）联合提出和改进的广义舒分解法（generalized schur decomposition）。

一　Blanchard & Kahn（1980）的求解方法①

Blanchard & Kahn（1980）是最早提出线性理性预期方程组解法的学者。他们将来自工程领域的算法借鉴到经济学研究中，给出了求解带有前定变量、理性预期因素的线性方程组的有效方法，即 BK 方法，并得到后来者的大量借鉴。

BK 方法的运用步骤始于对 DSGE 理论模型的状态空间表示与线性代数变换。首先，如果矩阵 M 可逆，则方程（4.1）可变换为：

① 本节第一部分和第二部分的内容参考自 McCandless（2008：128－134）。

$$\begin{bmatrix} x_{t+1} \\ E_t y_{t+1} \end{bmatrix} = M^{-1}P\begin{bmatrix} x_t \\ y_t \end{bmatrix} + M^{-1}S\varepsilon_t \tag{4.2}$$

接下来，再将方程（4.2）中 $M^{-1} \times P$ 这一矩阵乘积进行 Jordan 分解，令其等于 $Z\Lambda Z^{-1}$，此处的 Λ 是一个对角矩阵，由 $M^{-1} \times P$ 得到的乘积的特征值组成，Z 则是由与上述特征值对应的特征向量构成的矩阵。随后，按照对角线上元素的值，以从小到大的顺序调整矩阵 Λ 的排序，得到矩阵 Λ^*；同时，按照同样的排序方式对矩阵 Z 中的特征向量进行重新排序，得到新的矩阵 Z^*。此处应注意的是，上述变换并未破坏矩阵 Z 和矩阵 Λ 中特征值、特征向量间的相关性。只要上述特征值中恰好有 m 个（即前定变量的个数，或向量 y_t的维数）位于单位圆以外（即绝对值大于 1），我们就能用 BK 方法进行方程求解。满足上述条件的特征值数量又被叫作非稳定根（explosive roots）数量，如果 DSGE 模型中期望模型的个数等于该数量，那么经济系统的线性方程组就存在稳定解。

如果忽略模型中的随机性成分，那么方程（4.2）可写成：

$$\begin{bmatrix} x_{t+1} \\ E_t y_{t+1} \end{bmatrix} = Z^* \Lambda^* Z^{*-1}\begin{bmatrix} x_t \\ y_t \end{bmatrix}$$

由于矩阵 Z^* 是可逆矩阵，所以上述方程可变为：

$$Z^{*-1}\begin{bmatrix} x_{t+1} \\ E_t y_{t+1} \end{bmatrix} = \Lambda^* Z^{*-1}\begin{bmatrix} x_t \\ y_t \end{bmatrix} \tag{4.3}$$

为了便于求解，对矩阵 Z^{*-1} 与矩阵 Λ^* 进行分块处理，其中 Z^{*-1} 分块后变为：

$$Z^{*-1} = \begin{bmatrix} Z_{11}^* & Z_{12}^* \\ Z_{21}^* & Z_{22}^* \end{bmatrix}$$

分块后，方程右侧的 Z_{11}^* 为 $n \times n$ 阶矩阵，Z_{12}^* 为 $n \times m$ 阶矩阵，Z_{21}^* 为 $m \times n$阶矩阵，Z_{22}^* 为 $m \times m$ 阶矩阵。而分块后的矩阵 Λ^* 变为：

$$\Lambda^{*}=\begin{bmatrix}\Lambda_{11}^{*} & 0_{12}\\ 0_{21} & \Lambda_{22}^{*}\end{bmatrix}$$

上述方程很显然地保留了原矩阵 Λ^{*} 的对角特征，0_{12}、0_{21} 都是零矩阵，Λ_{11}^{*} 是由模型全部稳定特征值构成的对角矩阵，而同为对角矩阵的 Λ_{22}^{*} 由模型全部非稳定特征值（即单位圆之外的特征值）构成。运用简单的线性代数方法，我们就可以将方程（4.3）改写为由分块矩阵表示的方程组：

$$\begin{cases}[Z_{11}^{*}x_{t+1}+Z_{12}^{*}y_{t+1}]=\Lambda_{11}^{*}[Z_{11}^{*}x_{t}+Z_{12}^{*}y_{t}]\\ [Z_{21}^{*}x_{t+1}+Z_{22}^{*}y_{t+1}]=\Lambda_{22}^{*}[Z_{21}^{*}x_{t}+Z_{22}^{*}y_{t}]\end{cases}\tag{4.4}$$

对动态经济系统的研究往往需要研究者探索模型方程的稳定解。而在方程组（4.4）中，一个显而易见的问题是 Λ_{22}^{*} 对角线上的元素全部为非稳定特征值（大于1），如果 $[Z_{21}^{*}x_{t}+Z_{22}^{*}y_{t}]\neq0$，那么模型将面临发散。所以，如果模型确实存在稳定解，那么必有 $[Z_{21}^{*}x_{t}+Z_{22}^{*}y_{t}]=0$，这一等式关系在第 $t+1$ 期自然也有效。所以，不难推得下面的等式关系：

$$y_{t}=-Z_{22}^{*-1}Z_{21}^{*}x\tag{4.5}$$

如此一来，我们在前定变量和非前定变量之间建立了线性的函数关系。由于前面暂时忽略了模型中的随机因素，所以在第 $t+1$ 期便有：

$$y_{t+1}=E_{t}y_{t+1}=-Z_{22}^{*-1}Z_{21}^{*}x_{t+1}\tag{4.6}$$

将方程（4.5）、方程（4.6）共同代入方程组（4.4）中的第一个方程（第二个方程左右均等于0）并进行化简，便可以得到下面的结果：

$$x_{t+1}=[Z_{11}^{*}-Z_{12}^{*}Z_{22}^{*-1}Z_{21}^{*}]^{-1}\Lambda_{11}^{*}[Z_{11}^{*}-Z_{12}^{*}Z_{22}^{*-1}Z_{21}^{*}]x_{t}\tag{4.7}$$

可见，采用上述方法可以解决一个带有前定变量（即含有理性预期因素）但又不含随机因素的线性方程组的求解问题，最后得出的方程（4.6）与方程（4.9）即可表示方程的解。

在不忽略随机因素的情况下，方程求解过程也与上述步骤类似。如前所述，方程（4.2）是一个整理成如下形式的矩阵方程：

$$\begin{bmatrix} x_{t+1} \\ E_t y_{t+1} \end{bmatrix} = M^{-1} P \begin{bmatrix} x_t \\ y_t \end{bmatrix} + M^{-1} S \varepsilon_t$$

现在，不忽略随机项，运用从前述方程（4.2）至方程（4.3）的变换方法，将上述方程变为：

$$Z^{*-1} \begin{bmatrix} x_{t+1} \\ E_t y_{t+1} \end{bmatrix} = \Lambda^* Z^{*-1} \begin{bmatrix} x_t \\ y_t \end{bmatrix} + Z^{*-1} M^{-1} S \varepsilon_t \tag{4.8}$$

为了便于下面的计算，将矩阵乘积 $Z^{*-1}M^{-1}S$ 转换成分块矩阵：

$$Z^{*-1} M^{-1} S = \begin{bmatrix} S_1^* \\ S_2^* \end{bmatrix}$$

上述方程中的分块矩阵 S_1^* 为 $k \times n$ 阶，那么另一分块矩阵 S_2^* 自然应为 $k \times m$阶，这两个矩阵分别与特征圆内、特征圆外（非稳定）的特征值相对应。那么利用上述分块矩阵，可以从方程（4.8）推得类似方程组（4.4）的方程组：

$$\begin{cases} [Z_{11}^* x_{t+1} + Z_{12}^* y_{t+1}] = \Lambda_{11}^* [Z_{11}^* x_t + Z_{12}^* y_t] + S_1^* \varepsilon_t \\ [Z_{21}^* x_{t+1} + Z_{22}^* y_{t+1}] = \Lambda_{22}^* [Z_{21}^* x_t + Z_{22}^* y_t] + S_2^* \varepsilon_t \end{cases} \tag{4.9}$$

如前所述，在方程组（4.9）的第二个方程里，Λ_{22}^*对角线上的元素全部为非稳定特征值（大于 1）；所以，能够运用 Sargent & Ljungqvist（2000）的动态递归方程求解方法得到方程解的方程，而且在给定随机冲击的期望值情形下，该式的值应是收敛的：

$$[Z_{21}^* x_t + Z_{22}^* y_t] = -\sum_{i=0}^{\infty} \Lambda_{22}^{*\,-i-1} S_2^* E_t\{\varepsilon_{t+i}\}$$

当然，在绝大多数研究中，随机冲击项的未来期望值应为 0，所以上述方程可整理为：

$$y_t = -Z_{22}^{*\,-1} Z_{21}^* x_t - Z_{22}^{*\,-1} \Lambda_{22}^{*\,-1} S_2^* \varepsilon_t \tag{4.10}$$

如果根据上述方程，进一步对第 $t+1$ 期取期望，那么不难得出：

$$E_t y_{t+1} = -Z_{22}^{*\,-1} Z_{21}^{*} x_{t+1}$$

利用以上两个方程，并借助与求解方程（4.7）时类似的思路，可以得到下式：

$$x_{t+1} = \left\{ \begin{array}{c} [Z_{11}^{*} - Z_{12}^{*} Z_{22}^{*\,-1} Z_{21}^{*}]^{-1} \Lambda_{11}^{*} [Z_{11}^{*} - Z_{12}^{*} Z_{22}^{*\,-1} Z_{21}^{*}] x_t \\ -[Z_{11}^{*} - Z_{12}^{*} Z_{22}^{*\,-1} Z_{21}^{*}]^{-1} [\Lambda_{11}^{*} Z_{12}^{*} Z_{22}^{*\,-1} \Lambda_{22}^{*\,-1} S_2^{*} - S_1^{*}] \varepsilon_t \end{array} \right\} \tag{4.11}$$

上述步骤即一个简化的含随机变量和理性预期因素的线性方程组的求解过程，方程（4.10）、方程（4.11）即模型解的方程。此外，Blanchard & Kahn（1980）还对BK方法的解性质做了如下归纳：若矩阵 $M^{-1} \times P$ 的非稳定特征根多于非前定变量，模型无解；若矩阵 $M^{-1} \times P$ 的非稳定特征根少于非前定变量，模型存在多重解；若矩阵 $M^{-1} \times P$ 的非稳定特征根个数恰好等于非前定变量个数，则模型具有唯一解。

BK方法是DSGE领域较早得到广泛认同与运用的模型求解方法，其思路得到众多后续研究者的借鉴与改进。BK方法存在的主要局限在于，在某些形式的DSGE模型中，可能会出现不可逆的系数矩阵，例如含有不可分劳动的Hansen（1985）模型便是如此。这在很大程度上影响了BK方法的适用性。

二　广义舒分解法

由Klein（2000）、Sims（2002）等人率先在DSGE分析中应用的广义舒分解法在求解思路上与BK方法总体类似，但其通过一些巧妙而独到的处理克服了BK方法的局限。

为简便说明该方法的原理，借用前文中的DSGE简化模型方程（4.1）来进行阐述：

$$M \begin{bmatrix} x_{t+1} \\ E_t y_{t+1} \end{bmatrix} = P \begin{bmatrix} x_t \\ y_t \end{bmatrix} + S\varepsilon_t$$

上述方程中各符号的含义均与前文一致。如果暂时忽略随机因素，则

上述方程变为:

$$M\begin{bmatrix} x_{t+1} \\ E_t y_{t+1} \end{bmatrix} = P\begin{bmatrix} x_t \\ y_t \end{bmatrix}$$

广义舒分解法的特点在于采用了 QZ 因式分解法（QZ factorization）。首先，定义两个矩阵 K、W，以及两个上三角矩阵 T、R，这四个矩阵满足下列关系:

$$M = KTW'$$

$$P = KRW'$$

$$KK' = K'K = I$$

$$WW' = W'W = I$$

从而，不含随机项的模型方程可表达为:

$$KTW'\begin{bmatrix} x_{t+1} \\ E_t y_{t+1} \end{bmatrix} = KRW'\begin{bmatrix} x_t \\ y_t \end{bmatrix} \tag{4.12}$$

从上述方程可以看出，若矩阵 T 对角线第 i 行的元素为 t_{ii}，矩阵 R 对角线第 i 行的元素为 r_{ii}，那么上述矩阵对角线元素的比值 $\lambda_{ii} = r_{ii}/ t_{ii}$即模型方程组的特征值。

从矩阵 K 的定义可知，如果在方程（4.12）两端同时左乘 K'，则方程可简化为:

$$TW'\begin{bmatrix} x_{t+1} \\ E_t y_{t+1} \end{bmatrix} = RW'\begin{bmatrix} x_t \\ y_t \end{bmatrix}$$

其后，对上述方程中的矩阵进行分块处理，可得:

$$\begin{bmatrix} T_{11} & T_{12} \\ 0_{21} & T_{22} \end{bmatrix}\begin{bmatrix} W'_{11} & W'_{12} \\ W'_{21} & W'_{22} \end{bmatrix}\begin{bmatrix} x_{t+1} \\ E_t y_{t+1} \end{bmatrix} = \begin{bmatrix} R_{11} & R_{12} \\ 0_{21} & R_{22} \end{bmatrix}\begin{bmatrix} W'_{11} & W'_{12} \\ W'_{21} & W'_{22} \end{bmatrix}\begin{bmatrix} x_t \\ y_t \end{bmatrix}$$

通常，上三角矩阵 T、R 是按照特征值从大到小的次序排列各行的，所以上面方程中的分块矩阵 T_{22}和 R_{22}刚好使方程具有非稳定的特征值，那么接下来可以先考察一个从上述方程拆分出来的方程：

$$T_{22}[W'_{21}x_{t+1}+W'_{22}E_t y_{t+1}]=R_{22}[W'_{21}x_t+W'_{22}y_t] \tag{4.13}$$

与前文中的分析类似，要使方程（4.13）的动态路径不会趋于发散，需满足下面的条件：

$$W'_{21}x_t+W'_{22}y_t=0$$

那么下式可表示非前定变量 y_t的解：

$$y_t=-W'^{-1}_{22}W'_{21}x_t \tag{4.14}$$

所以最初的模型方程可变换为：

$$M\begin{bmatrix} x_{t+1} \\ -W'^{-1}_{22}W'_{21}x_{t+1} \end{bmatrix}=P\begin{bmatrix} x_t \\ -W'^{-1}_{22}W'_{21}x_t \end{bmatrix}$$

接下来，将矩阵 M 和 P 按照与前面矩阵 T、R、W 相同的分块方式做出分块化处理，上述方程变换为：

$$\begin{bmatrix} M_{11} & M_{12} \\ M_{21} & M_{22} \end{bmatrix}\begin{bmatrix} x_{t+1} \\ -W'^{-1}_{22}W'_{21}x_{t+1} \end{bmatrix}=\begin{bmatrix} P_{11} & P_{12} \\ P_{21} & P_{22} \end{bmatrix}\begin{bmatrix} x_t \\ -W'^{-1}_{22}W'_{21}x_t \end{bmatrix}$$

忽略那些对应非稳定特征值的分块矩阵后，从上述矩阵方程中可以提取出模型稳定解的方程：

$$[M_{11}-M_{12}W'^{-1}_{22}W'_{21}]x_{t+1}=[P_{11}-P_{12}W'^{-1}_{22}W'_{21}]x_t \tag{4.15}$$

上述步骤已经厘清了一个不含随机因素的简化模型的求解原理，接下来在其基础上阐述未忽略随机因素情形下的模型求解方法。同样将方程（4.2）作为待求解模型，但不再去除其中的随机项。含有随机项的方程（4.2）可以表示为：

$$KTW'\begin{bmatrix} x_{t+1} \\ E_t y_{t+1} \end{bmatrix}=KRW'\begin{bmatrix} x_t \\ y_t \end{bmatrix}+S\varepsilon_t$$

上述方程两端同时左乘矩阵 K'，并进行矩阵分块化处理后可得：

$$\begin{bmatrix} T_{11} & T_{12} \\ 0_{21} & T_{22} \end{bmatrix}\begin{bmatrix} W'_{11} & W'_{12} \\ W'_{21} & W'_{22} \end{bmatrix}\begin{bmatrix} x_{t+1} \\ E_t y_{t+1} \end{bmatrix} = \begin{bmatrix} R_{11} & R_{12} \\ 0_{21} & R_{22} \end{bmatrix}\begin{bmatrix} W'_{11} & W'_{12} \\ W'_{21} & W'_{22} \end{bmatrix}\begin{bmatrix} x_t \\ y_t \end{bmatrix} + \begin{bmatrix} K'_{11} & K'_{12} \\ K'_{21} & K'_{22} \end{bmatrix}\begin{bmatrix} S_1 \\ S_2 \end{bmatrix}\varepsilon_t$$

而且与前面的分析一样，矩阵 K、T、R、W 的行排序实际已经按特征值大小进行调整，所以发散的特征值均位于矩阵的最下部分。那么，为了让模型不至于发散，就应满足：

$$R_{22}W'_{21}x_t + R_{22}W'_{22}y_t + [K'_{21}S_1 + K'_{22}S_2]\varepsilon_t = 0$$

对上述方程进一步整理后，即可得出非前定变量的解的方程：

$$y_t = -[R_{22}W'_{22}]^{-1}R_{22}W'_{21}x_t - [R_{22}W'_{22}]^{-1}[K'_{21}S_1 + K'_{22}S_2]\varepsilon_t \tag{4.16}$$

将方程（4.16）前推一期并取期望（同样令随机冲击项未来期望为0），又可得：

$$E_t y_{t+1} = -[R_{22}W'_{22}]^{-1}R_{22}W'_{21}x_{t+1}$$

将上述方程与方程（4.16）一并代回方程（4.2），并对式中矩阵进行分块化处理［如同推导方程（4.15）时的做法］，可得：

$$\begin{bmatrix} M_{11} & M_{12} \\ M_{21} & M_{22} \end{bmatrix}\begin{bmatrix} I \\ -[R_{22}W'_{22}]^{-1}R_{22}W'_{21} \end{bmatrix}x_{t+1} = \begin{bmatrix} P_{11} & P_{12} \\ P_{21} & P_{22} \end{bmatrix}\begin{bmatrix} I \\ -[R_{22}W'_{22}]^{-1}R_{22}W'_{21} \end{bmatrix}x_t$$

$$+\begin{bmatrix} S_1 - P_{12}[R_{22}W'_{22}]^{-1}[K'_{21}S_1 + K'_{22}S_2] \\ S_2 - P_{22}[R_{22}W'_{22}]^{-1}[K'_{21}S_1 + K'_{22}S_2] \end{bmatrix}\varepsilon_t$$

如果仅考虑方程中对应稳定特征值的那些分块矩阵，那么可从上述方程中提取出模型的稳定解：

$$\begin{aligned} &\{M_{11} - M_{12}[{}^{R}_{22}W'_{22}]^{-1}R_{22}W'_{21}\}x_{t+1} = \\ &\{P_{11} - P_{12}[{}^{R}_{22}W'_{22}]^{-1}R_{22}W'_{21}\}x_t + \{S_1 - P_{12}[{}^{R}_{22}W'_{22}] - 1[K'_{21}S_1 + K'_{22}S_2]\}\varepsilon_t \end{aligned} \tag{4.17}$$

总之，广义舒分解法的求解思路与 BK 方法大体相似，但其创新之处在于利用 QZ 因式分解法进行矩阵变换；而且，除了放宽对矩阵可逆性的要求外，从以上步骤也不难看出这种方法导出的矩阵是实矩阵，而 BK 方法在使用中很容易推导出复数矩阵，从而增大求解的难度。由于上述优点，广义舒分解法近年来得到广泛的应用。本书对 DSGE 模型的求解也采用了广义舒分解法。

需要注意的是，线性化的 NK－DSGE 模型方程可以直接用计算机程序语句表示，从而实现 DSGE 模型的编程。因此，模型求解和所有后续步骤都可以通过计算机软件自动完成（一些重要步骤除外，例如为贝叶斯估计设置参数先验分布）。目前，计算和估算 DSGE 模型的主要软件是 Dynare 系列。Dynare 是一个基于 Matlab 平台的嵌入式工具包，可以求解、模拟和估计包含期望变量的线性和非线性动态模型。用户只需按程序语法将模型方程和相关命令输入 .mod 文件中，Dynare 便可以自动完成一阶泰勒展开和反应函数计算，而且不需要用户自己写出模型的状态空间表示。另外，Dynare 还包括 DSGE 模型的参数估计模块，可以选用最大似然法或者贝叶斯估计法来得到模型参数值。对 Dynare 的具体介绍可以参见 Kiley（2007）。

第二节　模型参数化

本书基准 NK－DSGE 模型的大部分参数难以直接由经济数据或现有研究经验推算，所以 Kydland & Prescott（1982a）单纯进行参数校准的做法已不能满足模型参数化的需要。所以，接下来同时采用校准方法、贝叶斯估计法来实现模型参数化。

一　部分参数的校准

对于模型中的一些已有较多前人研究经验可参考（或能寻得统计数据、经验事实的明确佐证）的稳态参数，以及部分对于模型结论并不敏感的参数，都可以直接采用校准方法进行参数化。Schorfheide（2010）认为对这些参数进行校准可以减少待估计参数的数量，进而有利于保证贝叶斯估计的稳健性。

在对部分参数（含一些关键变量的稳态值）进行校准，并进一步明确其他待估参数取值后，NK－DSGE 模型所有变量的稳态解均可以推得。

根据模型定义，可以推得在稳态下有 $\beta^h = 1/R_{ss}$；通过 Wind 数据平台的交易数据查询可知，中国在 2000～2018 年的季度市场利率（银行业同业拆借利率）的均值为 1.0107，所以李嘉图型家庭跨期贴现率 β^h 的值校准为 0.990；而非李嘉图型家庭面对流动性约束、缺乏跨期决策能力，所以将其跨期贴现率 β^s 的值校准为 0.970。两个行业固定资产折旧率（δ^a、δ^b）参考 Zhang（2009）的经验校准为 0.040。根据 Ravenna & Walsh（2011）的经验，以及中国国家统计局自 2018 年 4 月以来发布的季度调查失业率（每季度均接近 5%），将模型经济的稳态失业总量 U_{ss} 校准为 0.050（稳态劳动力总量 L_{ss} 标准化为 1.000）。

从简化角度而言，低污染行业在现实中可以对应第三产业。所以，根据中国国家统计局网站发布的宏观经济统计数据（2000～2018 年平均数据），将低污染行业在国民经济中的比重 γ_y^a 近似地校准为 0.500。李嘉图型家庭在社会中的比重难以通过一般统计数据进行校准，所以本书创新地对微观调查数据进行挖掘分析，灵活地确定了参数 γ_n^h 的取值，具体做法是：选取中山大学社会科学调查中心中国劳动力动态调查项目的 2016 年数据①（该数据对应的是中国大陆地区各地级市 14227 个家庭在 2015 年的状况，其中有效样本 13469 个）。家庭类型的判断条件包括财产性收入、理财产品、借款（包括房贷）、买卖房屋、从事经营活动等，只要样本家庭至少符合上述条件中的一个，即可判定为李嘉图型家庭，若所有条件均不符合，则为非李嘉图型家庭。最终的家庭类型分析结果如表 4.1 所示，根据表中数据，参数 γ_n^h 可校准为 0.430。表 4.1 能体现的另一方面信息是，非李嘉图型家庭的年平均收入、年平均消费水平的确低于李嘉图型家庭，所以本书将李嘉图型家庭设定为较富裕家庭的做法是客观合理的。

① 本书使用数据来自中山大学社会科学调查中心开展的“中国劳动力动态调查”（CLDS）。本书的观点和内容由笔者自负。如需了解有关此数据的更多信息，请登录 http://css.sysu.edu.cn。

表 4.1 基于 CLDS 2016 数据的中国家庭类型划分及初步统计

家庭类型	家庭样本数（占比）	年平均收入（元）	年平均消费（元）
李嘉图型	5850（43.43%）	99386.14	58885.82
非李嘉图型	7619（56.57%）	47987.31	38850.89

同样，可以进一步利用 CLDS 2016 数据来校准劳动力的结构特征参数和搜寻—匹配参数。首先，通过对 CLDS 2016 数据的进一步挖掘，可以确定各行业从业人员中来自各类家庭的比例。其中，低污染行业代表性企业的劳动力中来自李嘉图型家庭的比例为 68.09%，所以将稳态参数推导过程中的关键参数 $N_{ss}^{nha}/(N_{ss}^{nha}+N_{ss}^{nsa})$ 校准为 0.680；高污染行业代表性企业的劳动力中来自李嘉图型家庭的比例为 62.06%，所以将稳态参数推导过程中的关键参数 $N_{ss}^{nhb}/(N_{ss}^{nhb}+N_{ss}^{nsb})$ 校准为 0.620。其次，根据 CLDS 2016 数据反映的不同家庭从业人员的平均从业年限（离职前），可以反推出各时期内不同家庭劳动力在各个行业内的离职概率，据此将 δ^{wha}、δ^{whb} 分别校准为 0.049、0.045，将 δ^{wsa}、δ^{wsb} 分别校准为 0.055、0.044。参考陈利锋（2017），将雇佣成本方程中的参数 ν^{ha}、ν^{hb}、ν^{sa}、ν^{sb} 全部校准为 1.000。

在生态环境质量的相关参数中，ν^{a}、$\overline{\omega}^{a}$ 是低污染行业生产商自主减排成本函数的参数，参考 Annicchiarico & Di Dio（2015）与武晓利（2017）的研究，将这两个参数分别校准为 0.185、2.800。为简便起见，这里将高污染行业生产商的对应参数 ν^{b}、$\overline{\omega}^{b}$ 校准为相同的一组值。γ_{e}^{h}、γ_{e}^{s} 代表两类家庭的消费、环境质量权衡程度；参考武晓利（2017）的研究，两个参数均被校准为 0.700。$\overline{ENV}$ 表示没有任何污染问题时的环境质量水平理想值，为使稳态实际环境质量保持为正值（否则会导致错误的模拟结果），本书令 $\overline{ENV}=100.00$，这也便于对稳态环境质量进行指数化表达①。稳态下的两个行业中间产品生产商减排幅度 CL_{ss}^{a}、CL_{ss}^{b} 的校准方法是，首先从历年《中国环境年鉴》中获取各类污染物在各年度的产生量与排放量，推算出历年各类污染物

① 现有环境经济 DSGE 研究对该参数的取值没有一致的标准，而且在保证稳态环境参数为正值的前提下，该参数的具体取值对模型参数估计和数值模拟均不存在显著影响。

的生产者自主减排比例，将 CL_{ss}^{a}、CL_{ss}^{b} 校准为0.670。参数 χ^{a}、χ^{b} 为两个行业中间产品生产商污染物排放强度系数，其校准方法为：将中国主要污染物的总排放当量数（按照《环境保护税法》规定的标准折算）除以中国国内生产总值（GDP）数据（2001～2018年均值）与 $1-CL_{ss}^{i}$；$i\in\{a,b\}$ 的乘积［参考方程（3c.98）、方程（3c.99）］，得出的比值约为0.504（千吨当量/亿元），这个值与Angelopoulos et al.（2013）的校准值非常接近；然而，考虑到本书NK－DSGE模型对低污染、高污染行业的差异化设定，这里将 χ^{a} 校准为0.400、χ^{b} 校准为0.600。

在环境规制政策的相关参数中，参数 Δ 代表政府环境治理支出的转化效率，参照Angelopoulos et al.（2013）将其取值校准为5.000。根据中国国家统计局网站提供的数据（2001～2017年均值），将环境治理支出占国内生产总值的比例 $\overline{G}^{E}/\overline{Y}$ 校准为0.00624。由于环保税的稳态有效税率、减排补贴的稳态有效补贴率难以直接校准，所以本书采取了一种更加灵活的校准方法：首先，对稳态下两个行业环保税纳税额占产值的比例进行校准，根据历年《中国环境年鉴》提供的排污费数据（2001～2017年），可将 $\overline{\tau}^{pa}PL_{ss}^{a}Q_{ss}^{ea}/Y_{ss}^{ma}$ 的值校准为0.00049，而将高污染行业的对应指标 $\overline{\tau}^{pb}PL_{ss}^{b}Q_{ss}^{eb}/Y_{ss}^{mb}$ 校准为更高的0.00084；其次，利用参数 χ^{a}、χ^{b} 的校准值以及方程（3c.98）、方程（3c.99），便可以推算得出环保税的稳态有效税率 $\overline{\tau}^{pa}$、$\overline{\tau}^{pb}$；进一步综合利用参数 χ^{a}、χ^{b}、$\overline{\tau}^{pa}$、$\overline{\tau}^{pb}$、CL_{ss}^{a}、CL_{ss}^{b} 的值，可根据方程（3c.109）、方程（3c.110）的稳态推算减排补贴的稳态有效补贴率 RE_{ss}^{a}、RE_{ss}^{b}。

在创业活动与企业数量动态变化过程的相关参数校准方面，首先，将稳态下低污染行业、高污染行业企业总数 Q_{ss}^{ea}、Q_{ss}^{eb} 全部标准化为1.000。其次，根据中国国家工商总局2013年发布的《全国内资企业生存时间分析报告》可知，中国第三产业的企业平均寿命低于第一、第二产业，而且2008～2012年的企业“死亡率”为6.1%～9.3%，所以作为一种近似的、简化的设定，两个行业的企业退出比率 δ^{ea}、δ^{eb} 分别设定为0.100与0.075。参考Bilbiie et al.（2012）与Annicchiarico et al.（2018）的研究，两个行业企业创业期间沉没成本稳态值 fc_{ss}^{a}、fc_{ss}^{b} 均设为1.000。由于两个行业存在差异，它们的定价水平与全国范围价格指数在稳态下的差异需要得到校准。本书采用的方法是先校准高污染行业（第一、第二产业）产品定价与全国物价水平之比 $\tilde{p}_{ss}^{b}$，再通过模型稳态另行推出低污染行业产品定价与全国物价水平之比 $\tilde{p}_{ss}^{a}$，采用上述校准顺序的原因是：长期以来中国统计部门只编制并发布农林牧渔业产品和工业产品的价格指数。$\tilde{p}_{ss}^{b}$ 的具体校准方法是：首先，以农林牧渔业、工业的增加值为权重，对 2001～2017 年农林牧渔业产品和工业产品的环比价格指数求加权均值，得到本书模型中高污染行业的综合价格环比变化指数（类似 CPI）；其次，将这一价格指数逐年累乘，得到以 2000 年为基期的定基价格指数，再将其与以 2000 年为基期的定基 CPI 指数相除，最终得到高污染行业产品定价与全国物价水平之比（2001～2017 年均值）为 0.920，此即 $\tilde{p}_{ss}^{b}$ 的校准值。

在财政方面，根据中国国家统计局网站发布的数据（2001～2017 年均值），将政府财政支出（含环境治理支出）占总产出的比例 $(G_{ss}^{P}+G_{ss}^{E})/Y_{ss}$ 校准为 0.142。根据王蓓和崔治文（2012）、张杰等（2018）等的中国有效税率测算结果，将稳态下的商品消费税税率 $\bar{\tau}^{c}$、工薪收入税税率 $\bar{\tau}^{w}$、资产收入税税率 $\bar{\tau}^{k}$ 分别校准为 0.169、0.103、0.252。

以上校准结果也可参见本章附录中的附表 4.1。

二 贝叶斯估计

（一）贝叶斯估计的基本原理

DSGE 模型的参数估计过程与单方程计量模型或宏观经济结构化计量模型的参数估计过程没有本质区别，均包含参数识别、估计和估计效果评价等步骤，具体的估计方法也有多种选择。具体到 DSGE 模型而言，参数估计方法可大体分为有限信息估计法和完全信息估计法两种。

主流的有限信息估计法包括结构向量自回归（structural vector autoregressive，SVAR）、模拟矩法（simulated method of moments，SMM）、广义矩法（generalized method of moments，GMM）等。有限信息估计法在思想和手

段上相对保守与传统。它的主要思想是：由于 DSGE 模型只是一个抽象的理论模型，模型的基本设置不可能 100% 准确符合实际，因此，研究人员不需要追求模型整体描述现实的能力，只需要在某些维度上将模型与真实数据进行匹配即可。

完全信息估计法与有限信息估计法的最大区别则在于，它需要依赖模型的所有信息进行估计，所以在使用这种方法时需要掌握完整的模型结构、明确外生冲击的分布，并使用所有的观测数据样本进行分析。理论上，完全信息估计法比有限信息估计法具有更高效、更全面的优点，但在实际应用中，这种方法对研究人员手中计算设备的性能有很高的要求，对样本量、数据质量的要求也更严苛，而且该方法意味着研究人员必须尽可能避免不合理的模型设定，否则将产生有偏见和不可信的估计。目前，最常用的完全信息估计法主要有贝叶斯估计和最大似然估计，其中较早在宏观经济模型中得到运用的是最大似然估计法（Hansen & Sargent, 1982），Christiano & Vigfusson（2003）、Cogley & Sargent（2005）等也将其用于 DSGE 模型的参数估计。最大似然估计的基本原理是利用卡尔曼滤波法对 DSGE 模型的状态空间方程进行处理，得到包含待估计参数和观测数据的似然函数，并通过求解得到似然函数的最大值，即最优的参数估计值。

在实际应用中，最大似然估计法面临许多限制。例如当观测数据对应的变量数量多于外生冲击的数量时，会遇到奇异性问题；而当某些参数识别不够时，又会在相应维度中产生一个“扁平”的似然函数曲线。因此，近 10 年来，以 Smets & Wouters（2003）为代表的大多数 DSGE 研究者更倾向于使用另一种拓展版的最大似然估计法：贝叶斯估计法。

由于本书采用的参数估计方法正是贝叶斯估计法，所以此处以数学形式对其原理做详细阐述[①]。接下来，以大写字母 D 为某 DSGE 模型的抽象表达，而令 θ_D 表示模型 D 的某个结构参数，贝叶斯估计法所用的观测数据的样本量为 O，$p(\cdot)$ 表示概率密度函数（probability density function）。首先，

---

① 此处关于贝叶斯估计法的介绍参考自陈利锋（2013）。

设参数 θ_D 的先验概率密度函数为 $p(\theta_D|D)$。而后，贝叶斯估计法同样需要构建似然函数，但与传统的最大似然估计法不同的是，贝叶斯估计法构建的似然函数的内涵是同时基于模型设定和变量观测数据来构建一个条件概率：

$$L(\theta_D|Y_O,D) \equiv p(Y_O|\theta_D,D) \tag{4.18}$$

上述方程也表明，贝叶斯估计法融合了校准和最大似然估计法，本质上是一种受约束的最大似然估计法，即以先验分布 $p(\theta_D|D)$ 来给似然函数 $L(\theta_D|Y_O, D)$ 设置一个惩罚因子：如果先验分布被设置为退化的（标准差为 0），那么贝叶斯估计就等价于校准；当先验分布为“不明确”（noninformative）时，则贝叶斯估计过程退化为常规的最大似然估计。

由于 DSGE 模型是具有递归性质的，所以上述的似然函数又可表示为：

$$p(Y_O|\theta_D,D) = p(Y_O|\theta_D,D)\prod_{t=1}^{O}p(y_t|Y_{t-1},\theta_D,D) \tag{4.19}$$

从贝叶斯定理可知：

$$p(\theta|Y_O) = \frac{p(\theta;Y_O)}{p(Y_O)}$$

利用贝叶斯定理，不难结合上面的似然函数和先验密度函数进行推导，得到后验密度函数：

$$p(\theta_D|Y_O,D) = \frac{p(Y_O|\theta_D,D) \times p(\theta_D|D)}{p(Y_O|D)} \tag{4.20}$$

方程（4.20）中的分子是条件概率和先验分布的乘积，又叫作后验核；而分母是基于模型变量观测数据得到的边缘密度函数（marginal density function），该函数的值通常以下面的积分运算得出：

$$p(Y_O|D) = \int_{\theta_D} p(\theta_D;Y_O|D)\,d\theta_D$$

上述边缘密度函数的值实际上并不依赖 θ_D，所以不难进一步求得参数的后验核密度函数（posterior kernel density function）：

$$p(\theta_D | Y_O, D) \propto p(Y_O | \theta_D, D) \times p(\theta_D | D) \equiv K(\theta_D | Y_O, D) \tag{4.21}$$

上述方程中的 $K(\theta_D | Y_O, D)$ 为核密度（kernel density）函数，是给定每一个模型观测到数据的概率。在以上方法的基础上，可以运用似然函数进一步进行估计，得到待估参数的后验分布，从而确定参数的近似值与分布区间。

但是，贝叶斯估计法构建的似然函数是包含参数的复杂函数，所以极难通过推导其显示解来得出完整后验分布。如果这一问题难以解决，那么贝叶斯估计法的实际应用价值就会很小，所以似然函数的求解难题长期以来的确影响到贝叶斯估计法的推广与发展。所幸，在计算设备性能突飞猛进的当下，克服上述问题的变通手段——马尔可夫链蒙特卡洛模拟法（以下简称 MCMC 方法）已经出现，成为贝叶斯估计过程中使用的主要计算方法（Sargent & Ljungqvist, 2000）。MCMC 方法的基本原理是，以计算机程序模拟具有下述马尔科夫性质的随机过程 $\{x_i\}$：

$$p_r(x_{i+1} | x_i, x_{i-1}, x_{i-2}, \cdots) = p_r(x_{i+1} | x_i)$$

以上过程又被叫作“马尔可夫链”（Markov chain）。通常在 DSGE 模型的贝叶斯估计中，研究者会设置多条马尔可夫链，然后对各条链采用特定的递推算法进行抽样、模拟，目前研究中的主流递推算法（也是本书采用的方法）是 MH 抽样法。

MCMC 方法与 MH 抽样法的基本原理是，首先构建一个遍历分布为 $p(\theta_D | Y_O, D)$ 的马尔可夫链，然后通过 MH 抽样法等递推算法，从观测数据得出逼近 $p(\theta_D | Y_O, D)$ 的经验分布。MH 抽样法大体可以分为下面四个步骤。

第一步，选定抽样的总次数（下文中的符号 s 表示当前进行第 s 次抽样），而且当 $s=0$ 时，参数的初始值为 θ^0。

第二步，提出一个被认为最优的点 θ^*，该点须满足下面的条件：

$$J(\theta^* | \theta^{s-1}) = N(\theta^{s-1}, c\Sigma_m)$$

上述方程中的矩阵 Σ_m 是对后验分布的黑塞矩阵（hessian matrix）求逆

得到的。

第三步，按照下面的方法计算最优点 θ^* 的接受率（acceptance ratio）：

$$r=\frac{p(\theta^* \mid Y_0)}{p(\theta^{s-1} \mid Y_0)}=\frac{K(\theta^* \mid Y_0)}{K(\theta^{s-1} \mid Y_0)}$$

第四步，决定 θ^* 是否应被真正视作最优点，其依据如下：

$$\theta^s=\begin{cases}\theta^*，在 \min(r,1) 的概率下\\ \theta^{s-1}，在 1-\min(r,1) 的概率下\end{cases}$$

如果最优点 θ^* 被放弃，那么程序又将回到第一步并开始新一轮的抽样，直至找到对参数的最优拟合点为止。在实际计算中，MH 抽样法会使模拟结果总是趋近后验分布曲线的最高处（但在较低概率下也会滑向分布曲线的两侧），所以可最大限度地避免模拟结果陷入局部最优（Kiley，2007）。

从以上原理可以看出，贝叶斯估计法的最大特点是在最大似然估计法的基础上引入先验分布，并将先验信息作为似然函数的权重。为了更准确地定位参数，估计值被拉近到研究者认为先验合理的范围，先验分布也使目标函数更平滑，更有利于参数最优估计值的求解。

贝叶斯估计的先验分布设置过程本质上是一个校准过程，但这一校准过程并不会直接、彻底地给定参数值，研究者选定的参数先验数值在贝叶斯后验分布估计过程中仍会受到约束和修正。当然，如果参数先验分布存在显著偏误，贝叶斯估计法在技术上也会不可行（估计过程会出错）。因此，贝叶斯估计法实际上可以实现对先验分布设置的自检和修正，也因此克服了单纯校准带来的局限。

（二）待估参数的先验设定

对于除校准参数之外的 33 个待估参数、12 个外生冲击标准差，本书通过贝叶斯估计法来确定其取值。为保证贝叶斯估计的质量，需要先对待估参数的先验分布进行恰当设置。

在家户效用函数的主要参数中，参考江春等（2018）的研究，设两类家庭消费风险规避系数 σ^h、σ^s 的先验均值为 2.000。参考刘斌（2008）、薛鹤翔（2010）的研究，设置两类家庭劳动供给弹性倒数（Frisch 劳动厌恶系数）φ^h、φ^s的先验均值为6.160。消费习惯性系数ζ^h、ζ^s暂定为0。

在生产部门的主要参数中，参数α^a、α^b代表两个行业的劳动力产出弹性。由于低污染行业更依赖资本要素，α^a的先验均值被定为0.300，α^b的先验均值被定为0.600。

在价格设定与波动的相关参数方面，参考庄子罐等（2018）的研究，将两个行业中间产品生产商的价格刚性水平，即 Calvo 定价规则中的概率θ^a、θ^b的先验均值设为0.700。这一设定与大多数环境经济 DSGE 研究的做法相近，如 Annicchiarico & Di Dio（2015）的研究。货币政策规则（泰勒规则）的参数先验设置均参考自 Galí et al.（2012）、Mattesini & Rossi（2012）、王曦等（2017）的研究。其中，通胀反应参数ψ_p的先验均值设置为2.000，产出反应参数ψ_y的先验均值设置为0.250，货币政策规则的平滑参数ρ_m的先验均值设置为0.400。

在决定劳动力市场结构的相关参数中，根据陈利锋（2018）的经验，高污染行业劳动力替代弹性系数ε_w^b的先验均值被设定为2.000，而低污染行业劳动力替代弹性系数ε_w^a的先验均值被设定为较高的值4.000。这种差异化设定的原因是王燕武等（2019）指出中国第三产业劳动力的异质性较低、劳动者之间的可替代性强。

在决定产品市场结构的相关参数中，贾俊雪、孙传辉（2019）根据中国企业调查数据将稳态价格加成校准为1.38，这个数值对应本书中的（ε^i-1）/ε^i；$i\in\{a, b\}$，所以本书将两个行业中间产品替代弹性ε^a、ε^b的先验均值均定为3.630。参考陈利锋（2018）的研究，本书将跨行业中间产品替代弹性ε_p的先验均值定为2.000。

在劳动力搜寻—匹配动态过程的相关参数中，两类家庭在两个行业的劳动力雇佣成本函数中存在四个待估系数，分别为$\overline{\omega}^{ha}$、$\overline{\omega}^{sa}$、$\overline{\omega}^{hb}$、$\overline{\omega}^{sb}$，参考陈利锋（2017）的研究，将这四个参数的先验均值全部定为1.500。

在与环境直接相关的待估参数中，本书参考 Angelopoulos et al.（2013）的研究，将环境质量的恢复速度ρ_e的先验均值设定为0.100。

对所有外生冲击 AR（1）过程中的持续性参数，即 ρ_k，$k\in\{n, a, gp, r, p, ea, eb, pa, pb, rea, reb, ge\}$，参考 Galí et al.（2012）的研究，一律将先验均值设定为 0.500。对所有外生冲击标准差的先验均值，即 σ_k，$k\in\{n, a, gp, r, p, ea, eb, pa, pb, rea, reb, ge\}$，一律参考 Niu et al.（2018）的研究，设定为 0.100。

（三）数据来源与估计结果

本书使用 Matlab R 2015a 软件与 Dynare 4.4.3 程序包来进行贝叶斯估计。依据贝叶斯估计的秩条件（Blanchard - Kahn 条件，简称 BK 条件），观测变量数量应少于等于模型中的外生冲击数量，再考虑到数据可得性限制，选择产出 $\hat{y}_t$、高污染行业产出 $\hat{y}_t^a$、消费 $\hat{c}_t$、通货膨胀率 π_t、财政支出 $\hat{g}_t^P$ 作为观测变量。观测变量 $\hat{y}_t$ 对应的样本数据为中国国内生产总值的季度数据。当然，由于本书的 DSGE 模型未考虑外国部门，所以数据中减去了当期的净出口数额，观测变量 $\hat{y}_t^a$ 对应的样本数据为第一、第二产业的增加值。$\hat{c}_t$ 的数据则来自社会消费品零售总额季度数据。根据大多数文献的做法，利用统计资料中居民消费价格指数（CPI）的环比值来衡量 π_t。$\hat{g}_t^P$ 的数据对应财政一般预算内资金支出总额，但考虑到本书 NK - DSGE 模型中只考虑了购买性的财政支出，所以对应数据中扣除了投资性质的财政支出金额。以上数据全部来自中国国家统计局、中经网统计数据库，时间跨度为 2000 年第一季度至 2018 年第四季度，共计 76 期。

以上数据在正式投入估计以前，还需进行以下几步处理。首先，运用以 2000 年第一季度为基期的定基 CPI 指数，将产出、消费、财政支出类数据全部折算为实际值。其次，运用 Census X12 方法，对全部数据进行去季节化处理。再次，如前所述，本书的 DSGE 模型方程经过了对数线性化处理，所有变量均是相对于稳态的对数偏离值，所以样本数据自然也要与观测变量的对数线性化结果真正对应。因此，还须对样本数据全部取对数，并运用 Hodrick & Prescott（1997）的 HP 滤波法（Hodrick - Prescott filter）对数据进行消除趋势（detrending）处理，从而得到样本数据相对于其长期趋势曲线的对数偏离值。

为保证估计结果的稳健性，本书选择 MH 抽样法估计后验分布，并要求程序使用4 个平行马尔科夫链并进行20000 次 MCMC 模拟。基准 NK - DSGE 模型参数先验分布与贝叶斯估计后验结果对比情况见本章附录中的附图 4. 1，具体数值结果如附录中的附表 4. 2 所示。通过附图 4. 1 可发现，在参数估计结果中，除了个别参数的识别结果较差外，绝大部分参数的先验设定、后验结果差别不大，或是至少能在先验均值、后验均值上较为接近，这说明模型参数的估计方法、数据选择、先验分布设置是合理的。多变量收敛性诊断结果（参见本章附录中的附图 4. 2）显示，随着模拟次数的增加，多变量检验的指标曲线逐渐重合并保持稳定，表明参数估计结果是稳健的。

（四） 备择模型的校准与估计

本书另行构建的三个备择模型：单一家户 NK - DSGE 模型、单一行业 NK - DSGE 模型、单家户单行业 NK - DSGE 模型同样需要进行参数化。从第三章第十节可知，三个备择模型实际上都是基准 NK - DSGE 模型的简化版本，所以三个模型的待估参数（含外生冲击标准差）实际都可视作基准 NK - DSGE 模型参数集的子集。

为了确保备择模型与基准 NK - DSGE 模型之间具有充分的可比性，本书对所有备择模型采用以下的参数化策略。

首先，所有备择模型的参数校准范围与基准 NK - DSGE 模型尽可能保持一致。如果一类参数在基准 NK - DSGE 模型中属于校准参数，那么备择模型中的同类参数也将被直接校准，并会被设定为相同或相近的校准值。所以此处为节约篇幅，不再详细介绍备择模型的参数校准过程，具体校准结果可参见本章附录中的附表 4. 4、附表 4. 6、附表 4. 8。

其次，所有备择模型的待估参数选择与基准 NK - DSGE 模型保持一致。那些在基准 NK - DSGE 模型中需进行贝叶斯估计的参数，其在备择模型中的同类参数也将接受贝叶斯估计，并且在先验分布设定、估计技术等方面尽可能保持一致。此外，基准 NK - DSGE 模型和所有备择模型的贝叶斯估计应使用相同来源的数据。备择模型参数贝叶斯估计的先验设定与后验结果可参见本章附录中的附表 4.5、附表 4.7、附表 4.9。三个备择模型的多变量收敛性诊断结果（本章附录中的附图 4.3、附图 4.4、附图 4.5）显示，所有备择模型的参数估计结果也是稳健可信的。

第三节　模型评价与比较

如第三章第十节所述，本书通过基准 NK－DSGE 模型与三个备择模型之间的比较，来考察和检验基准 NK－DSGE 模型的建模质量。

上述建模质量的评价、比较工作需要在完成贝叶斯估计后开展，这主要是因为贝叶斯估计过程能够帮助我们获取与建模质量（DSGE 模型对现实经济数据的拟合能力）有关的一系列指标和统计量，从而构建相应的模型评价准则。最典型的一种通过贝叶斯估计得到的模型评价准则是后验优比（posterior odds ratio）。这一评价准则的基本原理是，若研究者手中有两个通过贝叶斯估计得到的 DSGE 模型，分别简称为模型 A 和模型 B，而这两个模型总体上的先验分布分别为 $p(A)$、$p(B)$，那么利用贝叶斯定理和前述的后验分布计算方法可以得出：

$$p(I|Y_O)=\frac{p(I)\times p(Y_O|I)}{\sum_{I=A,B}p(I)\times p(Y_O|I)} \tag{4.22}$$

$p(A|Y_O)$ 和 $p(B|Y_O)$ 即模型总体的后验分布，而$p(Y_O|A)$、$p(Y_O|B)$ 分别为两个模型的数据边缘密度，又称边缘似然函数（因为其值来自似然函数中参数的积分）；Dynare 等主流 DSGE 分析软件估算 $p(Y_O|A)$、$p(Y_O|B)$ 的算法通常有两种：一种是拉普拉斯逼近法（Laplace Approximation），另一种是利用 MH 抽样法得到调和平均估计量（Harmonic Mean Estimator）。利用上述两个后验分布，研究者便可进行模型之间的比较与选择。通常的做法是将上述后验分布代入下面的方程，计算出 A、B 两个模型间的后验优比：

$$\frac{p(A|Y_O)}{p(B|Y_O)}=\frac{p(A)\times p(Y_O|A)}{p(B)\times p(Y_O|B)} \tag{4.23}$$

上述方程中 $p(A)$、$p(B)$ 的比值也称作“先验优比”（prior odds ratio），$p(Y_O|A)$ 与 $p(Y_O|B)$ 的比值则亦被叫作“贝叶斯因子”（bayes factor），能够体现观测数据与哪个模型相对更匹配。也就是说，后验优比等于先验优比乘以贝叶斯因子。如果模型 A 相对于模型 B 的后验优比即 $p(A|Y_O)/p(B|Y_O)$ 大于 1，那么便可认为模型 A 的建模质量高于模型 B。

参考朱军（2015b）的简化方式，本书将所有待评价模型之间的先验优比均设为 1（即认为所有模型的先验分布相等）。进而，从方程（4.23）不难理解，模型之间的后验优比将完全取决于各模型之间的数据边缘密度比值，数据边缘密度更大的模型具有更高的建模质量。

所以，根据上述标准，基准 NK－DSGE 模型和三个备择模型的数据边缘密度被并列展示于表 4.2 中，而且表中同时列出了通过拉普拉斯逼近法、调和平均估计量得到的两类数据边缘密度值。

表 4.2　基于后验优比和数据边缘密度的 DSGE 模型建模质量对比

	基准 NK－DSGE 模型	单一家户 NK－DSGE 模型	单一行业 NK－DSGE 模型	单家户单行业 NK－DSGE 模型
拉普拉斯逼近法	550.0880	541.2685	445.3557	436.4155
调和平均估计量	589.0428	580.5752	466.7924	455.3089

从表 4.2 可见，不论采用何种算法，本书基准 NK－DSGE 模型的数据边缘密度均显著大于所有备择模型。所以，无论与哪一个备择模型相比，基准 NK－DSGE 模型的后验优比均应大于 1。我们可以从中得出的结论是，本书基准 NK－DSGE 模型拥有比所有备择模型更理想的建模质量，能相对更准确地拟合现实数据，模拟真实经济的运行规律。同时，基准 NK－DSGE 模型中的任何一种关键设计要素（如异质性家庭和收入分配、异质性行业与要素流动等）如果被去掉，都将使上述建模质量降低。综上所述，本节的模型评价与比较结果充分证明了基准 NK－DSGE 模型的设计合理性和建模质量，该模型完全可以被用于后续分析。

附录4a 基准 NK－DSGE 模型的参数校准与估计结果

附表 4.1 基准 NK－DSGE 模型部分参数的校准值

参数	定义	校准值
β^h	李嘉图型家庭跨期贴现率	0.990
β^s	非李嘉图型家庭跨期贴现率	0.970
δ^a	低污染行业固定资产折旧率	0.040
δ^b	高污染行业固定资产折旧率	0.040
L_{ss}	稳态劳动力总量	1.000
U_{ss}	稳态失业总量	0.050
γ_y^a	低污染行业在国民经济中的比重	0.500
γ_n^h	李嘉图型家庭在社会中的比重	0.430
$N_{ss}^{nha}/(N_{ss}^{nha}+N_{ss}^{nsa})$	低污染行业代表性企业的劳动力中来自李嘉图型家庭的比例（稳态）	0.680
$N_{ss}^{nhb}/(N_{ss}^{nhb}+N_{ss}^{nsb})$	高污染行业代表性企业的劳动力中来自李嘉图型家庭的比例（稳态）	0.620
δ^{wha}	李嘉图型家庭劳动力在低污染行业的离职率	0.049
δ^{whb}	李嘉图型家庭劳动力在高污染行业的离职率	0.045
δ^{wsa}	非李嘉图型家庭劳动力在低污染行业的离职率	0.055
δ^{wsb}	非李嘉图型家庭劳动力在高污染行业的离职率	0.044
v^{sa}	低污染行业非李嘉图型家庭劳动力雇佣成本表达式中的参数	1.000
v^{sb}	高污染行业非李嘉图型家庭劳动力雇佣成本表达式中的参数	1.000
v^{ha}	低污染行业李嘉图型家庭劳动力雇佣成本表达式中的参数	1.000
v^{hb}	高污染行业李嘉图型家庭劳动力雇佣成本表达式中的参数	1.000
γ_e^h	李嘉图型家庭的消费、环境质量权衡程度	0.700
γ_e^s	非李嘉图型家庭的消费、环境质量权衡程度	0.700
ν^a	低污染行业减排成本函数的参数	0.185
$\overline{\omega}^a$	低污染行业减排成本函数的系数	2.800
ν^b	高污染行业减排成本函数的参数	0.185
$\overline{\omega}^b$	高污染行业减排成本函数的系数	2.800

续表

参数	定义	校准值
$\overline{ENV}$	没有任何污染问题时的环境质量水平理想值（稳态）	100.000
CL_{ss}^{a}	稳态下的低污染行业中间产品生产商减排幅度	0.670
CL_{ss}^{b}	稳态下的高污染行业中间产品生产商减排幅度	0.670
χ^{a}	低污染行业中间产品生产商污染物排放强度系数	0.400
χ^{b}	高污染行业中间产品生产商污染物排放强度系数	0.600
Δ	政府环境治理支出的转化效率	5.000
$\overline{G}^{E}/\overline{Y}$	环境治理支出占国内生产总值的比例	0.00624
$\overline{\tau}^{pa}PL_{ss}^{a}Q_{ss}^{ea}/Y_{ss}^{ma}$	稳态下低污染行业环保税纳税额占产值的比例	0.00049
$\overline{\tau}^{pb}PL_{ss}^{b}Q_{ss}^{eb}/Y_{ss}^{mb}$	稳态下高污染行业环保税纳税额占产值的比例	0.00084
Q_{ss}^{ea}	低污染行业企业总数（标准化）	1.000
Q_{ss}^{eb}	高污染行业企业总数（标准化）	1.000
δ^{ea}	低污染行业企业退出比率	0.100
δ^{eb}	高污染行业企业退出比率	0.075
fc_{ss}^{a}	低污染行业企业创业期间沉没成本稳态值	1.000
fc_{ss}^{b}	高污染行业企业创业期间沉没成本稳态值	1.000
$\widetilde{p}_{ss}^{b}$	高污染行业产品定价与全国物价水平之比	0.920
$(G_{ss}^{P}+G_{ss}^{E})/Y_{ss}$	政府财政支出（含环境治理支出）占总产出的比例	0.142
$\overline{\tau}^{c}$	商品消费税稳态平均税率	0.169
$\overline{\tau}^{w}$	工薪收入税稳态平均税率	0.103
$\overline{\tau}^{k}$	资产收入税稳态平均税率	0.252

附表 4.2 基准 NK – DSGE 模型参数贝叶斯估计的先验设定与后验结果

参数	参数定义	先验设定			后验结果	
		先验均值	分布类型	先验标准差	后验均值	95%置信区间
α^{a}	低污染行业劳动力产出弹性	0.300	beta	0.100	0.2186	[0.1458, 0.3028]
α^{b}	高污染行业劳动力产出弹性	0.600	beta	0.100	0.5629	[0.4810, 0.6378]
σ^{h}	李嘉图型家庭消费风险规避系数	2.000	gamma	0.250	1.9242	[1.7164, 2.1619]

续表

参数	参数定义	先验设定			后验结果	
		先验均值	分布类型	先验标准差	后验均值	95%置信区间
φ^h	李嘉图型家庭劳动供给弹性倒数	6.160	gamma	0.500	5.6675	[4.9697，6.3349]
σ^s	非李嘉图型家庭消费风险规避系数	2.000	gamma	0.250	2.0171	[1.7269，2.2910]
φ^s	非李嘉图型家庭劳动供给弹性倒数	6.160	gamma	0.500	6.1048	[5.5660，6.6804]
θ^a	低污染行业价格刚性（Calvo规则）	0.700	beta	0.100	0.9576	[0.9269，0.9840]
θ^b	高污染行业价格刚性（Calvo规则）	0.700	beta	0.100	0.9298	[0.8778，0.9710]
ψ_y	利率对产出的反应程度（泰勒规则）	0.250	gamma	0.050	0.2908	[0.2161，0.3790]
ψ_p	利率对通胀的反应程度（泰勒规则）	2.000	gamma	0.250	1.8028	[1.4568，2.1370]
ε_w^a	低污染行业劳动力替代弹性	4.000	gamma	0.500	3.7502	[3.1374，4.3898]
ε_w^b	高污染行业劳动力替代弹性	2.000	gamma	0.250	1.5728	[1.3330，1.8132]
ε^a	低污染行业中间产品替代弹性	3.630	gamma	0.500	4.1457	[3.5153，4.7625]
ε^b	高污染行业中间产品替代弹性	3.630	gamma	0.500	3.5638	[3.1627，3.9783]
ε_p	跨行业中间产品替代弹性	2.000	gamma	0.250	1.9584	[1.6224，2.2718]
$\bar{\omega}^{sa}$	非李嘉图型劳动力在低污染行业的雇佣成本系数	1.500	gamma	0.250	1.4512	[1.2187，1.7081]
$\bar{\omega}^{sb}$	非李嘉图型劳动力在高污染行业的雇佣成本系数	1.500	gamma	0.250	1.3346	[0.9388，1.6102]
$\bar{\omega}^{ha}$	李嘉图型劳动力在低污染行业的雇佣成本系数	1.500	gamma	0.250	1.6182	[1.3579，1.9884]
$\bar{\omega}^{hb}$	李嘉图型劳动力在高污染行业的雇佣成本系数	1.500	gamma	0.250	1.2497	[1.0025，1.4895]

续表

参数	参数定义	先验设定			后验结果	
		先验均值	分布类型	先验标准差	后验均值	95%置信区间
ρ_a	技术冲击的平滑参数	0.500	beta	0.200	0.3061	[0.1213, 0.5395]
ρ_r	利率冲击的平滑参数	0.500	beta	0.200	0.4072	[0.0909, 0.6234]
ρ_n	劳动供给冲击的平滑参数	0.500	beta	0.200	0.5429	[0.2206, 0.8382]
ρ_m	货币政策规则的平滑参数（泰勒规则）	0.400	beta	0.200	0.2053	[0.0196, 0.5014]
ρ_{gp}	财政政策冲击的平滑参数	0.500	beta	0.200	0.2909	[0.1016, 0.4592]
ρ_{pa}	低污染行业环保税冲击的平滑参数	0.500	beta	0.200	0.2285	[0.0531, 0.3950]
ρ_{pb}	高污染行业环保税冲击的平滑参数	0.500	beta	0.200	0.5714	[0.3429, 0.8151]
ρ_{rea}	低污染行业减排补贴冲击的平滑参数	0.500	beta	0.200	0.2526	[0.0919, 0.4258]
ρ_{reb}	高污染行业减排补贴冲击的平滑参数	0.500	beta	0.200	0.7193	[0.4858, 0.8957]
ρ_{ge}	政府环境治理支出冲击的平滑参数	0.500	beta	0.200	0.5415	[0.2034, 0.8035]
ρ_p	环境技术冲击的平滑参数	0.500	beta	0.200	0.5968	[0.3422, 0.8239]
ρ_{ea}	低污染行业关停整顿冲击的平滑参数	0.500	beta	0.200	0.0676	[0.0046, 0.1460]
ρ_{eb}	高污染行业关停整顿冲击的平滑参数	0.500	beta	0.200	0.6690	[0.5905, 0.7391]
ρ_e	环境质量的恢复速度	0.100	beta	0.100	0.0318	[0.0000, 0.1000]
σ_a	技术冲击的标准差	0.100	invert gamma	Inf.	0.0580	[0.0261, 0.1038]
σ_r	利率冲击的标准差	0.100	invert gamma	Inf.	0.0414	[0.0263, 0.0558]
σ_n	劳动供给冲击的标准差	0.100	invert gamma	Inf.	0.0568	[0.0193, 0.1254]
σ_{gp}	财政政策冲击的标准差	0.100	invert gamma	Inf.	0.0423	[0.034, 0.0508]
σ_{pa}	低污染行业环保税冲击的标准差	0.100	invert gamma	Inf.	0.0823	[0.0237, 0.1948]
σ_{pb}	高污染行业环保税冲击的标准差	0.100	invert gamma	Inf.	0.1085	[0.0196, 0.2916]

续表

参数	参数定义	先验设定			后验结果	
		先验均值	分布类型	先验标准差	后验均值	95%置信区间
σ_{rea}	低污染行业减排补贴冲击的标准差	0.100	invert gamma	Inf.	0.0619	[0.0237, 0.1090]
σ_{reb}	高污染行业减排补贴冲击的标准差	0.100	invert gamma	Inf.	0.0599	[0.0263, 0.0999]
σ_{ge}	政府环境治理支出冲击的标准差	0.100	invert gamma	Inf.	0.0989	[0.0212, 0.2738]
σ_{p}	环境技术冲击的标准差	0.100	invert gamma	Inf.	0.0481	[0.0266, 0.0701]
σ_{ea}	低污染行业关停整顿冲击的标准差	0.100	invert gamma	Inf.	0.0268	[0.0172, 0.0385]
σ_{eb}	高污染行业关停整顿冲击的标准差	0.100	invert gamma	Inf.	0.0210	[0.0167, 0.0259]

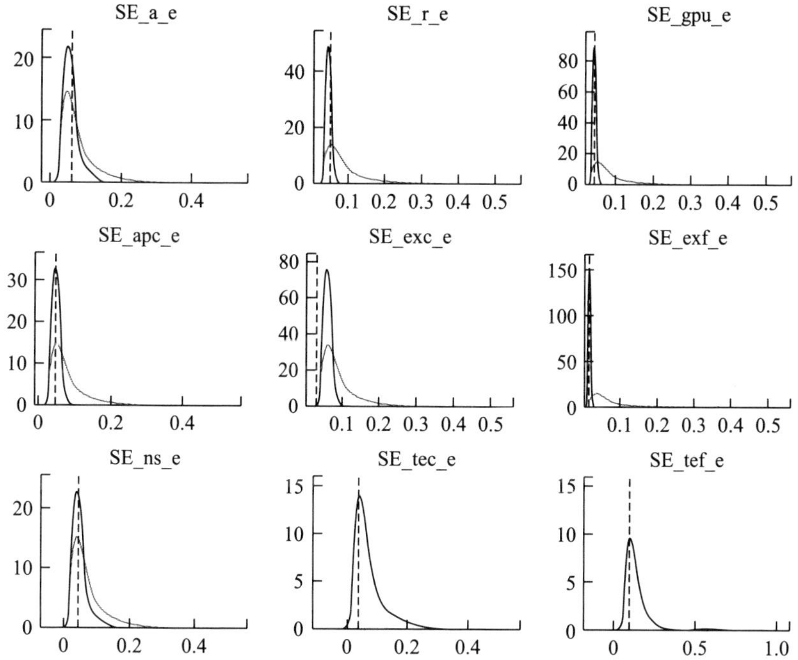

附图 4.1 基准 NK－DSGE 模型参数先验分布与贝叶斯估计后验结果对比

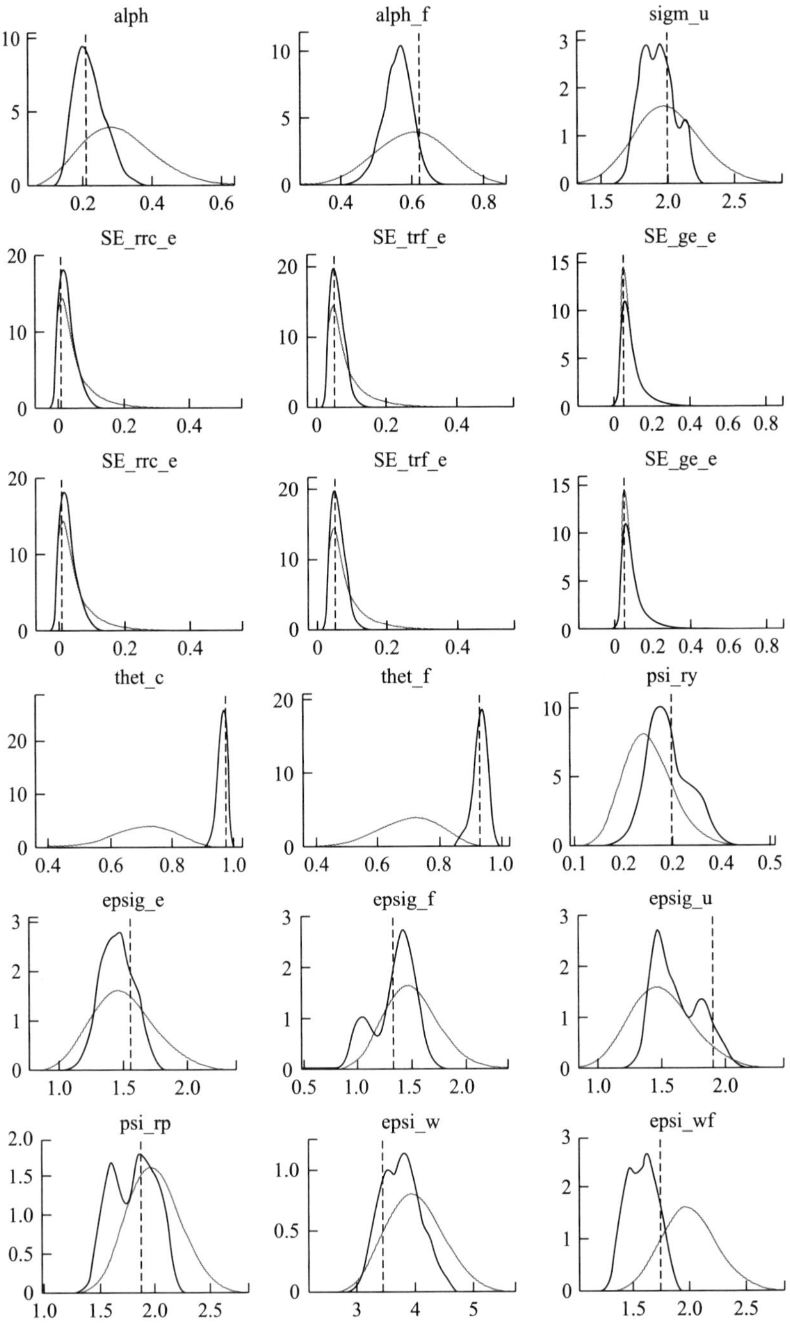

附图 4.1　基准 NK - DSGE 模型参数先验分布与贝叶斯估计后验结果对比（续）

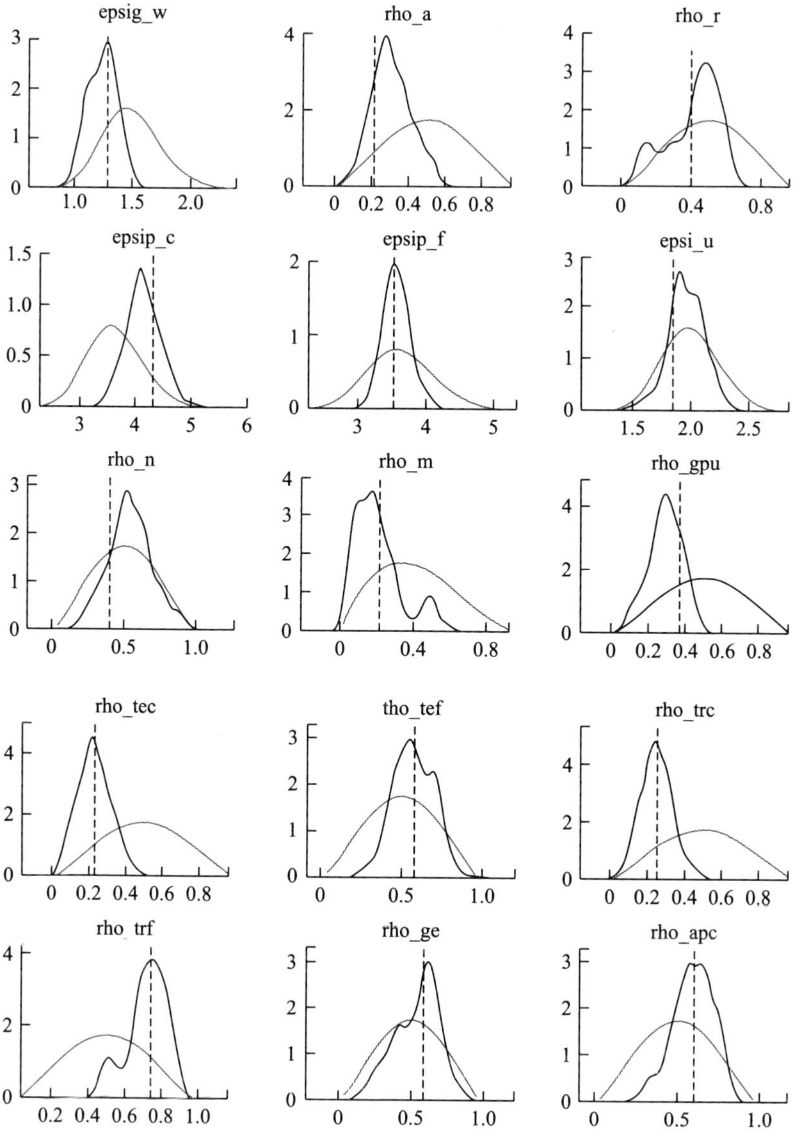

附图 4.1　基准 NK－DSGE 模型参数先验分布与贝叶斯估计后验结果对比（续）

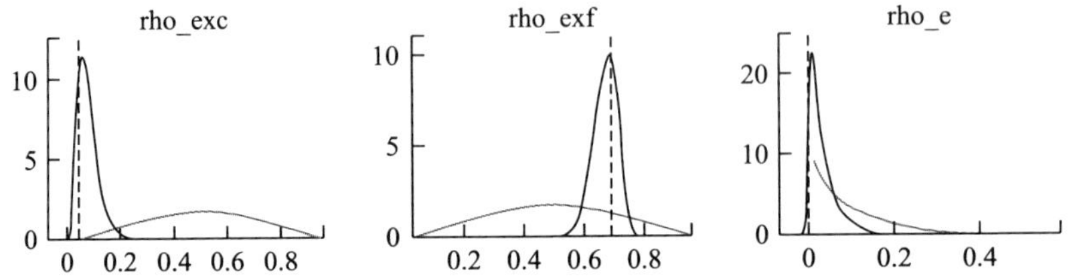

附图 4.1 基准 NK－DSGE 模型参数先验分布与贝叶斯估计后验结果对比（续）

注：图中浅色的概率分布曲线表示参数先验分布设置的概率分布曲线，深色线条代表由贝叶斯估计得出的后验分布结果，垂直虚线对应其后验均值。图中参数符号与正文模型参数符号的对应关系可参见附表 4.3。本图由 Matlab R 2015a 软件与 Dynare 4.4.3 程序包生成并导出。

附表 4.3 附图 4.1 中参数符号（来自程序代码）与正文中参数符号的对应关系

附图 4.1 中的参数符号	正文参数符号
alph	α^{a}
alph_f	α^{b}
sigm_u	σ^{h}
phi_u	φ^{h}
sigm_r	σ^{s}
phi_r	φ^{s}
thet_c	θ^{a}
thet_f	θ^{b}
psi_ry	ψ_{y}
psi_rp	ψ_{p}
epsi_w	ε_{w}^{a}
epsi_wf	ε_{w}^{b}
epsip_c	ε^{a}
epsip_f	ε^{b}
epsi_u	ε_{p}
epsig_e	$\overline{\omega}^{sa}$
epsig_f	$\overline{\omega}^{sb}$

续表

附图 4.1 中的参数符号	正文参数符号
epsig_u	$\overline{\omega}^{ha}$
epsig_w	$\overline{\omega}^{hb}$
rho_a	ρ_a
rho_r	ρ_r
rho_n	ρ_n
rho_m	ρ_m
rho_gpu	ρ_{gp}
rho_tec	ρ_{pa}
rho_tef	ρ_{pb}
rho_trc	ρ_{rea}
rho_trf	ρ_{reb}
rho_ge	ρ_{ge}
rho_apc	ρ_p
rho_exc	ρ_{ea}
rho_exf	ρ_{eb}
rho_e	ρ_e
SE_a_e	σ_a
SE_r_e	σ_r
SE_gpu_e	σ_n
SE_ns_e	σ_{gp}
SE_tec_e	σ_{pa}
SE_tef_e	σ_{pb}
SE_trc_e	σ_{rea}
SE_trf_e	σ_{reb}
SE_ge_e	σ_{ge}
SE_apc_e	σ_p
SE_exc_e	σ_{ea}
SE_exf_e	σ_{eb}

注：本表也适用于后续的三个备择模型的估计结果。

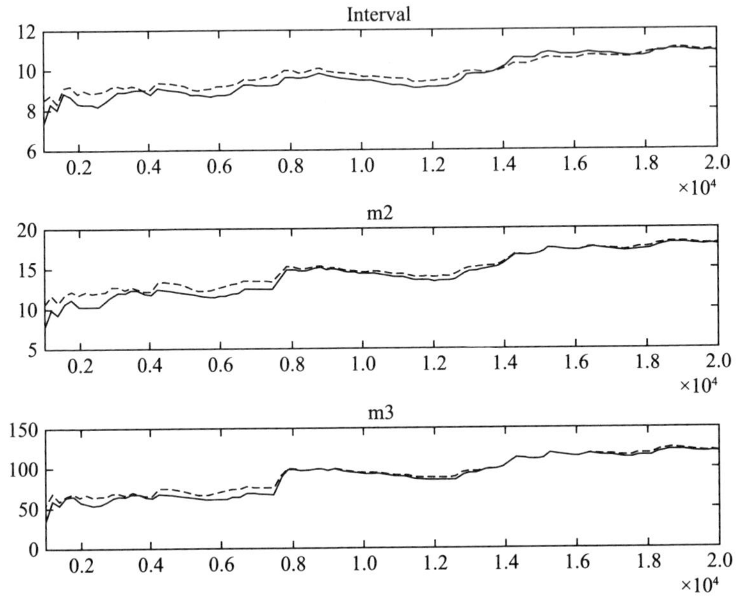

附图 4.2　基准 NK－DSGE 模型多变量收敛性诊断

注：横轴表示抽样次数，上下两条曲线间的距离关系表征检验统计量的收敛性，Interval 表示均值，m2 表示方差，m3 表示 3 阶矩，本图由 Matlab R 2015a 软件与 Dynare 4.4.3 程序包生成并导出。

资料来源：Brooks & Gelman（1998）。

附录 4b　三个备择模型的参数校准与估计结果

1. 单一家户 NK－DSGE 模型

附表 4.4　单一家户 NK－DSGE 模型部分参数的校准值

参数	定义	校准值
β^h	家庭跨期贴现率	0.970
δ^a	低污染行业固定资产折旧率	0.040
δ^b	高污染行业固定资产折旧率	0.040
L_{ss}	稳态劳动力总量	1.000
U_{ss}	稳态失业总量	0.050
γ_y^a	低污染行业在国民经济中的比重	0.500

续表

参数	定义	校准值
δ^{wha}	家庭劳动力在低污染行业的离职率	0.049
δ^{whb}	家庭劳动力在高污染行业的离职率	0.045
γ_e^h	家庭的消费、环境质量权衡程度	0.700
ν^a	低污染行业减排成本函数的参数	0.185
$\overline{\omega}^a$	低污染行业减排成本函数的系数	2.800
ν^b	高污染行业减排成本函数的参数	0.185
$\overline{\omega}^b$	高污染行业减排成本函数的系数	2.800
$\overline{ENV}$	没有任何污染问题时的环境质量水平理想值（稳态）	100.000
CL_{ss}^a	稳态下的低污染行业中间产品生产商减排幅度	0.670
CL_{ss}^b	稳态下的高污染行业中间产品生产商减排幅度	0.670
χ^a	低污染行业中间产品生产商污染物排放强度系数	0.400
χ^b	高污染行业中间产品生产商污染物排放强度系数	0.600
Δ	政府环境治理支出的转化效率	5.000
$\overline{G}^E/\overline{Y}$	环境治理支出占国内生产总值的比例	0.00624
$\overline{\tau}^{pa}PL_{ss}^aQ_{ss}^{ea}/Y_{ss}^{ma}$	稳态下低污染行业环保税纳税额占产值的比例	0.00049
$\overline{\tau}^{pb}PL_{ss}^bQ_{ss}^{eb}/Y_{ss}^{mb}$	稳态下高污染行业环保税纳税额占产值的比例	0.00084
Q_{ss}^{ea}	低污染行业企业总数（标准化）	1.000
Q_{ss}^{eb}	高污染行业企业总数（标准化）	1.000
δ^{ea}	低污染行业企业退出比率	0.100
δ^{eb}	高污染行业企业退出比率	0.075
fc_{ss}^a	低污染行业企业创业期间沉没成本稳态值	1.000
fc_{ss}^b	高污染行业企业创业期间沉没成本稳态值	1.000
$\widetilde{p}_{ss}^b$	高污染行业产品定价与全国物价水平之比	0.920
$(G_{ss}^P+G_{ss}^E)/Y_{ss}$	政府财政支出（含环境治理支出）占总产出的比例	0.142
$\overline{\tau}^c$	商品消费税稳态平均税率	0.169
$\overline{\tau}^w$	工薪收入税稳态平均税率	0.103
$\overline{\tau}^k$	资产收入税稳态平均税率	0.252

附表 4.5　单一家户 NK－DSGE 模型参数贝叶斯估计的先验设定与后验结果

参数	参数定义	先验设定			后验结果	
		先验均值	分布类型	先验标准差	后验均值	95%置信区间
α^a	低污染行业劳动力产出弹性	0.300	beta	0.100	0.5440	[0.1458, 0.3028]
α^b	高污染行业劳动力产出弹性	0.600	beta	0.100	0.8606	[0.4810, 0.6378]
σ^h	家庭消费风险规避系数	2.000	gamma	0.250	2.1247	[1.7164, 2.1619]
φ^h	家庭劳动供给弹性倒数	6.160	gamma	0.500	6.3280	[4.9697, 6.3349]
θ^a	低污染行业价格刚性（Calvo规则）	0.700	beta	0.100	0.6258	[0.9269, 0.9840]
θ^b	高污染行业价格刚性（Calvo规则）	0.700	beta	0.100	0.7914	[0.8778, 0.9710]
ψ_y	利率对产出的反应程度（泰勒规则）	0.250	gamma	0.050	0.2661	[0.2161, 0.3790]
ψ_p	利率对通胀的反应程度（泰勒规则）	2.000	gamma	0.250	3.0772	[1.4568, 2.1370]
ε^a	低污染行业中间产品替代弹性	3.630	gamma	0.500	3.2218	[3.5153, 4.7625]
ε^b	高污染行业中间产品替代弹性	3.630	gamma	0.500	3.9933	[3.1627, 3.9783]
ε_p	跨行业中间产品替代弹性	2.000	gamma	0.250	2.1228	[0.4373, 0.6829]
$\bar{\omega}^{ha}$	劳动力在低污染行业的雇佣成本系数	1.500	gamma	0.250	1.7439	[0.7101, 0.9922]
$\bar{\omega}^{hb}$	劳动力在高污染行业的雇佣成本系数	1.500	gamma	0.250	1.6019	[1.8390, 2.4420]
ρ_a	技术冲击的平滑参数	0.500	beta	0.200	0.3546	[5.9904, 6.6973]
ρ_r	利率冲击的平滑参数	0.500	beta	0.200	0.4934	[0.5251, 0.6967]
ρ_n	劳动供给冲击的平滑参数	0.500	beta	0.200	0.4154	[0.7402, 0.8449]
ρ_m	货币政策规则的平滑参数（泰勒规则）	0.400	beta	0.200	0.1283	[0.2187, 0.3142]
ρ_{gp}	财政政策冲击的平滑参数	0.500	beta	0.200	0.2579	[2.6818, 3.3951]
ρ_{pa}	低污染行业环保税冲击的平滑参数	0.500	beta	0.200	0.7392	[2.7714, 3.7229]
ρ_{pb}	高污染行业环保税冲击的平滑参数	0.500	beta	0.200	0.3927	[3.3218, 4.6905]

续表

参数	参数定义	先验设定			后验结果	
		先验均值	分布类型	先验标准差	后验均值	95%置信区间
ρ_{rea}	低污染行业减排补贴冲击的平滑参数	0.500	beta	0.200	0.2530	[1.5195, 2.9591]
ρ_{reb}	高污染行业减排补贴冲击的平滑参数	0.500	beta	0.200	0.3273	[1.1409, 2.3356]
ρ_{ge}	政府环境治理支出冲击的平滑参数	0.500	beta	0.200	0.6249	[1.2777, 1.9696]
ρ_{p}	环境技术冲击的平滑参数	0.500	beta	0.200	0.5453	[0.1126, 0.6205]
ρ_{ea}	低污染行业关停整顿冲击的平滑参数	0.500	beta	0.200	0.3807	[0.3276, 0.6642]
ρ_{eb}	高污染行业关停整顿冲击的平滑参数	0.500	beta	0.200	0.5936	[0.1565, 0.7054]
ρ_{e}	环境质量的恢复速度	0.100	beta	0.100	0.0293	[0.0063, 0.2759]
σ_{a}	技术冲击的标准差	0.100	invert gamma	Inf.	0.0228	[0.1212, 0.3931]
σ_{r}	利率冲击的标准差	0.100	invert gamma	Inf.	0.0212	[0.5370, 0.9426]
σ_{n}	劳动供给冲击的标准差	0.100	invert gamma	Inf.	0.0349	[0.0763, 0.4519]
σ_{gp}	财政政策冲击的标准差	0.100	invert gamma	Inf.	0.0425	[0.1368, 0.7106]
σ_{pa}	低污染行业环保税冲击的标准差	0.100	invert gamma	Inf.	0.0843	[0.1502, 0.5342]
σ_{pb}	高污染行业环保税冲击的标准差	0.100	invert gamma	Inf.	0.0924	[0.4687, 0.7829]
σ_{rea}	低污染行业减排补贴冲击的标准差	0.100	invert gamma	Inf.	0.0608	[0.3276, 0.7499]
σ_{reb}	高污染行业减排补贴冲击的标准差	0.100	invert gamma	Inf.	0.0768	[0.2214, 0.5548]
σ_{ge}	政府环境治理支出冲击的标准差	0.100	invert gamma	Inf.	0.0912	[0.4356, 0.7592]
σ_{p}	环境技术冲击的标准差	0.100	invert gamma	Inf.	0.0673	[0.0002, 0.0868]
σ_{ea}	低污染行业关停整顿冲击的标准差	0.100	invert gamma	Inf.	0.0236	[0.0165, 0.0296]
σ_{eb}	高污染行业关停整顿冲击的标准差	0.100	invert gamma	Inf.	0.0199	[0.0160, 0.0268]

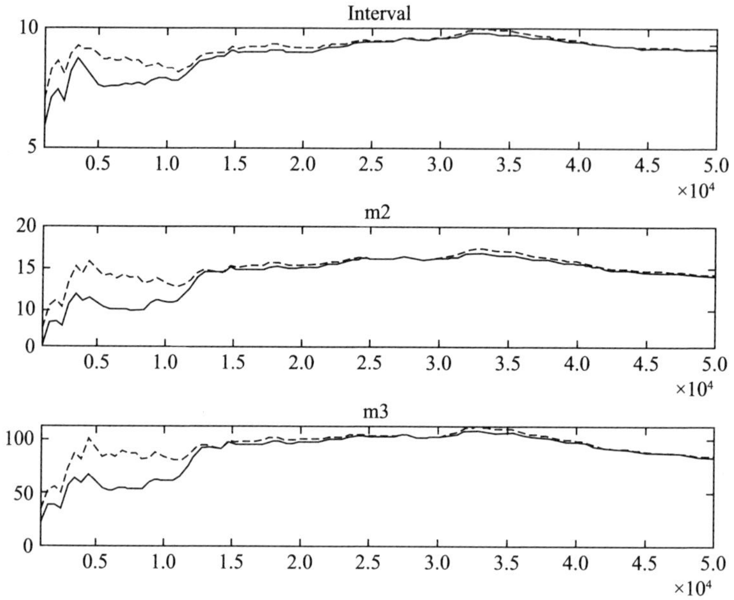

附图 4.3　单一家户 NK－DSGE 模型多变量收敛性诊断

注：横轴表示抽样次数，上下两条曲线间的距离关系表征检验统计量的收敛性，Interval 表示均值，m2 表示方差，m3 表示 3 阶矩，本图由 Matlab R 2015a 软件与 Dynare 4.4.3 程序包生成并导出。

资料来源：Brooks & Gelman（1998）。

2. 单一行业 NK－DSGE 模型

附表 4.6　单一行业 NK－DSGE 模型部分参数的校准值

参数	定义	校准值
β^h	李嘉图型家庭跨期贴现率	0.990
β^s	非李嘉图型家庭跨期贴现率	0.970
δ^a	固定资产折旧率	0.040
L_{ss}	稳态劳动力总量	1.000
U_{ss}	稳态失业总量	0.050
γ_n^h	李嘉图型家庭在社会中的比重	0.430
$N_{ss}^{nha}/(N_{ss}^{nha}+N_{ss}^{nsa})$	代表性企业的劳动力中来自李嘉图型家庭的比例（稳态）	0.680

续表

参数	定义	校准值
δ^{wha}	李嘉图型家庭劳动力离职率	0.049
δ^{wsa}	非李嘉图型家庭劳动力离职率	0.055
γ_e^h	李嘉图型家庭的消费、环境质量权衡程度	0.700
γ_e^s	非李嘉图型家庭的消费、环境质量权衡程度	0.700
ν^a	减排成本函数的参数	0.185
$\overline{\omega}^a$	减排成本函数的系数	2.800
$\overline{ENV}$	没有任何污染问题时的环境质量水平理想值（稳态）	100.000
CL_{ss}^a	稳态下的中间产品生产商减排幅度	0.670
χ^a	中间产品生产商污染物排放强度系数	0.400
Δ	政府环境治理支出的转化效率	5.000
$\overline{G}^E/\overline{Y}$	环境治理支出占国内生产总值的比例	0.00624
$\overline{\tau}^{pa}PL_{ss}^aQ_{ss}^{ea}/Y_{ss}^{ma}$	稳态下环保税纳税额占产值的比例	0.00049
Q_{ss}^{ea}	企业总数（标准化）	1.000
δ^{ea}	企业退出比率	0.100
fc_{ss}^a	企业创业期间沉没成本稳态值	1.000
$(G_{ss}^P+G_{ss}^E)/Y_{ss}$	政府财政支出(含环境治理支出）占总产出的比例	0.142
$\overline{\tau}^c$	商品消费税稳态平均税率	0.169
$\overline{\tau}^w$	工薪收入税稳态平均税率	0.103
$\overline{\tau}^k$	资产收入税稳态平均税率	0.252

附表 4.7　单一行业 NK - DSGE 模型参数贝叶斯估计的先验设定与后验结果

参数	参数定义	先验设定			后验结果	
		先验均值	分布类型	先验标准差	后验均值	95%置信区间
α^a	劳动力产出弹性	0.400	beta	0.100	0.4099	[0.2652, 0.5541]
σ^h	李嘉图型家庭消费风险规避系数	2.000	gamma	0.250	2.1715	[1.7429, 2.6141]
φ^h	李嘉图型家庭劳动供给弹性倒数	6.160	gamma	0.500	6.2741	[5.3595, 7.2177]
σ^s	非李嘉图型家庭消费风险规避系数	2.000	gamma	0.250	1.9633	[1.5372, 2.4407]

续表

参数	参数定义	先验设定			后验结果	
		先验均值	分布类型	先验标准差	后验均值	95%置信区间
φ^s	非李嘉图型家庭劳动供给弹性倒数	6.160	gamma	0.500	6.2203	[5.2581, 7.0543]
θ^a	价格刚性（Calvo 规则）	0.700	beta	0.100	0.4542	[0.3325, 0.5916]
ψ_y	利率对产出的反应程度（泰勒规则）	0.250	gamma	0.050	0.2756	[0.1558, 0.3912]
ψ_p	利率对通胀的反应程度（泰勒规则）	2.000	gamma	0.250	3.8355	[2.8181, 4.8207]
ε_w^a	劳动力替代弹性	4.000	gamma	0.500	3.8317	[2.9880, 4.6224]
ε^a	中间产品替代弹性	3.630	gamma	0.500	4.5826	[3.6164, 5.6427]
$\overline{\omega}^{sa}$	非李嘉图型劳动力的雇佣成本系数	1.500	gamma	0.250	1.5194	[0.7335, 2.2259]
$\overline{\omega}^{ha}$	李嘉图型劳动力的雇佣成本系数	1.500	gamma	0.250	1.0771	[0.4789, 1.7917]
ρ_a	技术冲击的平滑参数	0.500	beta	0.200	0.3931	[0.0918, 0.6945]
ρ_r	利率冲击的平滑参数	0.500	beta	0.200	0.4693	[0.1987, 0.7372]
ρ_n	劳动供给冲击的平滑参数	0.500	beta	0.200	0.5553	[0.1856, 0.8736]
ρ_m	货币政策规则的平滑参数（泰勒规则）	0.400	beta	0.200	0.0966	[0.0043, 0.2071]
ρ_{gp}	财政政策冲击的平滑参数	0.500	beta	0.200	0.2531	[0.0623, 0.4497]
ρ_{pa}	环保税冲击的平滑参数	0.500	beta	0.200	0.4850	[0.1140, 0.8462]
ρ_{rea}	减排补贴冲击的平滑参数	0.500	beta	0.200	0.5403	[0.2894, 0.7696]
ρ_{ge}	政府环境治理支出冲击的平滑参数	0.500	beta	0.200	0.5562	[0.2193, 0.9084]
ρ_p	环境技术冲击的平滑参数	0.500	beta	0.200	0.5557	[0.2970, 0.8137]
ρ_{ea}	关停整顿冲击的平滑参数	0.500	beta	0.200	0.1914	[0.0231, 0.3726]
ρ_e	环境质量的恢复速度	0.100	beta	0.100	0.0612	[0.0000, 0.1822]
σ_a	技术冲击的标准差	0.100	invert gamma	Inf.	0.0343	[0.0205, 0.0502]
σ_r	利率冲击的标准差	0.100	invert gamma	Inf.	0.0202	[0.0147, 0.0263]
σ_n	劳动供给冲击的标准差	0.100	invert gamma	Inf.	0.0788	[0.0215, 0.183]
σ_{gp}	财政政策冲击的标准差	0.100	invert gamma	Inf.	0.0420	[0.0338, 0.0502]

续表

参数	参数定义	先验设定			后验结果	
		先验均值	分布类型	先验标准差	后验均值	95%置信区间
σ_{pa}	环保税冲击的标准差	0.100	invert gamma	Inf.	0.0829	[0.0206, 0.1902]
σ_{rea}	减排补贴冲击的标准差	0.100	invert gamma	Inf.	0.0341	[0.0228, 0.0464]
σ_{ge}	政府环境治理支出冲击的标准差	0.100	invert gamma	Inf.	0.0875	[0.0207, 0.2168]
σ_{p}	环境技术冲击的标准差	0.100	invert gamma	Inf.	0.0338	[0.0224, 0.0460]
σ_{ea}	关停整顿冲击的标准差	0.100	invert gamma	Inf.	0.0165	[0.0130, 0.0204]

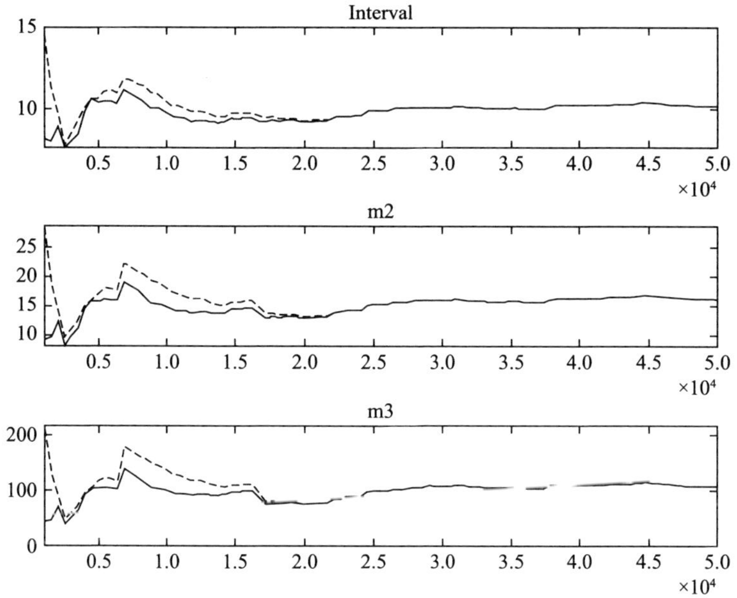

附图 4.4　单一行业 NK－DSGE 模型多变量收敛性诊断

注：横轴表示抽样次数，上下两条曲线间的距离关系表征检验统计量的收敛性，Interval 表示均值，m2 表示方差，m3 表示 3 阶矩，本图由 Matlab R 2015a 软件与 Dynare 4.4.3 程序包生成并导出。

资料来源：Brooks & Gelman（1998）。

3. 单家户单行业 NK－DSGE 模型

附表 4.8 单家户单行业 NK－DSGE 模型部分参数的校准值

参数	定义	校准值
β^h	家庭跨期贴现率	0.990
δ^a	固定资产折旧率	0.040
L_{ss}	稳态劳动力总量	1.000
U_{ss}	稳态失业总量	0.050
δ^{wha}	家庭劳动力离职率	0.049
γ_e^h	家庭的消费、环境质量权衡程度	0.700
ν^a	减排成本函数的参数	0.185
$\overline{\omega}^a$	减排成本函数的系数	2.800
$\overline{ENV}$	没有任何污染问题时的环境质量水平理想值（稳态）	100.000
CL_{ss}^a	稳态下的中间产品生产商减排幅度	0.670
χ^a	中间产品生产商污染物排放强度系数	0.400
Δ	政府环境治理支出的转化效率	5.000
$\overline{G}^E/\overline{Y}$	环境治理支出占国内生产总值的比例	0.00624
$\overline{\tau}^{pa}PL_{ss}^a Q_{ss}^{ea}/Y_{ss}^{ma}$	稳态下低污染行业环保税纳税额占产值的比例	0.00049
Q_{ss}^{ea}	企业总数（标准化）	1.000
δ^{ea}	企业退出比率	0.100
fc_{ss}^a	低污染行业企业创业期间沉没成本稳态值	1.000
$(G_{ss}^P+G_{ss}^E)/Y_{ss}$	政府财政支出（含环境治理支出）占总产出的比例	0.142
$\overline{\tau}^c$	商品消费税稳态平均税率	0.169
$\overline{\tau}^w$	工薪收入税稳态平均税率	0.103
$\overline{\tau}^k$	资产收入税稳态平均税率	0.252

附表 4.9 单家户单行业 NK－DSGE 模型参数贝叶斯估计的先验设定与后验结果

参数	参数定义	先验设定			后验结果	
		先验均值	分布类型	先验标准差	后验均值	95%置信区间
α^a	劳动力产出弹性	0.400	beta	0.100	0.4184	[0.2423, 0.5858]
σ^h	家庭消费风险规避系数	2.000	gamma	0.250	2.0137	[1.5344, 2.4804]

续表

参数	参数定义	先验设定			后验结果	
		先验均值	分布类型	先验标准差	后验均值	95%置信区间
φ^h	家庭劳动供给弹性倒数	6.160	gamma	0.500	6.0656	[5.1481，7.0173]
θ^a	价格刚性（Calvo 规则）	0.700	beta	0.100	0.7233	[0.5442，0.8721]
ψ_y	利率对产出的反应程度（泰勒规则）	0.250	gamma	0.050	0.2395	[0.1450，0.3355]
ψ_p	利率对通胀的反应程度（泰勒规则）	2.000	gamma	0.250	3.5232	[2.6692，4.4828]
ε_w^a	劳动力替代弹性	4.000	gamma	0.500	4.0272	[3.1675，5.0172]
ε^a	中间产品替代弹性	3.630	gamma	0.500	4.2661	[3.3665，5.1574]
$\overline{\omega}^{ha}$	劳动力的雇佣成本系数	1.500	gamma	0.250	1.7921	[0.8103，2.9138]
ρ_a	技术冲击的平滑参数	0.500	beta	0.200	0.4867	[0.1188，0.8300]
ρ_r	利率冲击的平滑参数	0.500	beta	0.200	0.4504	[0.1759，0.7209]
ρ_n	劳动供给冲击的平滑参数	0.500	beta	0.200	0.5007	[0.1363，0.8580]
ρ_m	货币政策规则的平滑参数（泰勒规则）	0.400	beta	0.200	0.1138	[0.0053，0.2463]
ρ_{gp}	财政政策冲击的平滑参数	0.500	beta	0.200	0.2713	[0.0632，0.4885]
ρ_{pa}	环保税冲击的平滑参数	0.500	beta	0.200	0.5062	[0.1355，0.8770]
ρ_{rea}	减排补贴冲击的平滑参数	0.500	beta	0.200	0.5919	[0.3112，0.8310]
ρ_{ge}	政府环境治理支出冲击的平滑参数	0.500	beta	0.200	0.4828	[0.1211，0.8386]
ρ_p	环境技术冲击的平滑参数	0.500	beta	0.200	0.5802	[0.2836，0.8452]
ρ_{ea}	关停整顿冲击的平滑参数	0.500	beta	0.200	0.3292	[0.0509，0.6170]
ρ_e	环境质量的恢复速度	0.100	beta	0.100	0.0863	[0.0000，0.2630]
σ_a	技术冲击的标准差	0.100	invert gamma	Inf.	0.0314	[0.0192，0.0458]
σ_r	利率冲击的标准差	0.100	invert gamma	Inf.	0.0237	[0.0167，0.0310]
σ_n	劳动供给冲击的标准差	0.100	invert gamma	Inf.	0.0837	[0.0215，0.1996]
σ_{gp}	财政政策冲击的标准差	0.100	invert gamma	Inf.	0.0421	[0.0343，0.051]
σ_{pa}	环保税冲击的标准差	0.100	invert gamma	Inf.	0.1008	[0.0206，0.2603]
σ_{rea}	减排补贴冲击的标准差	0.100	invert gamma	Inf.	0.0328	[0.0220，0.0442]
σ_{ge}	政府环境治理支出冲击的标准差	0.100	invert gamma	Inf.	0.0852	[0.0217，0.2068]

续表

参数	参数定义	先验设定			后验结果	
		先验均值	分布类型	先验标准差	后验均值	95%置信区间
σ_p	环境技术冲击的标准差	0.100	invert gamma	Inf.	0.0317	[0.0214, 0.0425]
σ_{ea}	关停整顿冲击的标准差	0.100	invert gamma	Inf.	0.0175	[0.0135, 0.0216]

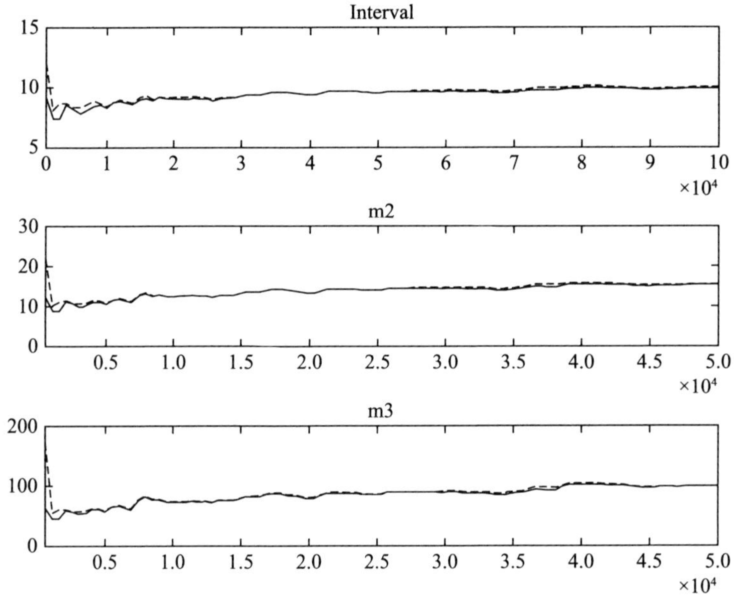

附图 4.5 单家户单行业 NK－DSGE 模型多变量收敛性诊断

注：横轴表示抽样次数，上下两条曲线间的距离关系表征检验统计量的收敛性，Interval 表示均值，m2 表示方差，m3 表示 3 阶矩，本图由 Matlab R 2015a 软件与 Dynare 4.4.3 程序包生成并导出。

资料来源：Brooks & Gelman（1998）。

第五章
NK - DSGE 模型的动态分析

至此，本书已经完成中国环境经济的跨行业、多部门 NK - DSGE 模型的构建，其参数估计和稳健性检验结果均较为理想，为本书的后续研究搭建了一个稳健的新凯恩斯主义一般均衡框架。

在构建了一个具有完整理论和实证框架的可靠 DSGE 模型后，研究者必须结合具体的研究方向，将 DSGE 模型作为分析现实经济问题和实现研究目标的工具，这一步工作通常称为 DSGE 模型的应用。作为宏观经济领域最重要的定量分析方法之一，DSGE 模型最基本的应用价值主要体现在解释那些可以直接观察到但无法探查内在原因的经济波动现象上。DSGE 模型能为此提供一个解释其内在机制的理论分析框架，并在该框架的基础上进一步增加实证手段，使研究者不仅可以从理论机制的角度分析各种因素在经济波动过程中的作用，还可以对各种外生冲击的效应进行定量分析、模拟乃至预测，进而可以为经济政策的制定和实施提供依据和建议。在本书中，由于 NK - DSGE 模型中引入了异质性家庭部门，不同家庭在初始条件（如资产存量和经济行为模式）上存在显著差异，因此各家庭之间具有初始不平等条件（王弟海、龚六堂，2006），这会导致模型在波动过程中呈现持续、动态的分配效应，实现环境规制分配效应的动态模拟和传导机制分析。

在 DSGE 模型的应用部分，主流研究最常用的方法是脉冲响应（impulsive response）。正交化脉冲响应函数（orthogonalized impulsive response function）及其分析是DSGE分析框架中的重要工具，也是本章的主要分析方法。如前所述，DSGE模型是一个具有理性预期和外生结构性冲击的多方程模型系统。当系统受到外生结构性冲击时，冲击的影响会在系统中以特定机制和路径传导，整个系统的几乎所有变量都会对其做出响应。并且，在一个具有差分项和预期项的动态模型中，变量对外部冲击的响应不会是暂时的，而是会在衰减中持续到冲击后的若干时期，然后回归稳态，从而呈现独特的动态变化与收敛过程。当然，上述的DSGE模型脉冲响应分析与向量自回归（VAR）等计量经济学模型有很多一致之处，但DSGE模型的系统性、复杂性和理论基础远超过一般计量模型。因此，最终的应用分析结果往往更有利于支持相应的机制分析——通过分析和比较在不同外生冲击下不同变量的动态变化特征，DSGE模型所基于的诸多理论假设能够得到检验，一些内在机制也可以得到有效的剖析与解释。

第一节　模型基本动态特征：非环境类外生冲击的效应

进行模型基本动态特征分析的目的是对基准NK-DSGE模型的基本动态规律做概略性的掌握，具体手段是对模型施加各种非环境类外生冲击（含各种实际冲击、名义冲击，它们通常会直接导致经济不确定性的增加，却与各种环境不确定性问题不存在最直接联系），考察模型的动态变化规律。上述分析的作用主要包括以下两个方面。

首先，本书模型中包含四类非环境类外生冲击，分别是技术（全要素生产率）冲击、劳动供给冲击、财政政策（政府消费）冲击、利率（货币政策）冲击。这四类冲击在现有的NK-DSGE模型研究文献中已经得到广泛的考虑。在本书研究中，通过分析各种非环境类外生冲击带来的效应（尤其是主要经济变量的波动和收入分配效应），并将其与现有NK-DSGE模型研究文献的成熟结论相比较，可以判断这些效应是否能反映准确的传导机制、带来符合理论预期或客观常识的模拟结果，从而对模型的结构合理性和建模质量进行进一步的考察。

其次，四类非环境类外生冲击虽然并不直接作用于环境变量，不会直接导致环境不确定性的扩大，但仍会间接地产生环境效应，并很有可能与模型经济中的环境规制政策产生内生的叠加、互动效应。这有利于初步分析环境规制政策在经济波动过程中产生的影响，从内生化的动态视角辨析各类环境规制政策的作用传导机制，为后续的环境规制政策作用分析做好铺垫，并提供不可或缺的比较对象，保证分析结果的稳健、可信。

一　供给侧冲击：技术冲击与劳动供给冲击

（一）技术冲击的分配效应与环境效应：路径与机理分析

图 5.1 显示了经济系统在幅度为 1 单位标准差的正向技术（全要素生产率）冲击下的动态脉冲响应，所有脉冲响应图形的横轴数值代表时期（季度），范围是 0～20 期，纵轴数值代表变量对自身稳态的对数偏离幅度。需要说明的是，本书第五章、第六章的所有脉冲响应图形均由 Matlab R 2015a 软件与 Dynare 4.4.3 程序包生成并导出，在 Microsoft Office Excel 2010 软件中绘制。

从图 5.1 可见，与 Galí（2015）、Annicchiarico & Di Dio（2015）的分析结果类似，正向技术冲击作用于经济的供给侧，直接导致了总产出的扩大，总供给的扩大直接导致两个行业的产品价格下降，引发通货紧缩。从市场结构角度来看，技术进步降低了企业的进入门槛［参见方程（3c.16）］，增加了创业机会，使两个行业的新创企业数量显著提升、企业总数不断增加，这与 Bilbiie et al.（2014）、Annicchiarico et al.（2018）的分析结果类似。与 Galí（2015）、陈利锋（2018）的分析结果类似，技术冲击对劳动力存在替代作用，所以挤出了部分劳动力，也促使生产者以资本要素替代劳动要素（由于产出仍须扩大）。进一步，由于模型中的低污染行业被确定为资本密集型（劳动产出弹性的参数估计结果更低），所以技术冲击提高了低污染行业在模型经济中的占比，使市场结构的演化更倾向于清洁化、高级化。

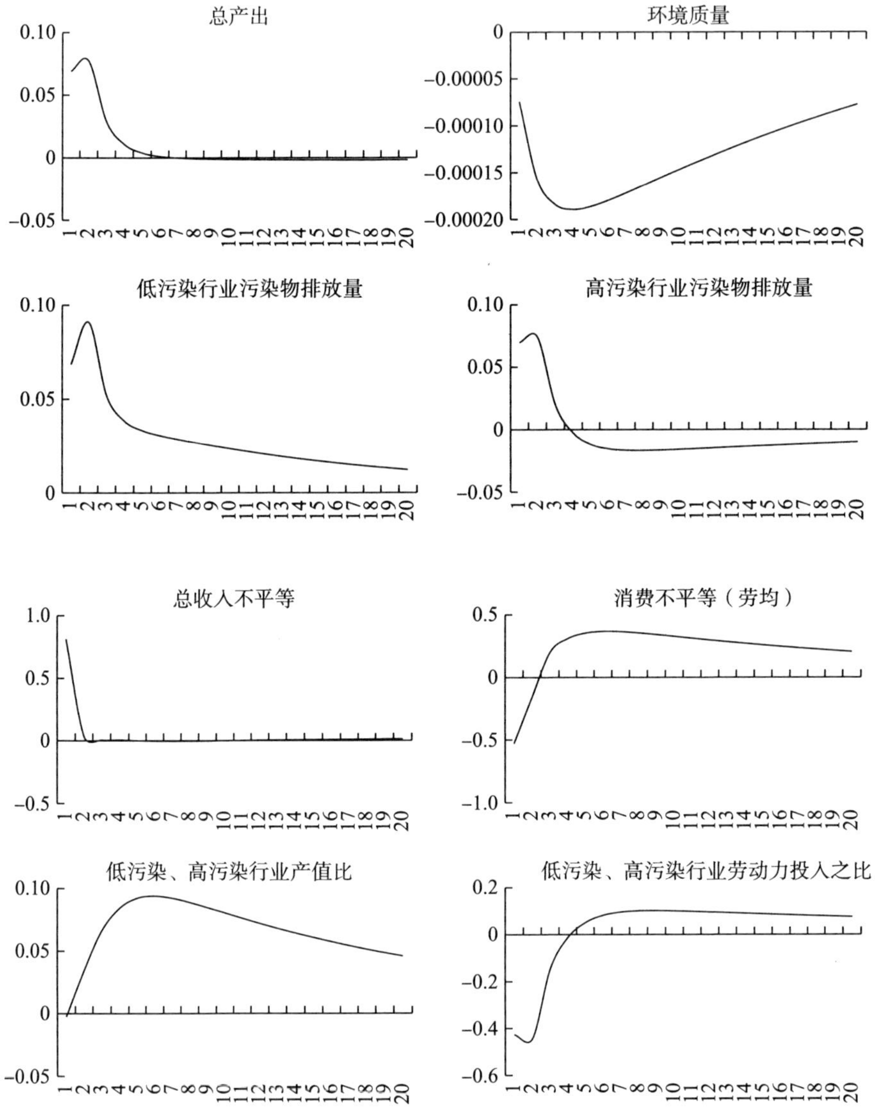

图 5.1　NK－DSGE 模型在技术（全要素生产率）冲击下的脉冲响应曲线

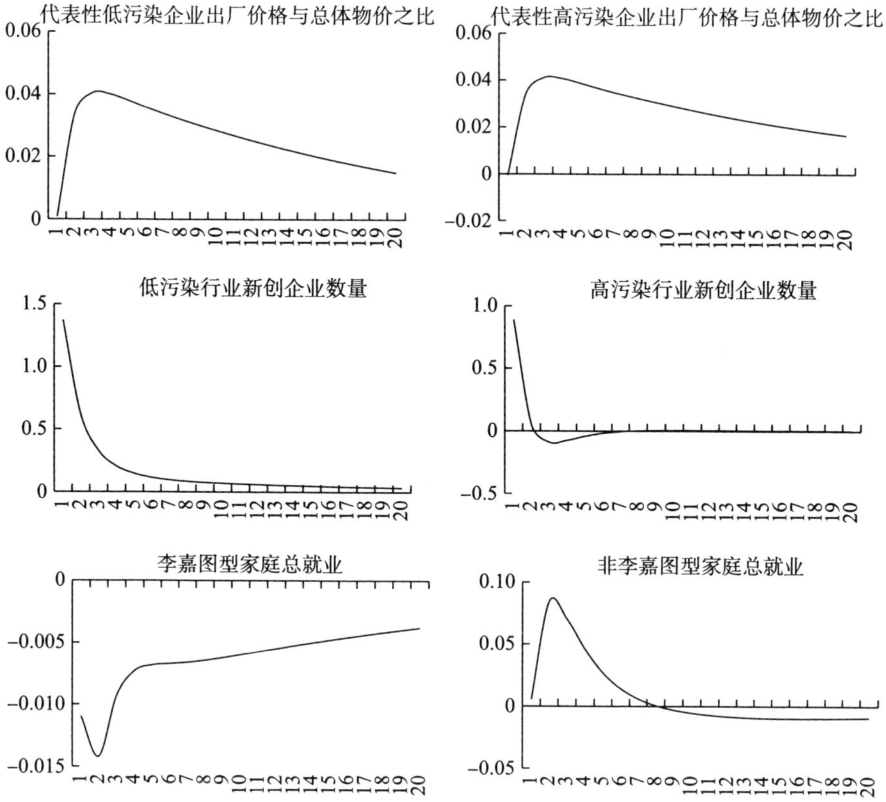

图 5.1　NK－DSGE 模型在技术（全要素生产率）冲击下的脉冲响应曲线（续）

在要素领域，技术冲击对劳动力的替代作用需要根据两类家庭的情况进行区分。一方面，从图 5.1 可见，面对流动性约束的非李嘉图型家庭成员在技术冲击到来、企业雇佣意愿相对不足时，不能像李嘉图型家庭成员那样可以通过财富的跨期配置来维持甚至提高自身的收入和消费，而只能靠劳动收入来维持生活。即便企业雇佣意愿下降，此类劳动者依然需要尽可能保证劳动的供给量（哪怕忍受更高水平的非自愿失业）。另一方面，李嘉图型家庭劳动力的退出使企业不得不增加对非李嘉图型家庭成员的雇用。所以在图 5.1 中可见，虽然李嘉图型家庭劳动力更多地退出要素市场，但非李嘉图型家庭的总就业在冲击发生后反而一度提升至更高水平。

在分配效应方面，综合上述情况不难发现，技术冲击使非李嘉图型家庭面临就业难度的增加和劳动收入的下降，而技术冲击下的投资增长、资本积累加快可为李嘉图型家庭持续地提供更多投资收益（虽然在冲击发生初期有短暂下降），所以两类家庭之间的总收入差距变大。受此影响，两类家庭的消费差距虽然一度缩小（由于非李嘉图型家庭就业扩张），但在第4~5期后仍逐步扩大，标志着贫富家庭在生活水平上的差别更加显著，呈现图5.1中所示的规律，这与江春等（2018）、陈利锋（2018）的发现是一致的。

在环境效应方面，技术冲击影响下的产出扩张导致污染物排放量增加，使环境质量在冲击后第四季度恶化至最大程度。雪上加霜的是，虽然环保税税率、减排补贴率等政策参数并未发生变化、并未影响企业的减排意愿［参见方程（3.112）、方程（3.113）］，两个行业代表性企业的自主减排意愿却依然减弱，这同样是导致污染物排放量增加、环境质量恶化的原因之一。导致上述现象的机理是：根据现代经济学主流理论对垄断竞争市场的定义，以及新凯恩斯主义 DSGE 模型主流设计方式中对名义变量的定义（Blanchard & Galí，2010；Bilbiie et al.，2012；Annicchiarico et al.，2018），模型中的垄断竞争企业在核算利润时，对自身产值是按照出厂价格计价（即本书模型中的 P_t^{mi}，$i \in \{a, b\}$），而政府部门对其征收的税款、发放的补贴等，均是按照整个模型经济中的总体物价水平来计算的（即名义税率、名义补贴率等均与总体物价水平挂钩）；而且，企业最终回馈给投资人的利润也是按照整个模型经济中的总体物价水平计算的［参见方程（3.2）、方程（3.114）、方程（3.115）中的定义］。参考方程（3.110）、方程（3.111）可知，本书模型中的减排成本与减排力度、企业产值同时相关，同样是按照企业自身的出厂价格计算的（因为减排的性质是将环境外部性内部化，减排成本不是产生自外界，也并未对外转嫁，类似的设定可参见 Annicchiarico et al.，2018）。在技术冲击影响下，两个行业企业数量均出现大幅增加，行业竞争加剧，导致行业价格指数乃至总体物价水平均有所下降；而代表性企业出于价格刚性等原因，不能及时对市场行情做出反应，使企业出厂价格与外部价格行情拉开了差距，产品定价与市场物价的比值在一定时期内会变得更高。在此情况下，按照前述的利润核算方式，企业减排成本在总成本中所占份额会变得更大（因为与其挂钩的价格标准变得相对更高），使企业不得不降低自主减排比例以控制账面成本、避免利润下滑。上述机制同样被体现在方程（3.112）、方程（3.113）中。

上述机理说明，技术冲击带来的负面环境效应需要以积极的环境规制政策加以干预，而且通过环保税、减排补贴等手段来减缓企业自主减排意愿的下滑，将有助于从供给侧控制污染物排放量，从而产生最少的环境外部性，减少事后治理成本。

（二）劳动供给冲击的分配效应与环境效应：机理与路径分析

图 5.2 显示了经济系统在幅度为 1 单位标准差的不利的劳动供给冲击下的动态脉冲响应。对效用函数中的劳动供给项［参见方程（3.1）］施加这一正向冲击，会使家庭成员变得更愿意接受闲暇，使整个模型中的劳动供给水平总体下降。正因如此，正向的外生劳动供给冲击也可理解为“不利的”劳动供给冲击。在现实中，这样的冲击可能由多种不同的因素导致，如不合理的劳动力市场管理制度、大规模疫情等。

与技术冲击类似，劳动供给的不利冲击作用于供给侧，但其作用起始于要素供给层面，所以最终效应与技术冲击存在较大差异。图 5.2 显示，在劳动供给受到不利的外生冲击时，实际工资水平则因劳动力稀缺程度的加剧而被提升，生产者面对的成本压力自然加大，这种来自供给侧的不利影响使总产出、总就业等总量指标均出现不同程度的下降，模型经济中还因此出现了成本推动型的通胀。此外，劳动供给的减少也降低了企业利润，提高了创业成本［参见方程（3c.16）、方程（3c.17）、方程（3c.18）中的定义］，使低污染行业新创企业数量出现显著下降；同时，高污染行业却因为环保税、自主减排成本等方面支出的降低（由于生产萎缩而导致污染物排放量减少），迎来新创企业数量的不降反升，整个行业的规模不断扩大。

从图 5.2 可见，面对劳动供给冲击，相对富裕的李嘉图型家庭的总就业数量逐渐恢复至稳态值，而非李嘉图型家庭的总就业数量下降幅度远小于李嘉图型家庭，甚至很快反弹至高于稳态的水平。这一现象的机理、路径与技术冲击下的情况类似，即面对流动性约束的非李嘉图型家庭不能平滑各期消费，而只能靠劳动收入来维持生活，所以需要尽可能保证劳动供给。这一机理进一步导致的结果是，在非李嘉图型家庭劳动力占比更高而且更依赖劳动力投入的高污染行业，冲击发生时的产量下滑趋势很快被扭转，低污染、高污染两个行业的总产出呈现此消彼长的态势，高污染行业在经济中的产出份额变得更大。

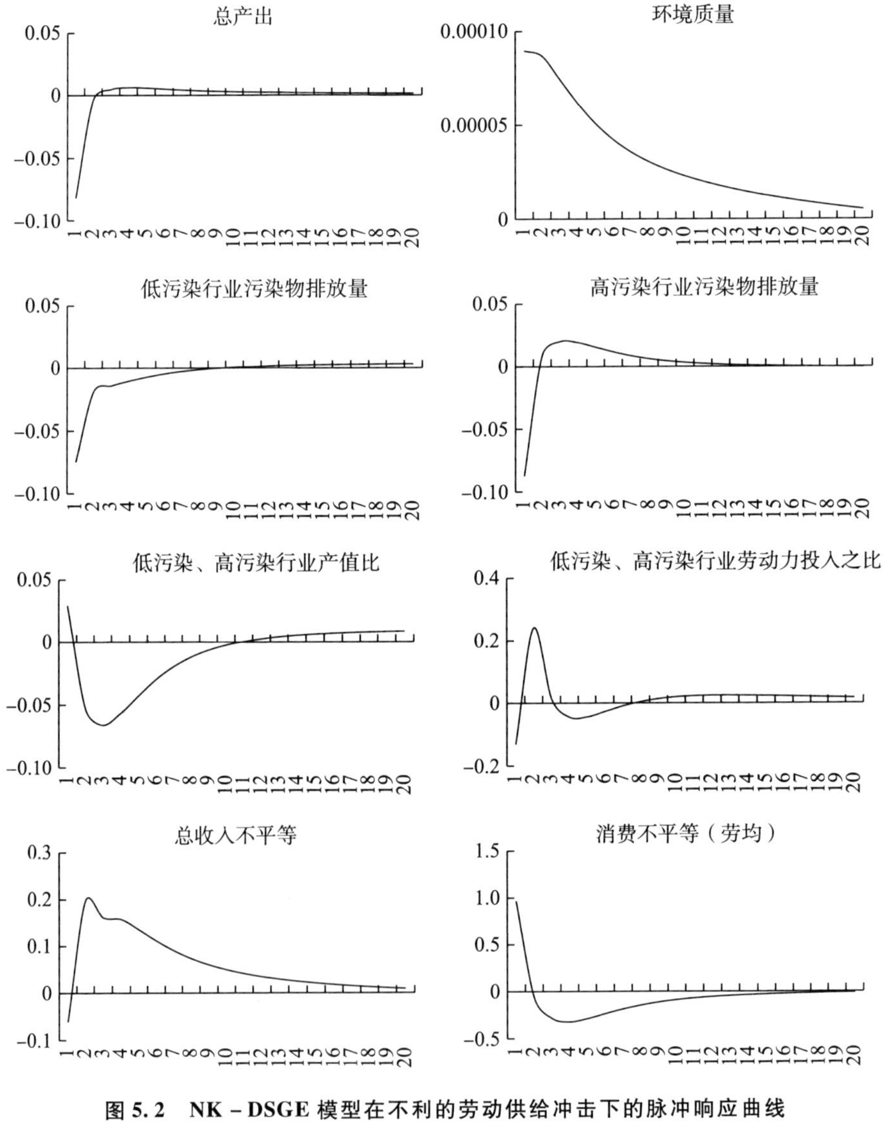

图 5.2　NK－DSGE 模型在不利的劳动供给冲击下的脉冲响应曲线

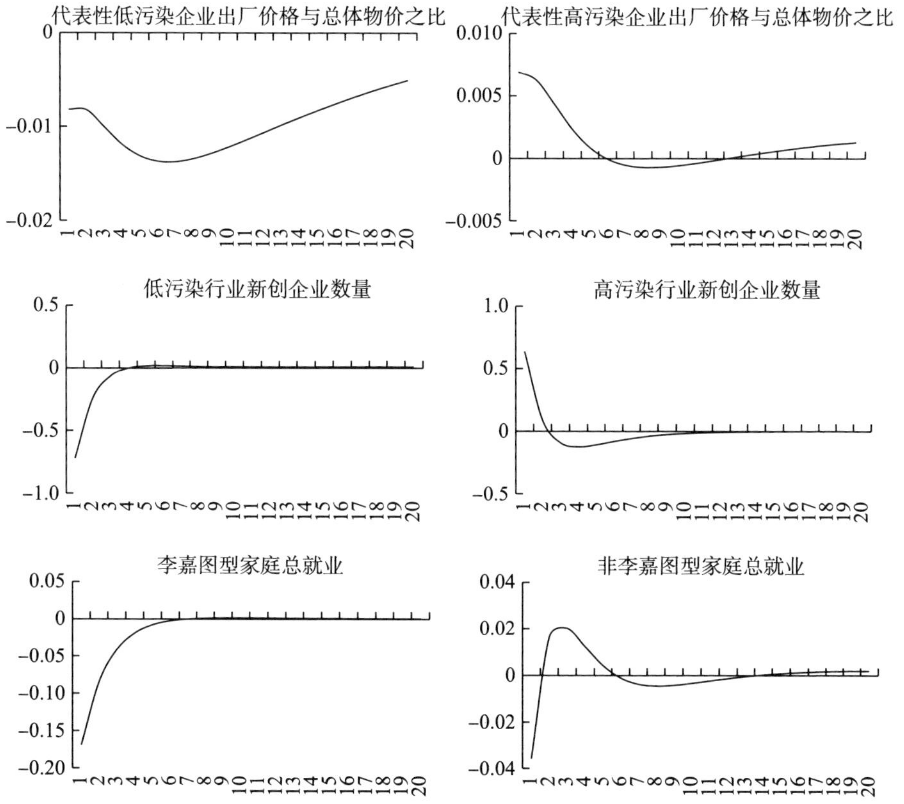

图 5.2　NK－DSGE 模型在不利的劳动供给冲击下的脉冲响应曲线（续）

在分配效应方面，图 5.2 显示，由于非李嘉图型家庭的就业得到更大幅度的恢复与增长，其劳动收入降幅小于李嘉图型家庭，这使李嘉图型家庭、非李嘉图型家庭的消费不平等程度在短暂扩大后缩小，拉近了两类家庭的生活水平。当然，由于生产者不得不以资本替代劳动力投入，资本的相对稀缺程度提高也使实际资本收益率上升，李嘉图型家庭的财产性收入增幅抵消乃至超过劳动收入降幅，所以两类家庭总收入的不平等反而进一步加剧。

在环境效应方面，劳动供给冲击发生之初的环境质量出现了改善，这与 2020 年新冠肺炎疫情期间中国诸多城市环境质量的改善是相符的。

以上结果说明，在疫情影响下，环境规制政策的设计者应警惕经济恢复性增长过程中污染问题的反弹，提高环境规制与污染治理工作的前瞻性与预见性。

二　需求侧冲击：财政政策冲击与货币政策冲击

（一）财政政策冲击的分配效应与环境效应：路径与机理分析

图5.3呈现了经济系统在幅度为1单位标准差的正向财政政策（政府消费扩张）冲击下的动态脉冲响应模拟结果。

这一典型的经济政策作用于经济的需求侧，从图5.3可见，财政支出的增加导致总需求扩张，带来通胀和产出、就业的扩张，并对民间消费与投资存在挤出作用，上述结果与Smets & Wouters（2003）、简志宏等（2011）、孙力军和朱洪（2011）、逄淑梅等（2015）的研究结果相似。

在分配效应方面，在挤出效应的作用下，李嘉图型家庭成员为了弥补资产性收入下降带来的损失，为了维持生活水平而在两个行业内进行更多的劳动、挤占更多劳动岗位（非李嘉图型家庭在流动性约束下却并未因此受到太大的直接影响，所以正如图5.3所反映的，其劳动供给量不升反降），这可能会在一定程度上扩大两类家庭间的劳动收入差距，并使相对更依赖非李嘉图型家庭劳动力的高污染行业的产出相对萎缩。然而，模型经济中的投资水平总体仍是下降的，这最终缩小了两类家庭之间的总收入差距。当然，在投资受到挤出作用的情况下，李嘉图型家庭可以将更多当期预算用于消费，这导致了两类家庭之间消费差距的扩大。

在环境效应方面，财政政策冲击对总需求的扩张效应导致了各行业的产能扩张，带来了更大的污染，使环境质量在3～4期下降到最大幅度，这与技术冲击的效应是类似的。

（二）货币政策冲击的分配效应与环境效应：路径与机理分析

图5.4呈现了经济系统在幅度为1单位标准差的负向货币政策（即宽松的货币政策）冲击下的动态脉冲响应模拟结果。

宽松货币政策冲击同样作用于经济的需求侧，但其最大的特殊点在于其作用于名义变量而非实际变量。扩张性货币政策的实施意味着银根放松、降低市场利率水平，也使图 5.4 中的通胀水平提高。市场利率的下降意味着企业的融资成本降低，带动了投资与企业的生产活动，使经济中的产出、投资、消费等均进入扩张状态。

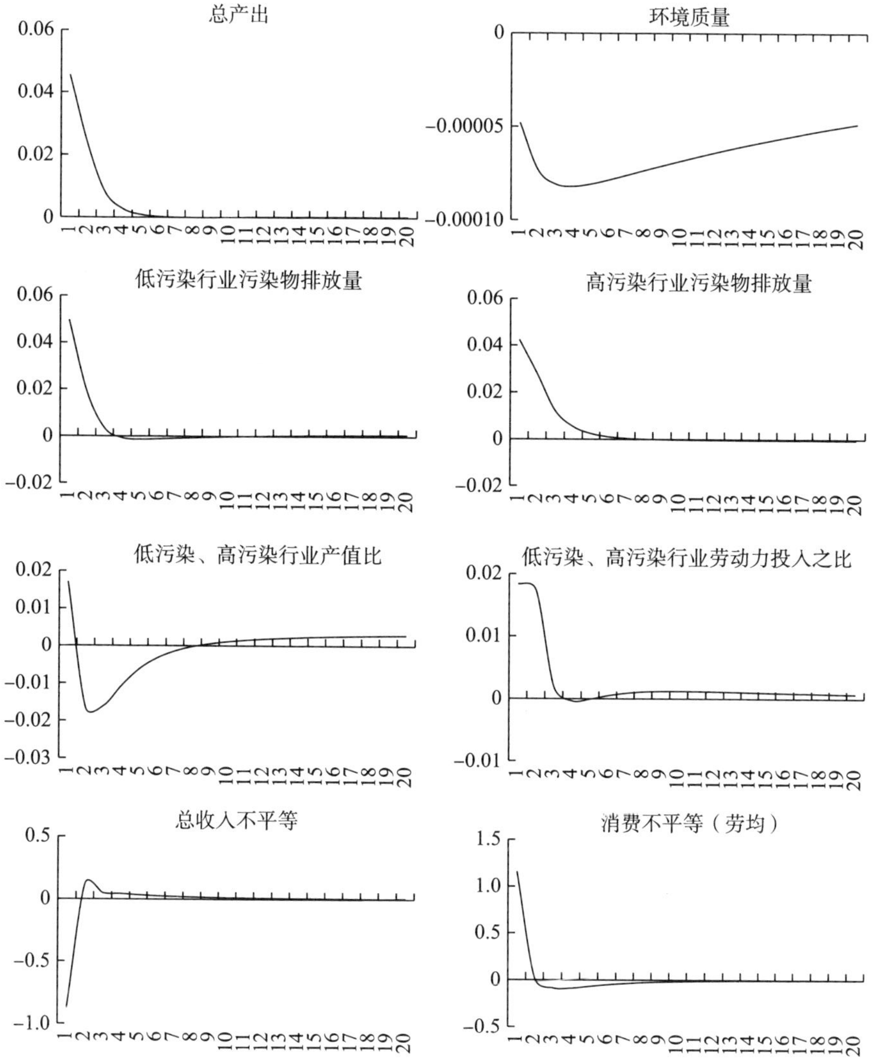

图 5.3　NK－DSGE 模型在财政政策冲击下的脉冲响应曲线

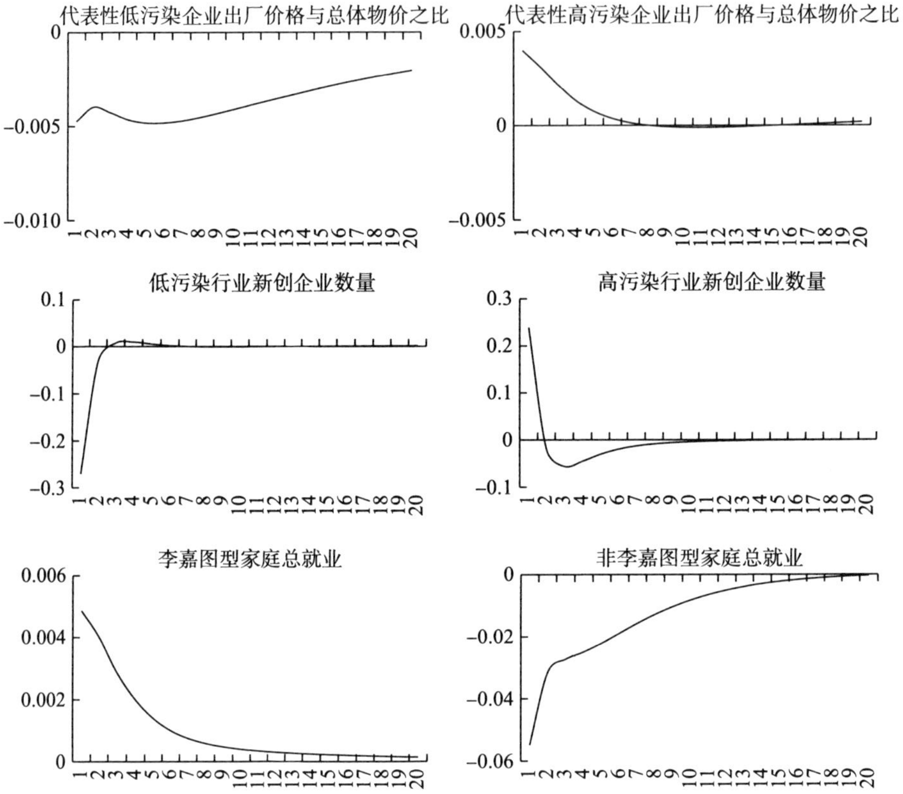

图 5.3 NK－DSGE 模型在财政政策冲击下的脉冲响应曲线（续）

在分配效应方面，由于模型中的资本存量主要集中在李嘉图型家庭成员手中，所以货币政策带来的利益更直接地被此类家庭的成员通过资产收益的增长获得。而相对贫困的非李嘉图型家庭仅有单一的劳动收入来源，所以模型经济中的消费不平等、收入不平等程度均在 5 个季度之内被迅速提高，这说明货币政策在实践中会带来社会分配公平程度下降、不同人群生活水平差距加大的代价，这与陈利锋（2018）、江春等（2018）的发现相近。

在环境效应方面，货币政策对产出的扩张效应带来了更大的污染，并且具有较强的持续性，这同样与技术冲击的效应类似。

综上所述，通过四类非环境类外生冲击下的脉冲响应分析，本书 NK－DSGE 模型的经济效应、环境效应传导机制得到全面的展现，而且其反映出的机理、作用与目前主流研究中的结果是一致的：与王弟海和龚六堂（2006）、钞小静和沈坤荣（2014）的观点类似，不同家庭在财富和经济决策模式上的差异，以及由此形成的不平等的分配机制，确实会在外生冲击和内生机制的共同影响下产生收入分配公平程度的动态变化现象，而且外生冲击具体作用机理的差异化会导致各自不同的分配结果。这说明本书 NK－DSGE 模型的设计是基本合理的，能够准确地反映经济系统的内生变化过程。

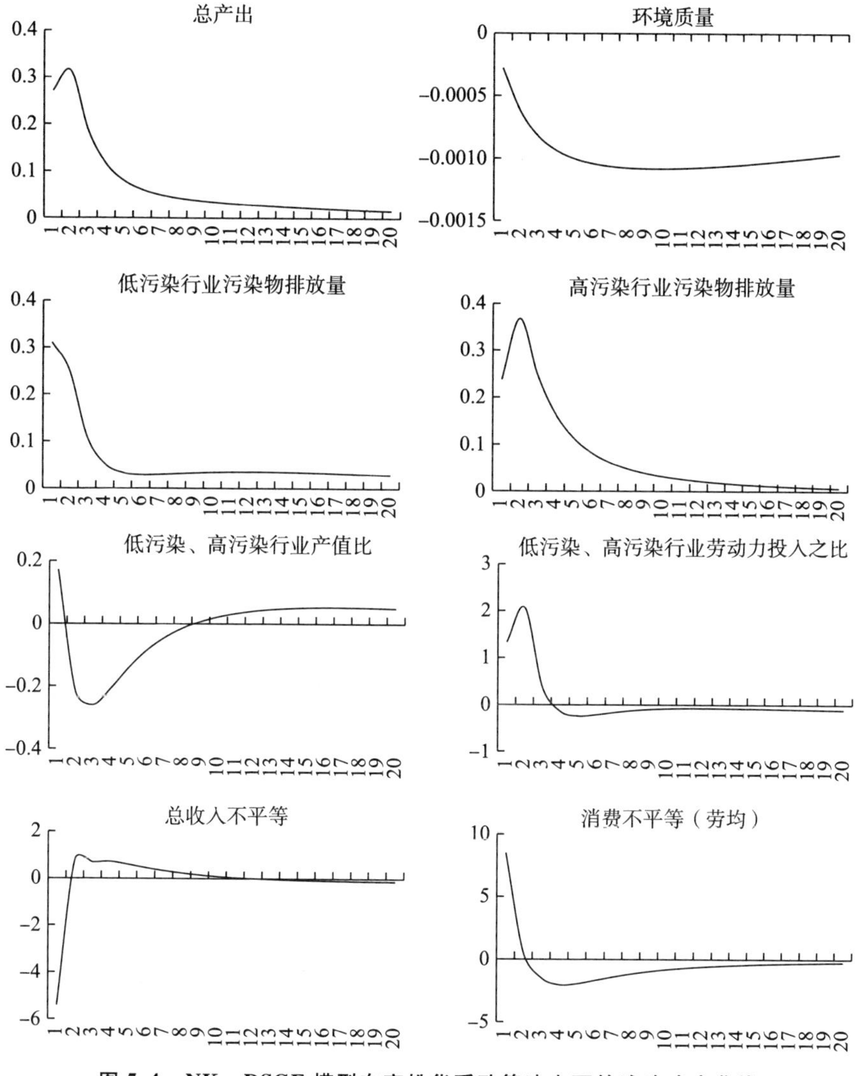

图 5.4　NK－DSGE 模型在宽松货币政策冲击下的脉冲响应曲线

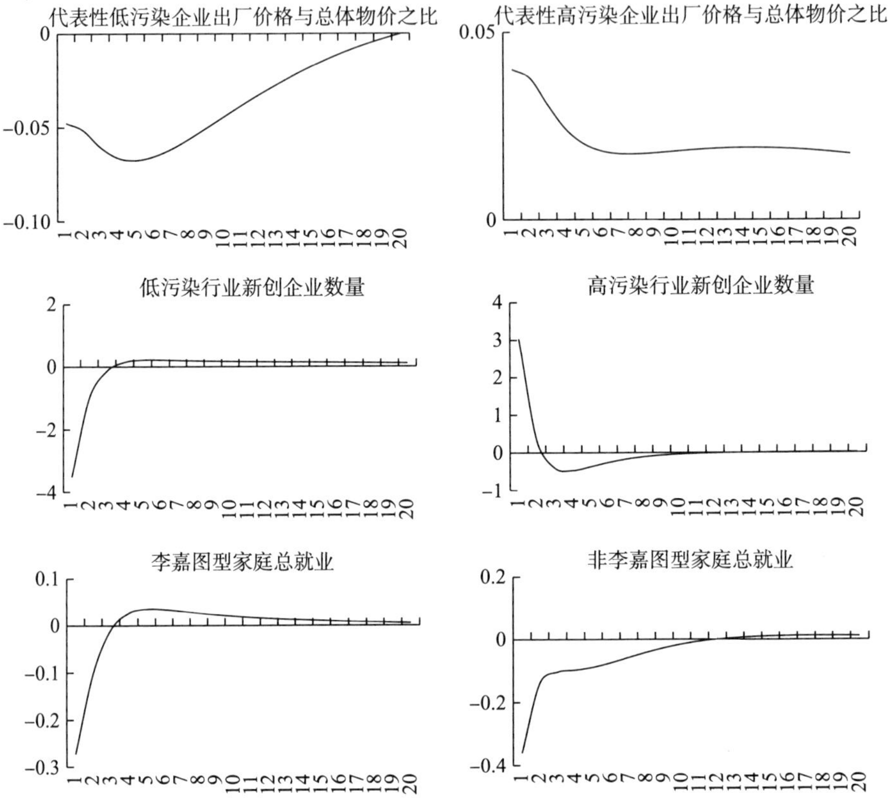

图 5.4　NK－DSGE 模型在宽松货币政策冲击下的脉冲响应曲线（续）

第二节　环境规制政策的作用

根据本书的设定，基准 NK－DSGE 模型中的环境效应直接取决于环保税、减排补贴、关停整顿、环境治理支出等规制政策或手段，以及外生的环境技术冲击。其中，环保税、减排补贴、关停整顿等环境规制政策工具具有行业差异化特征，所以需要对不同行业受到各自环境规制政策影响时的独特效应进行专门分析。本部分研究的主要手段是正交化脉冲响应分析。基准 NK－DSGE 模型能够模拟各类要素报酬在宏观经济一般均衡系统中的决定与分配，研究者可以根据模型设计特点，基于各类环境规制政策的基本作用机理，从不同的起点着手（本书主要根据不同要素报酬的产生原理进行选择），观察不同经济变量在政策影响下的脉冲响应或变化路径，判断变量变化规律之间的内在联系，对传导路径进行梳理与解析，探寻最为重要的核心传导变量，使政策的优化设计能有明确的切入点。本部分研究的作用主要包括以下两个方面。

首先，厘清环境规制政策对收入分配的作用传导机制，为后续的环境规制政策优化调整提供原理解释与理论依据，指出政策改革与调整的切入点。本部分研究也可以通过传导过程中其他政策变量的变化，帮助研究者分析环境规制政策与其他政策的叠加联动作用（包括但不限于其他环境规制政策、非环境领域财政政策、货币政策、供给侧改革措施等）。

其次，通过数值模拟，分析环境规制政策与经济新常态下改革发展任务（如稳增长、调结构、改善分配格局等）之间的协调问题，判断其是否会在改善分配格局的同时加剧其他压力与矛盾（如波动风险、经济下行压力、经济转型难度等），以免造成政策误判。在经济新常态下，分配问题只是诸多压力、问题中的一个方面，我们不能脱离经济效率、发展质量来单纯探讨公平问题。所以本书不但关注各政策选项是否能发挥良好的环境效应、付出较小的分配代价，也考察这些政策的效应是否会给新常态下的中国经济高质量发展带来额外的压力（如波动风险、下行压力、转型阻力等），准确地把握各类政策选项在新常态下的利弊得失，真正实现公平、效率、环保之间的合理协调。

作为本书的重点内容，本部分研究工作主要致力于回答第一章第二节中的问题（1）与问题（2）。

（1）各类环境规制政策对收入分配的作用机理与主要传导路径是什么？这一问题是本书面对的核心问题，又可以进一步分解为下列子问题：① 政策效应传导的关键变量与主要机理是哪些？② 环境规制政策会使哪类家庭或哪个行业的成员在分配方面获得更大利益（或蒙受更少损失）？③ 不同类型的环境规制政策（及各类政策的叠加、组合）在分配效应传导机制上存在哪些差异？

（2）上述政策作用是否与新常态下的改革发展需要相协调，其中存在的矛盾、问题是什么，能够得出哪些政策启示？这一问题使本书研究内容能与新常态下中国经济实际环境充分契合，可进一步分解为下列子问题。①环境规制政策如何影响就业结构和行业结构调整，从而影响供给侧的结构特征？②环境规制、分配公平之间的协调是否与调结构、稳增长等新常态下改革发展导向存在矛盾，是否会使经济高质量发展面对更大的阻力、付出过大的代价（如果答案是肯定的，政策设计者就需要进行相应权衡）？

一　环保税政策的效应

2018年1月1日，中国正式开始施行《环境保护税法》，环保税正式成为中国最主要的环境规制政策工具。而在2018年之前，发挥环保税功能的政策工具是排污费制度。过去的长期实践表明，由各地区自主征管、专款专用的排污费制度存在费率过低、征管规范性差、资金挪用等弊病，严重削弱了排污费的环保作用。与排污费相比，虽然环保税制度在税基、税目等具体要素上变化不大，却是一种具有法律效力的、由国家税务部门依法征收的环境规制政策工具，所以征管工作的规范性得到提高。而且，根据《环境保护税法》，部分污染物的基础税率被大幅提升，废气、废水中污染物的每单位当量纳税额是排污费缴纳额的2倍以上，这意味着与排污费相比，环保税是一种力度更大的政策工具。

当然，在本书模型的数据涵盖期内，中国环保税的职能仍由排污费制度代行，所以，全书中提及的“环保税”，指代的均是中国曾经实行的排污费制度（例如前文中的环保税有效税率就是根据排污费征收总额来推导的）。

（一）低污染行业环保税的效应：路径与机理分析

图5.5、图5.6呈现了强度为1单位标准差的两个行业环保税税率正向冲击下的脉冲响应模拟结果。在基准NK-DSGE模型的机制中，环保税最主要的作用机理是增加企业污染排放行为的经济成本，从而对企业的污染

排放进行惩戒和约束，并反过来促使企业增强自主减排能力［参见方程（3.112）、方程（3.113）］。

在宏观经济的一般均衡系统内，环保税政策效应的基本传导原理是：一方面，环保税政策可以通过改变污染排放的经济成本来改变生产者的减排意愿与污染物排放量；另一方面，环保税政策可以影响垄断竞争行业的利润与边际成本水平，进而影响生产者的定价决策、投入—产出决策以及创业者的创业决策，从而间接改变污染物排放量。此外，环保税税率与污染物排放量的变化会动态地改变自然环境的质量，这又会对居民的经济决策产生影响，从而改变消费需求和要素供给，间接地影响生产者的最优决策与污染物排放量。

由于基准 NK－DSGE 模型中环境规制政策的行业异质性设计，本部分首先对低污染行业环保税冲击下的动态效应进行分析。如前所述，模型中的低污染行业对应的是现实中的服务业（第三产业）；在中国的现行制度下，服务业企业同样要缴纳一定数额的环保税，所以低污染行业环保税的政策效应分析同样具有不可忽视的现实意义。

为便于梳理传导路径和作用机理，这里首先以低污染行业相关经济变量的脉冲响应为分析起点，其次逐步分析政策效应在不同行业、不同家庭之间的传导。

在环境效应方面，从图 5.5 可见，外生的环保税冲击首先对低污染行业代表性企业的环境行为产生显著的影响。在更高额的环保税约束下，低污染行业企业的自主减排比例有了大幅的、直接的上升，使污染物排放量显著下降，直接改善了环境质量。

在经济效应方面，NK－DSGE 模型很细致地模拟了环境规制政策的经济外部性。从图 5.5 可见，环保税负担的加重反而扩大了低污染行业的产出（这也意味着经济总量的更大波动），这似乎有违经济直觉，但无论在模型机制框架内还是在现实经验范畴内，这一结果都能得到合理的解释，而且与朱军（2015a）、武晓利（2017）的研究结论相似。环保税正向冲击虽然会加重企业税负，并且会增加企业的减排成本［因为其加大了企业的自主减排力度，参见方程（3.112）]，但本书 NK – DSGE 模型中还存在减排补贴政策，所以企业减排行为能够带来额外的经济奖励（在现实经济中也可能表现为帮助服务业企业避免一些涉及环保的处罚和干预），这有助于抑制企业预期利润的下降，也很可能会使环保税冲击下的利润不降反升。所以从图 5.5可见，在利润的刺激下，低污染行业的劳动力投入出现了增长，提高了低污染、高污染行业的劳动力投入之比。

进一步地，模型经济系统中的高污染行业在低污染行业环保税冲击到来后也并未置身事外，而是在一系列传导机制的作用下呈现动态反应，并最终决定了两类家庭间的收入分配格局。从图 5.5 可见，由于低污染行业竞争加剧、行业价格水平下跌，高污染行业会失去一部分价格优势，产品定价（即 P_t^i，$i \in \{a, b\}$）与整个经济中的物价（即本书模型中的 P_t）的比值变得更高。这使人们更大比例地采购来自另一行业的产品或服务，进而产生了两个方面的效应：一是高污染行业的产出、劳动力投入数量、获得的投资数量在短暂上升后转入持续下降，新雇用的求职者数量、新创企业数量等指标同样均有显著下降，大量劳动力和资金流向了低污染行业，进一步促进了低污染行业的产出扩张。二是与技术冲击下的效应类似，相对价格的变化使代表性企业不得不为保持利润而减小减排力度、节约减排成本，导致高污染行业污染物排放量增加；但由于低污染行业的污染减排程度更高，抵消了上述负面效应，所以总体上低污染行业环保税冲击是能够改善环境质量的。

在分配效应方面，两个行业的产能此消彼长，导致劳动力大量流向低污染行业。所以从图 5.5 可见，由于高污染行业产能相对萎缩，非李嘉图型家庭的消费预算更加紧张（因为该类家庭的劳动力更多地就业于高污染行业）；李嘉图型家庭的收入虽然也受到影响，但其能够在不同时期之间平滑消费，有能力在一定程度上避免生活水平下降，这导致两类家庭之间的生活水平差距（人均消费差距）进一步扩大。然而，从总收入角度来看，环保税冲击下的企业减排行为导致政府增加了减排补贴的发放额度，也在冲击发生之初迫使人们减少对该行业的投资，起到类似政府消费那样的挤出作用，使李嘉图型家庭的资产存量缩水、财产性收入不升反降，最终使两类家庭之间的总收入差距有所缩小。

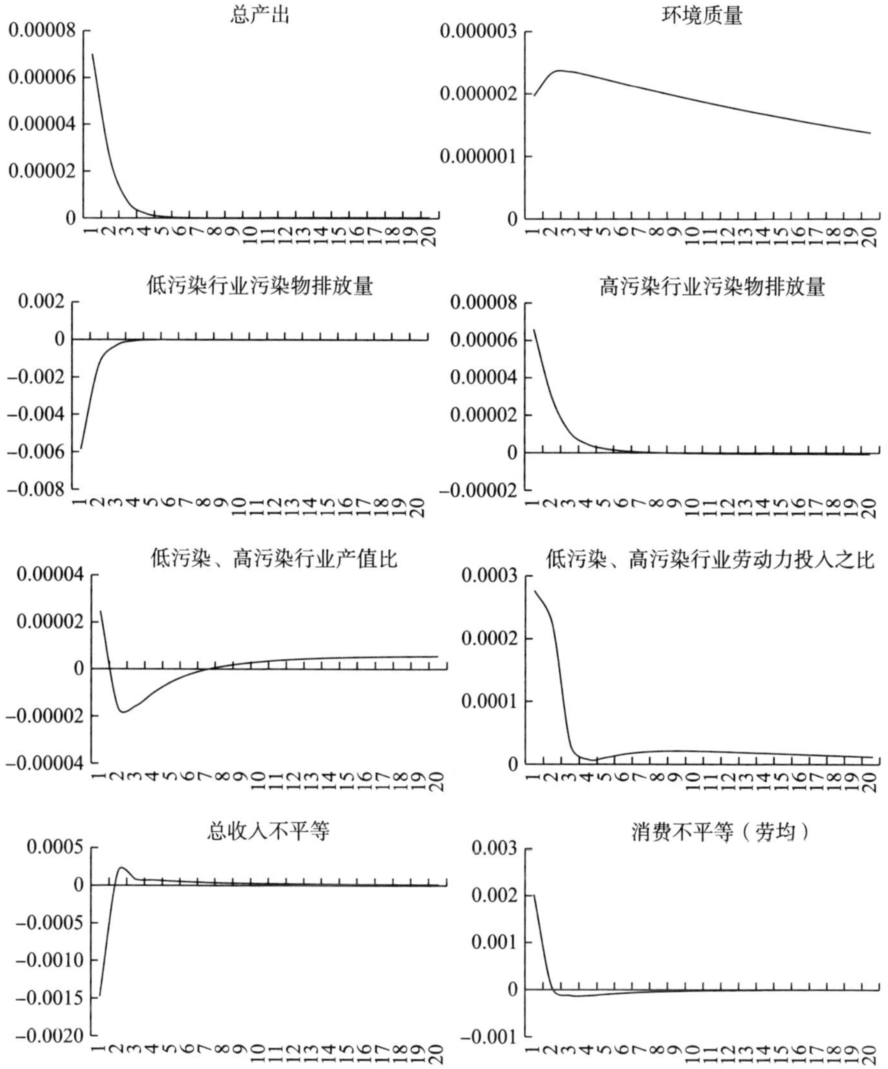

图 5.5　NK－DSGE 模型在低污染行业环保税税率冲击下的脉冲响应曲线

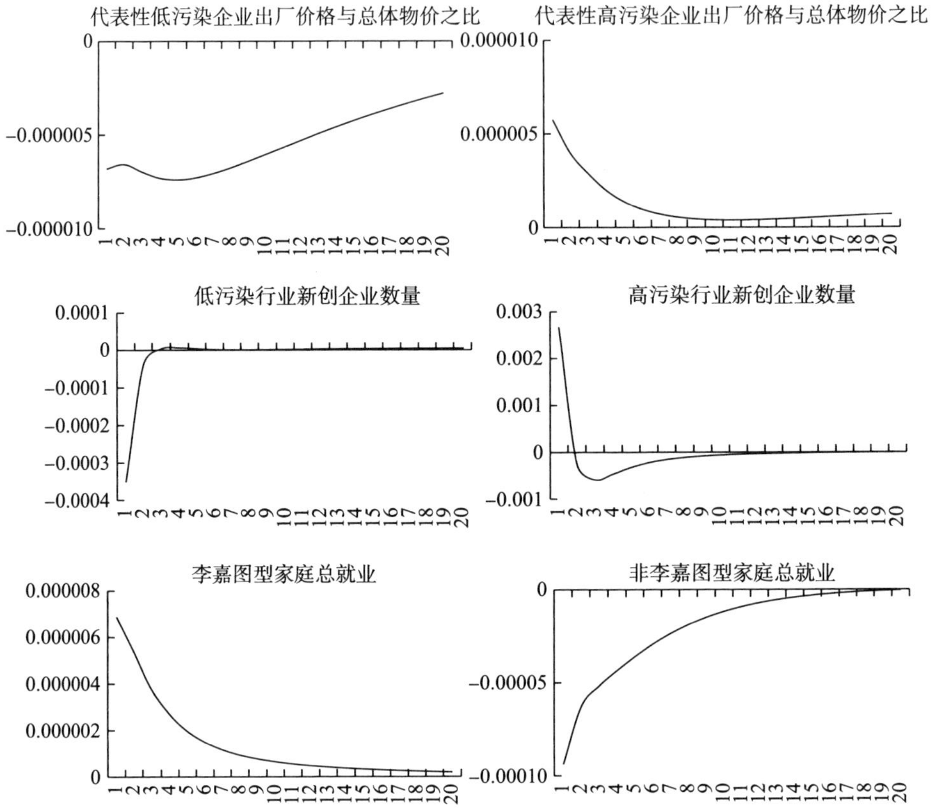

图 5.5　NK – DSGE 模型在低污染行业环保税税率冲击下的脉冲响应曲线（续）

（二）高污染行业环保税的效应：路径与机理分析

图 5.6 呈现了 NK – DSGE 模型在强度为 1 单位标准差的高污染行业环保税税率正向冲击下的脉冲响应模拟结果。从图中曲线可见，高污染行业环保税的主要效应与低污染行业环保税恰好相反。

在环境效应方面，从图 5.6 可见，在更高环保税税率的刺激下，高污染行业企业的自主减排比例提高，污染物排放量显著下降，有助于改善环境质量，而且由于高污染行业的污染物排放量更高，所以环境质量的最终改善程度也更大。在经济效应方面，从图 5.6 可见，环保税冲击同样扩大了高污染行业总产出，这同样与减排补贴政策的互动效应有关，即企业减排行为带来的额外经济奖励（在现实经济中也可能表现为帮助服务业企业避免一些涉及环保的处罚和干预）有助于抑制企业预期利润的下降，而且在污染物排放问题相对严重的高污染行业，这一效应更为显著，使得产业结构的演化在一定时期内趋向于高污染行业占比提升（但最终会恢复至稳态）。

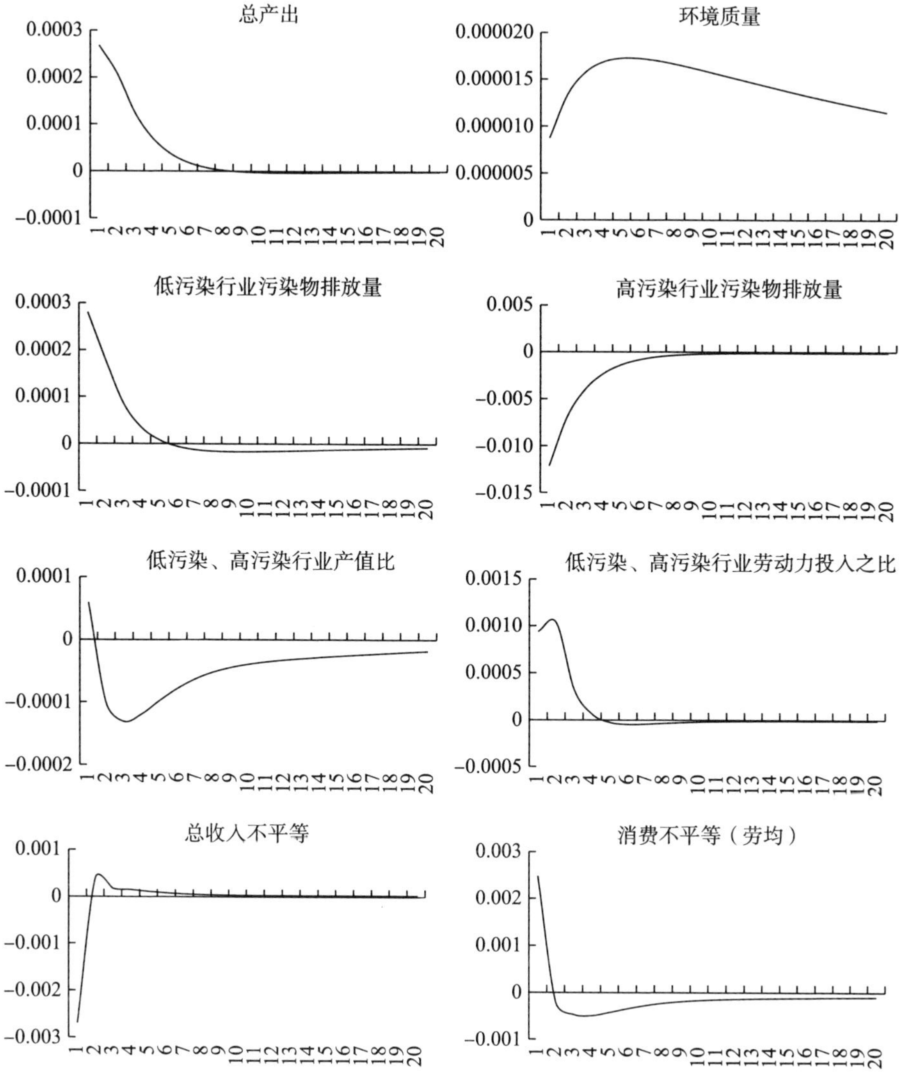

图 5.6　NK－DSGE 模型在高污染行业环保税税率冲击下的脉冲响应曲线

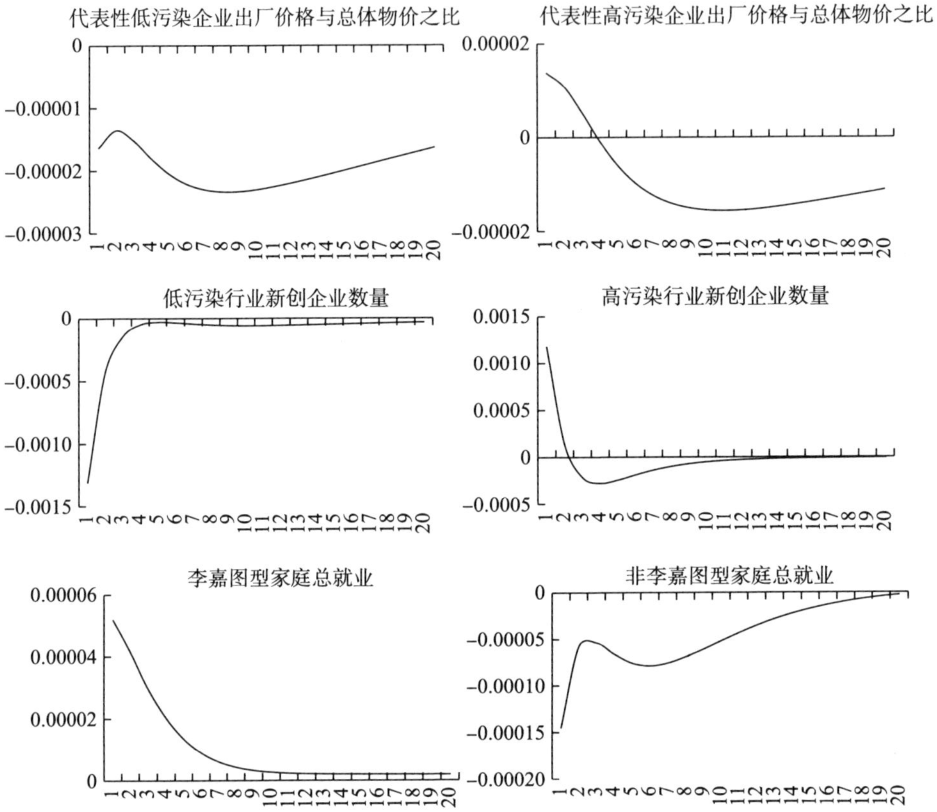

图 5.6　NK－DSGE 模型在高污染行业环保税税率冲击下的脉冲响应曲线（续）

在分配效应方面，从图 5.6 可见，由于低污染行业产能和企业数量规模相对缩小，李嘉图型家庭的劳动收入有所下降，而非李嘉图型家庭的劳动收入（消费的唯一预算来源）所受影响较小，所以两类家庭之间的生活水平差距（消费差距）在短暂扩大后出现了显著的、大幅的缩小。从总收入角度来看，两类家庭之间的总收入差距同样有所缩小，而且比低污染行业环保税冲击下的总收入差距缩小幅度更大；其中的机制主要源自两个方面：一是此时非李嘉图型家庭的劳动收入所受影响更小，有利于缩小劳动收入方面的差距；二是与低污染行业环保税冲击下的效应类似，环保税税率提高、减排补贴增加导致的挤出作用减少了李嘉图型家庭的财产性收入，最终令总收入差距缩小，而且比低污染行业环保税冲击下的缩小幅度更大。

二 减排补贴政策的效应

（一）低污染行业减排补贴政策的效应：路径与机理分析

由于本书 NK－DSGE 模型中刻画的减排补贴政策同样考虑了行业异质性，所以首先对低污染行业减排补贴政策的效应进行分析。在中国的环保工作实践中，各地的低污染行业（服务业）能够享受多样化的减排补贴政策，所以上述分析具有不可忽略的现实意义。为便于梳理，这里首先以低污染行业相关经济变量的脉冲响应为分析起点，其次逐步分析政策效应在不同行业、不同家庭之间的传导。

图 5.7 呈现了强度为 1 单位标准差的低污染行业减排补贴正向冲击下的脉冲响应模拟结果。

在环境效应方面，从图 5.7 可见，如同预期的那样，减排补贴的增加为企业的自主减排行为提供了激励，使低污染行业代表性企业的污染物排放量显著下降。在经济效应方面，从图 5.7 可见，由于减排补贴在本质上也是一种政府支出，作用于经济的需求侧，所以自然能够对经济产出起到刺激作用，扩大低污染行业总产出，造成经济总量的更大波动。这使得低污染行业产生了更大的劳动力需求，劳动力投入数量大幅增加。

在低污染行业受到减排补贴政策影响的同时，与环保税冲击下的效应类似，由于低污染行业竞争加剧、行业价格水平下跌，高污染行业失去了相对的价格优势，其产出水平、投资水平下降，低污染行业在产业结构中的占比提高。而且相对价格的变化使代表性企业不得不为保持利润而减小减排力度，使高污染行业污染物排放量增加，但这种负面效应能够被低污染行业的减排努力抵消，最终仍能实现环境质量改善。

在分配效应方面，与环保税冲击下的效应类似，由于高污染行业产能的相对萎缩，非李嘉图型家庭的消费预算更加紧张，两类家庭之间的生活水平差距扩大。同时，高污染行业投资需求的萎缩，影响了李嘉图型家庭的财产性收入，最终使两类家庭之间的总收入差距有所缩小，这也与环保税冲击下的结论类似。

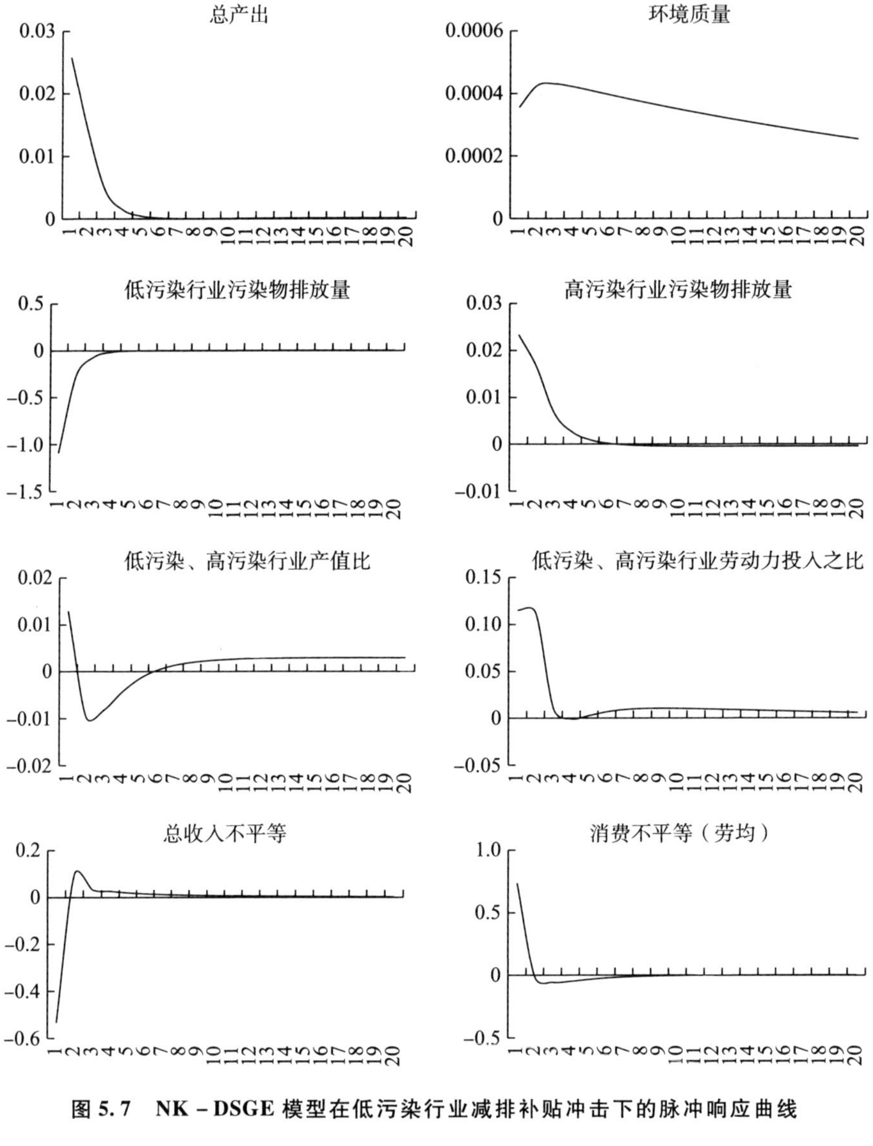

图 5.7　NK - DSGE 模型在低污染行业减排补贴冲击下的脉冲响应曲线

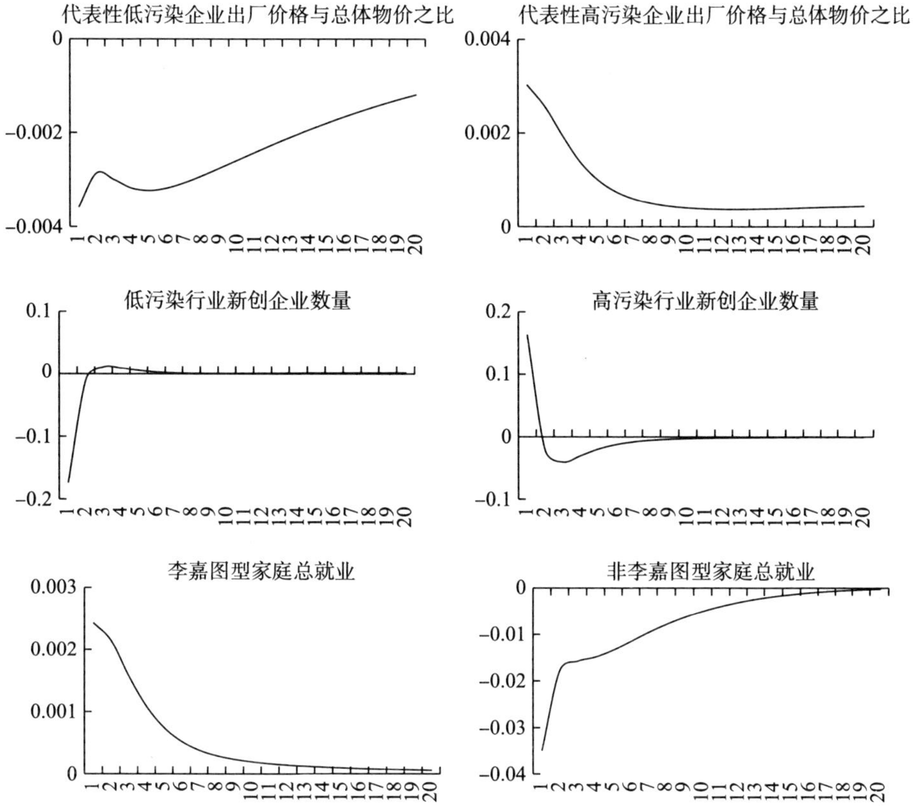

图 5.7　NK－DSGE 模型在低污染行业减排补贴冲击下的脉冲响应曲线（续）

（二）高污染行业减排补贴政策的效应：路径与机理分析

图 5.8 呈现了 NK－DSGE 模型在强度为 1 单位标准差的高污染行业减排补贴正向冲击下的脉冲响应模拟结果。

在环境效应方面，从图 5.8 可见，与其他经济型环境规制政策一致，高污染行业减排补贴使本行业代表性中间产品生产商更愿意加大减排力度，促使企业自身的污染物排放量显著下降；而且，由于高污染行业的环境外部性更为显著，所以该行业减排补贴政策最终实现环境质量改善的幅度也更大（与低污染行业减排补贴的效应相比）。在经济效应方面，从图 5.8 可见，减排补贴刺激了总需求，造成了更大的经济总量波动。

在跨行业传导效应方面，从图 5.8 可见，虽然减排补贴有助于提升企业的利润水平，但更大的减排力度（与低污染行业减排补贴冲击下代表性低污染企业的减排力度相比）导致高污染行业代表性企业减排成本增加，进而使代表性企业利润水平上升幅度相对较小，创业活动受到抑制，企业数量的增加幅度较小。可能出于此原因，很大一部分原属高污染行业的投资被迫转移至低污染行业，低污染行业的创业活动在冲击发生之初有了短暂的提高。同理，高污染行业、低污染行业的劳动力投入也出现了此消彼长的变化，带来了低污染行业污染物排放量的小幅增加。当然，这种负面环境效应最终会被高污染行业的减排努力抵消，使环境质量不至于恶化。

在分配效应方面，从图 5.8 可见，由于高污染行业产能的扩张、低污染行业产能的相对萎缩，非李嘉图型家庭的劳动收入（消费的唯一预算来源）得以增加，所以两类家庭之间的生活水平差距（消费差距）先扩大后缩小。同时，两类家庭之间的总收入差距得以缩小，这同样与减排补贴的挤出作用减少了李嘉图型家庭的财产性收入有关。

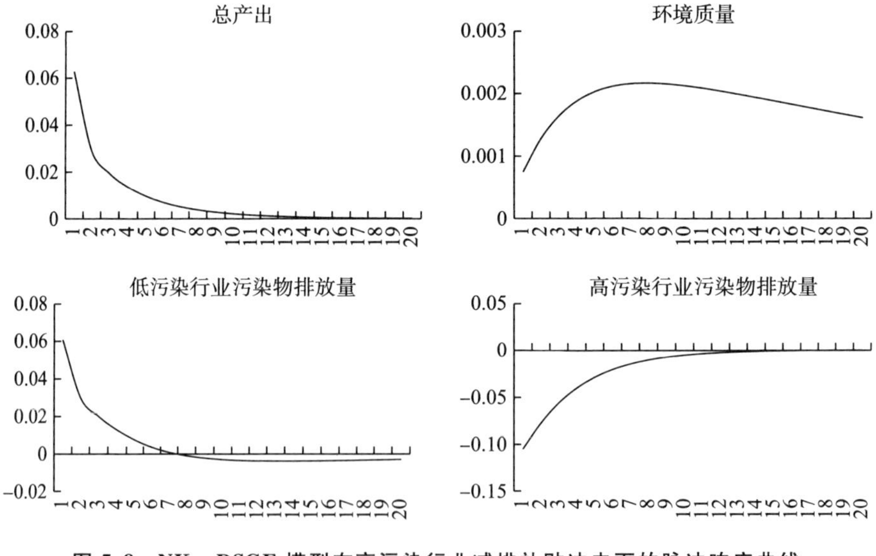

图 5.8 NK－DSGE 模型在高污染行业减排补贴冲击下的脉冲响应曲线

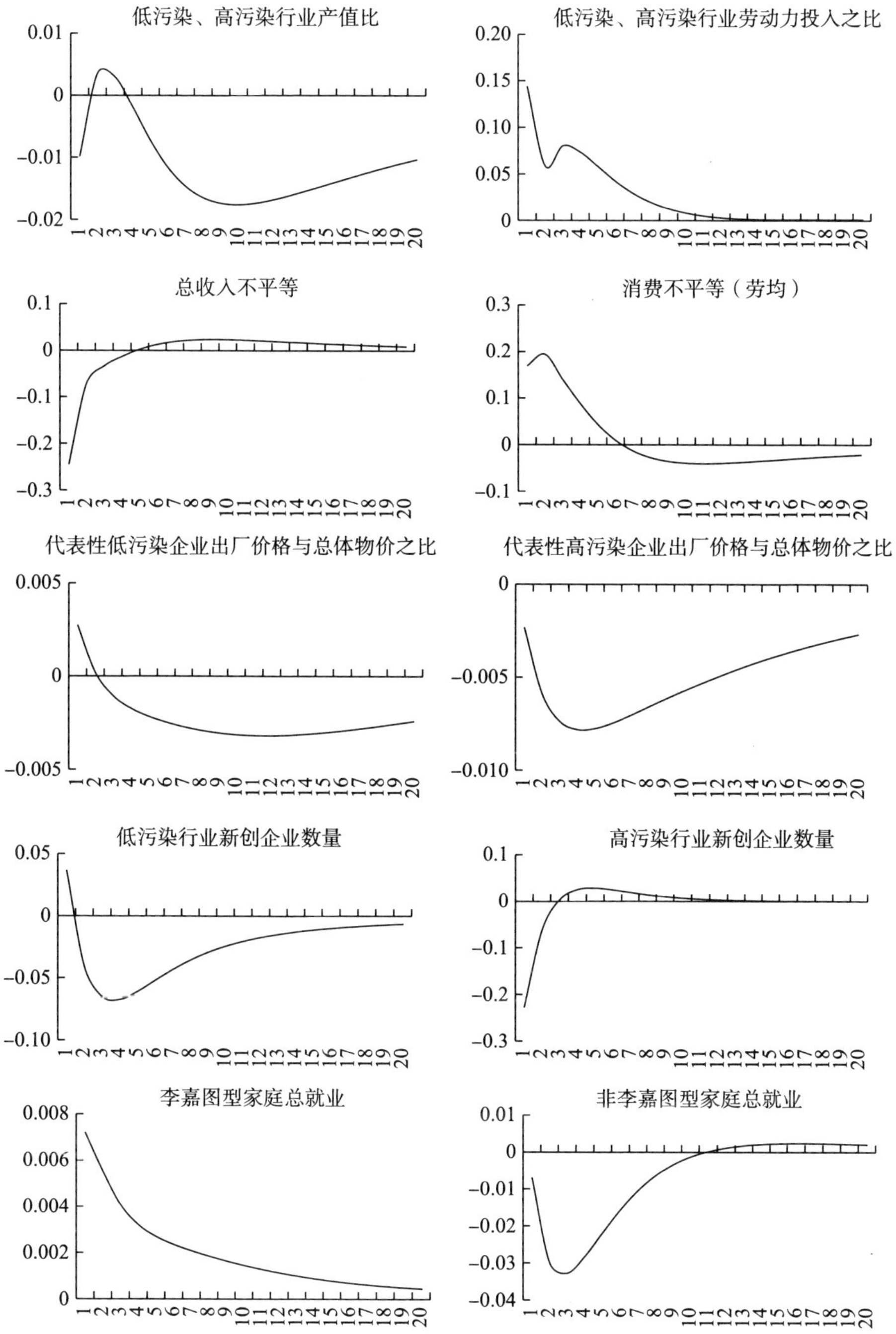

图 5.8　NK－DSGE 模型在高污染行业减排补贴冲击下的脉冲响应曲线（续）

三　环境治理支出的效应

根据本书 NK – DSGE 模型的设定，政府的环境治理支出被用于污染问题产生后的弥补与修复［参见方程（3.157）］，抑制环境质量的下降。与其他经济型环境规制政策不同的是，环境治理支出不能从源头上控制污染物排放量的增加，只能用于自然环境的被动修复。图 5.9 呈现了强度为 1 单位标准差的正向环境治理支出冲击下的脉冲响应模拟结果。

可见，在环境效应方面，正向的环境治理支出冲击直接克服了经济活动的负外部性，保证了环境质量的改善。但由于环境治理支出是一种被动的、事后的治理手段，并不能影响企业的环境行为，所以冲击下两个行业代表性企业的环境行为（尤其是减排努力程度）并未完全得到改善或提升，两个行业均存在污染物排放量增加的情况。这说明，依靠环境治理支出进行被动修复的做法可能是一把“双刃剑”。

以上的“双刃剑”问题可以通过环境治理支出的经济效应来加以解释。环境治理支出也是政府财政支出的一种，所以与财政政策（政府消费）冲击下的影响类似，环境治理支出的正向冲击同样引发总需求扩张，带来通胀和产出、就业的扩张，所以行业产能的扩张是导致两个行业污染物排放量增加的主要原因。在企业数量动态方面，为了应对环境治理支出带来的总需求扩张，低污染行业的产出扩张幅度、就业增幅等相对更大，其产品或服务变得相对富余，所以低污染行业的总体价格水平会有所下降，这使潜在的创业者认为其利润（名义值）变得更低，使低污染行业新创企业数量减少，企业数量规模开始缩小。类似的情况也出现在高污染行业，但由于高污染行业定价水平降幅小于低污染行业，并且其承接了一部分来自低污染行业的物质资本投资和创业资源，所以其效应并不显著，高污染行业的创业水平并未受到抑制。

在分配效应方面，环境治理支出显著地缩小了两类家庭之间的总收入差距，这主要是因为环境治理支出对投资存在挤出作用，降低了李嘉图型家庭获取资产性收入的能力。同时，环境治理支出显著地扩大了两类家庭的消费差距，这主要是因为低污染行业的劳动力投入在政府财政支出对民间投资的挤出作用下不断加大，而低污染行业对李嘉图型家庭劳动力的需求更加旺盛，导致非李嘉图型家庭的消费预算扩张幅度不大。

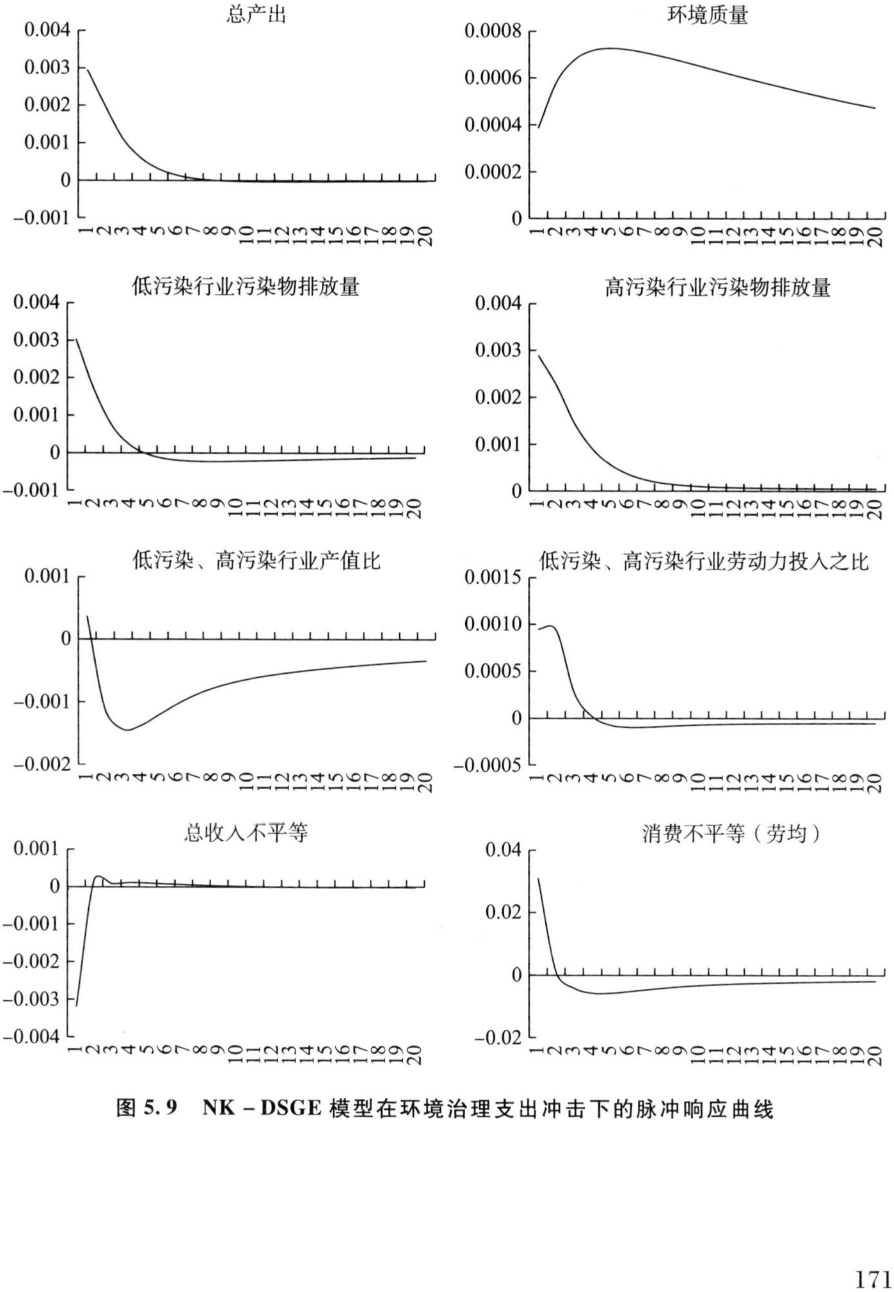

图 5.9　NK－DSGE 模型在环境治理支出冲击下的脉冲响应曲线

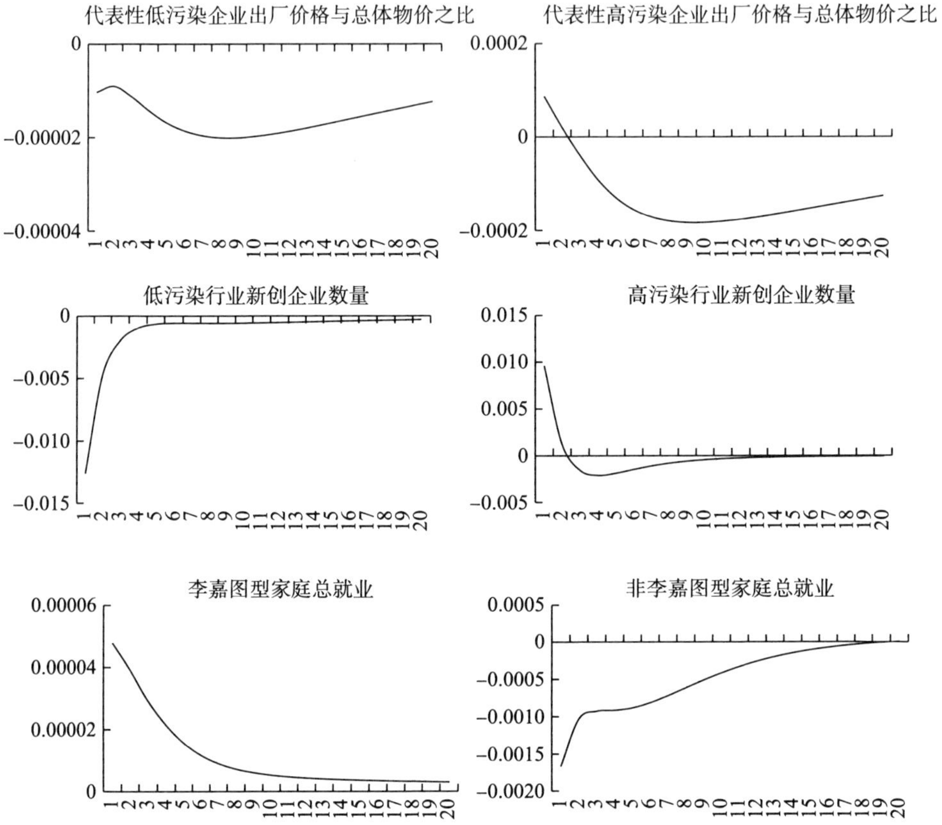

图 5.9　NK－DSGE 模型在环境治理支出冲击下的脉冲响应曲线（续）

四　关停整顿政策的效应

（一）低污染行业关停整顿政策的效应：路径与机理分析

基于现有文献所刻画的企业数量内生变化机制，本书进一步将中国环境规制措施中的关停整顿刻画为一种外生的企业退出机制［参见方程（3c.12）、方程（3c.13）］，实现了创新性的关停整顿政策效应模拟。

图 5.10 呈现了强度为 1 单位标准差的低污染行业关停整顿政策冲击下经济系统（代表企业退出比例提高）的脉冲响应模拟结果。

在环境效应方面，关停整顿政策的作用起点与环保税、减排补贴等经济型环境规制政策有很大区别，其作用的起点是直接改变相应行业的市场结构（企业数量），进而使产出和污染物排放量发生变化，其最直接的环保作用机制是从源头减少污染物排放量。所以，从图 5.10 可见，当低污染行业企业数量在政策冲击下直接减少时，由于总体产能萎缩，总体污染物排放量得以减少。当然，这一环保作用除了与企业数量规模的缩小有关外，也在一定程度上是因为低污染行业的企业数量减少使行业内部竞争减弱，所以行业总体价格乃至宏观经济的总体物价会变得更高（也可以理解为是总供给萎缩的结果），这让低污染行业的代表性企业定价水平变得相对更低；进一步地，由于企业减排成本的核算是与企业自身定价挂钩的［参见前文中技术冲击下的分析，以及方程（3.114）、方程（3.115）］，所以相对价格的变化使得代表性的低污染企业更愿意加大自身的减排力度［参见方程（3.112）、方程（3.113）］，最终使低污染行业的污染物排放量出现显著的、持续的下降。总体而言，这种模拟结果是符合经济直觉的，在中国的政策实践中也有众多典型事件与之对应。然而从图 5.10 中不难发现，与低污染行业的污染减排努力不一致的是，环境质量最终并未得到改善，而是存在长期恶化的趋势，这须归因于高污染行业的产出扩张和污染物排放量增加。

在经济效应方面，关停整顿政策冲击发生时，低污染行业的企业数量大幅减少，但低污染行业此时也出现了更踊跃的创业活动，新创企业数量持续增加，所以低污染行业企业数量很快出现恢复性增长。除了企业数量的恢复性增长外，低污染行业的劳动力投入水平也有大幅提高，最终使整个行业的总体产能在一定程度内恢复。当然，这也加剧了宏观经济的波动性。以上效应的产生机制在于，在关停整顿措施的作用下，低污染行业的内部竞争减弱，潜在创业者会有更加强烈的创业欲望（也可以用通俗的语言表达为：创业者此时发现了新的“蓝海”）。所以从图 5.10 可见，在关停整顿措施发挥作用时，低污染行业的新创企业数量有了显著增加，进而促使了各类总量指标（产出、投资、就业等）的恢复。

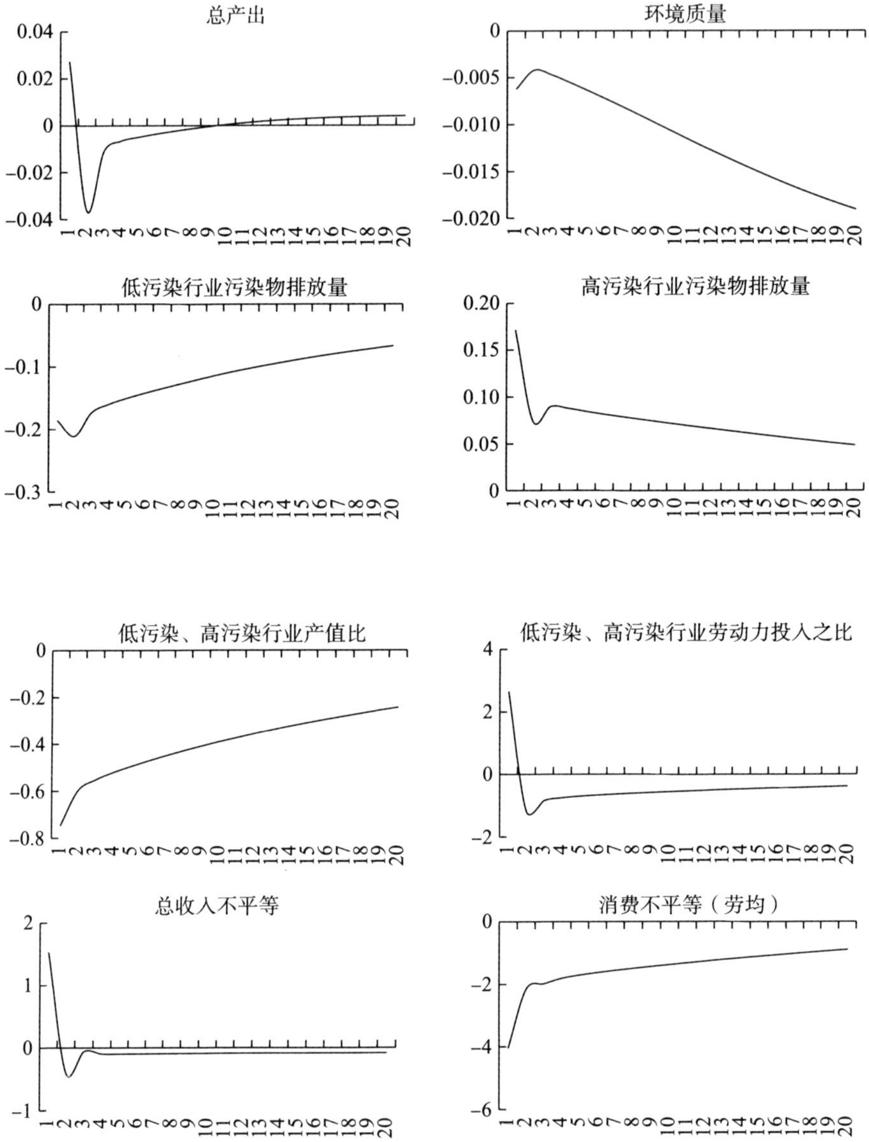

图 5.10　NK－DSGE 模型在低污染行业关停整顿政策冲击下的脉冲响应曲线

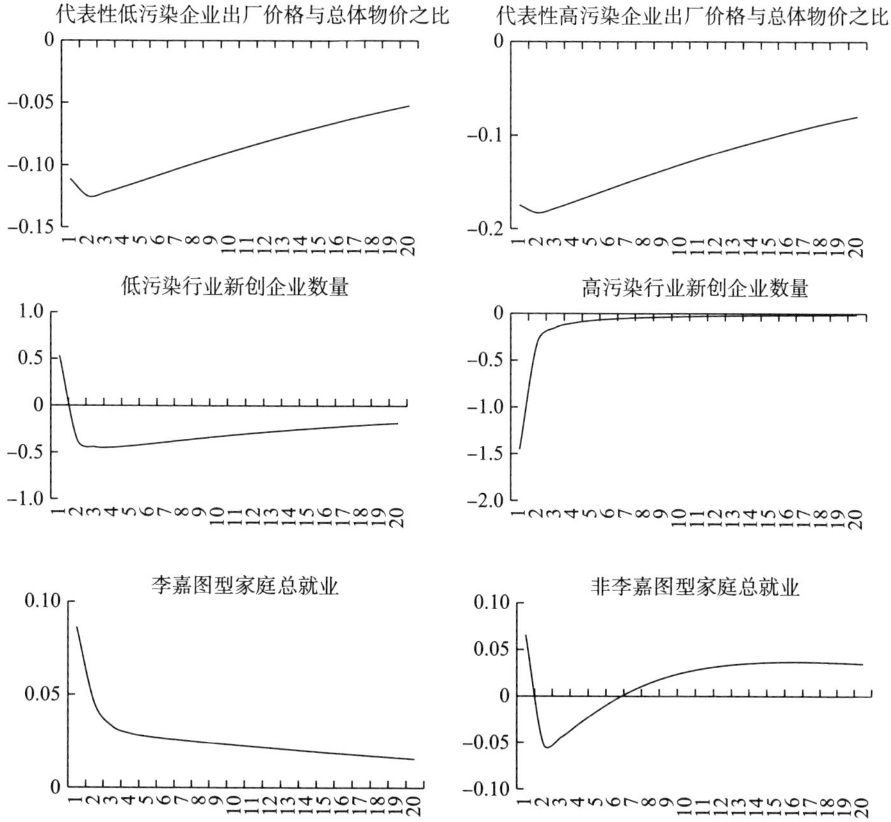

图 5.10　NK－DSGE 模型在低污染行业关停整顿政策冲击下的脉冲响应曲线（续）

进一步地，从图 5.10 可见，低污染行业的关停整顿政策冲击效应也能传导至高污染行业，并且带来较显著的影响。在关停整顿政策冲击发生之初，低污染行业产能的萎缩引发了劳动力、资本等要素资源向高污染行业的流动，使得高污染行业产能不断扩张，在产业结构中所占比重也有了大幅、持续的提高。由于高污染行业的污染物排放强度系数更高，所以这一传导效应导致高污染行业的污染物排放量不断增加，最终使环境质量出现恶化。以上效应说明，由于不同行业之间的资源流动和效应传导，针对低污染行业的关停整顿完全有可能产生得不偿失的负面环境效应，这在相关政策的设计与实施过程中应当受到关注。

在分配效应方面，李嘉图型家庭能依靠高污染行业的产能扩张获得更多财产性收入，两类家庭之间的总收入差距进一步扩大。关停整顿这种完全依赖行政指令的命令—控制型环境规制政策所产生的有益环境效应（低污染行业污染物排放量减少）是以其他行业的污染物排放量增加和收入分配公平程度下降为代价的，其最终效果可能是得不偿失。同时，由于高污染行业的产能扩张、劳动力需求相对旺盛，以及低污染行业产能的快速恢复，主要就业于高污染行业的非李嘉图型家庭的劳动收入水平相对提高、消费预算增加，所以其消费水平有一定提高，而李嘉图型家庭的消费水平提高受制于边际消费倾向递减，这最终导致两类家庭的消费差距缩小。

（二）高污染行业关停整顿政策的效应：路径与机理分析

图 5.11 呈现了强度为 1 单位标准差的高污染行业关停整顿政策冲击下经济系统的脉冲响应模拟结果。

在环境效应方面，与低污染行业的同类政策一致，在关停整顿冲击发生时，高污染行业企业数量的突然减少直接压缩了整个行业的产能，导致了高污染行业污染物排放量的下降，也使环境质量得到改善。而且，高污染行业的企业数量减少导致行业竞争减弱，抬高了行业整体价格，使得高污染企业更愿意加大自身的减排力度，从而进一步改善了环境质量。但是由于新创企业数量的恢复性增长，高污染行业污染物排放量在短暂下降后重新回升至更高水平，不利于环境质量的持续改善。

在经济效应方面，高污染行业关停整顿政策冲击的作用机理与低污染行业同类政策类似。在冲击发生时，高污染行业的企业数量大幅下降，但其内部竞争减弱吸引了更多创业者，使得高污染行业新创企业数量持续增加。而且，单个代表性高污染企业在垄断利润的刺激下实现了产出扩张，劳动力投入、投资水平均得以提高，抵消了企业数量下降的影响，使整个行业的产能持续增加。所以，高污染行业的关停整顿会使其在总产出和总就业中的份额短暂降低，但上述份额很可能会重新提升至更高水平。同时，由于低污染行业的投资、劳动力等要素资源流向了快速恢复中的高污染行业，低污染行业的新创企业数量减少、产能萎缩，这又使低污染行业污染物排放量显著下降，最终使环境总体质量得到改善。

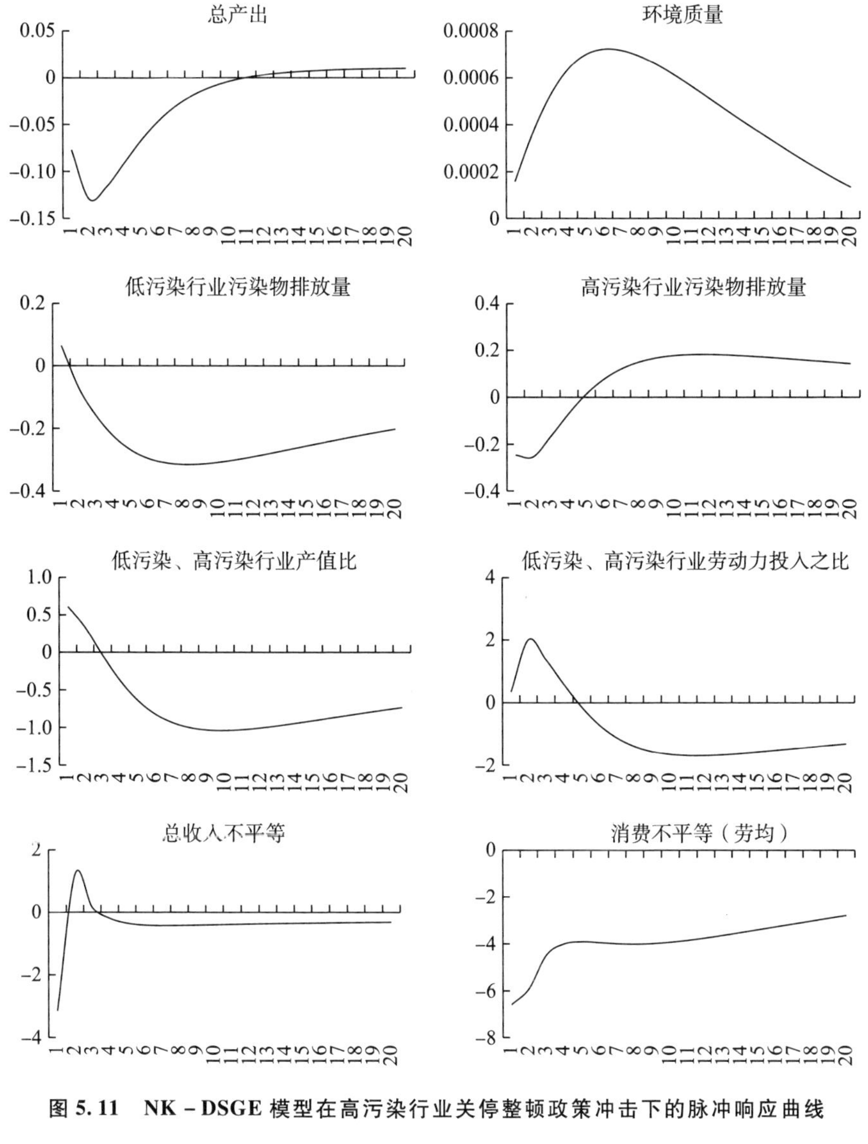

图 5.11　NK－DSGE 模型在高污染行业关停整顿政策冲击下的脉冲响应曲线

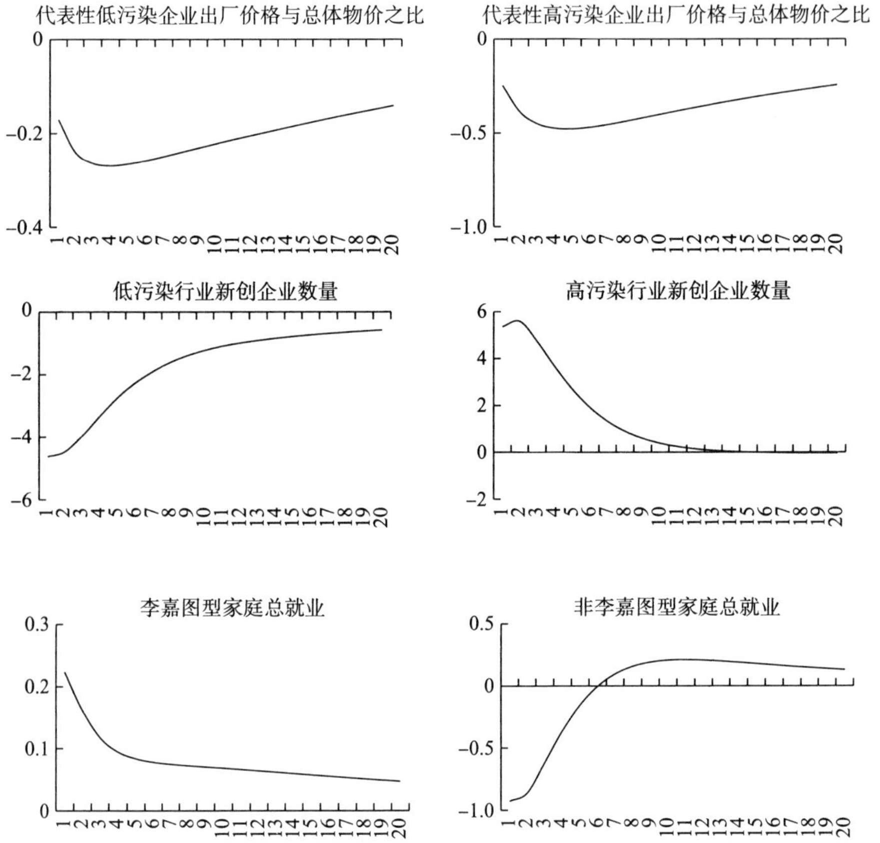

图 5.11 NK－DSGE 模型在高污染行业关停整顿政策冲击下的脉冲响应曲线（续）

在分配效应方面，由于高污染行业产能的恢复性扩张以及低污染行业产能的相对萎缩，主要在高污染行业就业的非李嘉图型家庭的劳动收入水平提高、消费预算更为宽松，从而改善了相对贫困的非李嘉图型家庭的生活质量，带来了两类家庭之间消费差距的缩小。与此同时，由于高污染行业对资本投入的依赖较低，为李嘉图型家庭创造财产性收入的能力相对较低，这类行业也倾向于更少雇用李嘉图型家庭劳动力，所以两类家庭之间的总收入不平等情况最终得到改善。

第三节　分析小结和政策启示

一　分析小结

通过环境规制政策的初步效应模拟，本章得出下列政策分析结果。

（1）低污染行业环保税政策在改善环境质量的同时，扩大了总产出，加剧了经济波动，使低污染行业在总产出、总就业中的比重变得更大。低污染行业环保税政策能够扩大贫富家庭之间的生活水平差距（消费不平等），缩小总收入的差距（总收入不平等）。与低污染行业类似，高污染行业环保税政策在改善环境质量的同时，扩大了总产出，提升了高污染行业在总产出、总就业中的份额。同时，高污染行业环保税政策能够在扩大生活水平差距的同时，缩小总收入差距。

（2）与环保税政策类似，低污染行业减排补贴政策在改善环境质量的同时，扩大了总产出，加剧了经济波动，使低污染行业在总产出、总就业中的比重变得更大。与环保税政策类似，低污染行业减排补贴政策能够扩大贫富家庭之间的消费不平等，缩小总收入不平等。高污染行业减排补贴政策在改善环境质量的同时，扩大了总产出的正向波动幅度，提升了高污染行业在总就业中的份额，但并未提升高污染行业在总产出中的占比。同时，减排补贴政策能够在扩大生活水平差距的同时，缩小总收入差距。

（3）环境治理支出政策虽然能够通过事后治理方式改善环境质量，但同时带来了总需求的扩张，加剧了经济波动，也无法起到直接降低两类行业污染物排放量的作用。同时，环境治理支出政策同样会在扩大生活水平差距的同时，缩小总收入差距。

（4）低污染行业关停整顿政策可能会导致环境质量恶化，并且使低污染行业在总产出和总就业中的份额持续降低，不利于产业结构的优化升级。低污染行业的关停整顿能够加剧总收入的不平等，缩小两类家庭的生活水平（人均消费）差距。高污染行业关停整顿政策能够改善环境质量，但由于新创企业数量的恢复性增长，高污染行业污染物排放量在短暂下降后会再度升高，不利于环境质量的持续改善。高污染行业的关停整顿会使其在总产出和总就业中的份额先降后升，不利于产业结构的优化升级。然而，高污染行业的关停整顿能同时减少收入不平等和消费不平等。

（5）从跨行业角度来看，各类环境规制政策在有针对性地降低一个行业污染物排放量的同时，很有可能通过经济系统内部的传导机制加剧其他行业的污染问题，也很有可能产生跨行业的经济外部性。

二　简要政策建议

在应用和执行层面，我们能从以上分析结果中引申出以下简要政策建议。

（1）在宏观经济系统中，大多数环境规制政策的实施有助于增强环保效果，但应联系经济系统的运行和传导机理，注意部分政策可能导致的负面环境外部性和负面经济外部性，如部分行业的减排补贴政策和关停整顿政策。在具体政策的改进和补充方面，各地应避免对高耗能、高排放企业进行简单粗暴的限制（如直接限制能源供给）、关停整顿乃至驱赶，而是要完善环境规制下利益受损企业的生态补偿机制，并为其绿色转型提供充足的补贴或奖励。这一方面能够避免过度冲击区域经济、影响就业，另一方面能够尽可能弱化“污染天堂”效应。此外，针对上述问题，目前亟须完善的一类政策工具是市场化环境规制政策，如排污权交易、碳交易等。在协调推进共同富裕和绿色发展的过程中，健全、开放、有序的绿色市场体系可以为企业的绿色转型创造更完善的外部环境，也有利于引导居民家庭转向绿色、低能耗的消费和生活方式，在市场信号的引导下推动劳动力等生产要素的有序流动，助力绿色创新资源流转和绿色技术价值转换，最终通过市场需求杠杆倒逼绿色转型，从而避免某些过度依赖行政干预手段的环境规制政策所可能导致的负面效应。

（2）更强有力的经济型环境规制政策通常能够带来更公平的收入分配效应，但是有关部门如果实施更大力度的命令—控制型环境规制政策（如现实中服务业的关停整顿），便也有可能加剧收入分配的不平等。而且，经济型环境规制政策通常会扩大贫富家庭之间的生活水平差距，不利于提升人民群众的幸福感与获得感，所以应根据各行业、各地区的实际情况，关注环境规制与分配公平之间可能产生的矛盾与冲突。在实际操作层面，应对上述问题的短期对策是国家级指导意见，如《关于健全生态保护补偿机制的意见》《关于深化生态保护补偿制度改革的意见》等已经出台，各部委、各地方政府应当及时响应，根据工作需要和实际情况，研究制定更加具体的分类补偿执行办法，让生态保护补偿政策尽早落到实处、具备充分的可行性。进一步，在提高补偿标准、扩大补偿资金投入规模的同时，要引入市场原则，结合市场化环境规制手段，基于“受益者付费”“污染者付费”等原则，完善市场化、多元化的生态补偿格局；而且，补偿政策要进一步向生态环境的功能区、保护区、脆弱区倾斜，不让那些为保护环境做出大量牺牲的地区和群众吃亏，防止环境不平等问题的加剧，缩小与环境规制有关的收入差距。进一步地，应对上述问题的长期对策是坚决推进绿色发展，依靠持续的、协调的发展来保障全局优化，获得高度发达的生产力，而这在实现共同富裕的道路上恰恰是不可缺少的物质基础。在中国长期以来不断完善的以公平正义为导向的收入分配制度驱动下，绿色发展进程中势必会建立有利于清洁生产、绿色消费的社会分工体系和分配机制，并进一步为绿色发展提供内生动力，最终达到绿色富国、绿色惠民，在环保、公平、效率三方面相协调的前提下实现共同富裕。

（3）各类环境规制政策都会导致更强烈的经济波动，这意味着环境规制政策即便能够在环保、公平两大政策目标之间取得协调，也会付出效率和福利方面的代价，不利于新常态下中国经济的稳定、高质量发展。所以，理性的政策制定者应当能够在环保、公平、效率这三大政策目标之间做到更有全局性的兼顾与平衡。在对策方面，首先要对现有的环境规制政策进行规则和具体措施上的改进，例如通过环境保护税税率规则设计（类似个人所得税的累进税率），发挥类似个税的“自动稳定器”作用，从而降低环境规制手段可能带来的经济波动风险。其次，应立足当前以国内大循环为主体、国内国际双循环相互促进的新发展格局，利用好市场这双“看不见的手”，尽快完善、推行新兴的市场化环境规制措施，让市场机制在绿色发展的供需对接中起到衔接和调节作用，这样便可以避免一些直接干预式规制手段可能导致的市场失衡和经济波动加剧问题。再次，要坚决推进绿色技术创新。技术进步除了能提高劳动生产率外，也能够提升产业链中职能分工协作的合理性，提高整个社会经济系统的运作效率，避免经济结构失衡，有利于平抑波动。例如，依托科技进步所形成的网格化服务体系，能够大幅提升生产、生活和社会治理的整体效率，降低相关资源消耗和污染物排放量，让大众更普遍、更平等地享受经济发展成果，及时应对环境事件、气候问题、新冠肺炎疫情等公共事件的不良后果，减少经济波动风险。此外，也正是因为上述模拟结果，本书才进一步进行环境规制政策的福利效应分析，并通过不同政策的叠加福利效应来探寻能够有效兼顾不同目标的更多改革方案。

第六章
环境规制政策的改革优化模拟

本章的主要研究内容是，首先，利用传导机制分析成果，从政策效应传导路径和关键传导变量出发，利用脉冲响应分析等手段，搭配反事实分析方法（参数调整、变量调节等），模拟环境规制政策出台后的效应，探索政策优化方向与不同政策间的合理搭配选项；其次，开展社会福利损失测算，针对政策模拟中发现的矛盾与问题，在环保、公平、效率与发展质量相权衡（通过社会福利损失函数的合理推导来保证）的前提下，以社会福利损失测算值为量化标准，为政策的优化选择提供评价标准，给出相应政策建议。

本章主要回答第一章第二节中的问题（3）、问题（4）、问题（5），即：

（1）各类环境规制政策的力度调整会带来什么样的环境效应、分配效应和经济效率变化?

（2）如何恰当地发挥并调节环境规制政策与其他类型政策之间的叠加或联动效应?

（3）在能够促进环境规制、分配公平之间协调互促的政策（或政策组合）中，哪些能在改善环境、兼顾公平的同时保障经济效率，从而助力经济高质量发展、缓解经济新常态下的压力与矛盾?

本章研究工作的目的与作用是：以上一章的传导机制分析为基础，以核心传导变量为切入点，以反事实分析方法（参数调整、变量调节等），模拟政策力度、政策运用范围、政策多元化组合等方面的改革效果，并进行相应的社会福利损失函数测算分析，评价政策改革的福利效果，从中获得政策启示，体现本书的应用价值。最终得出的改革效果模拟结论应具备以下几个基本特征。

（1）政策的模拟分析结果应以传导机制分析中所获的政策启示为基础，并能够进一步支撑、验证传导机制的分析结论。

（2）根据 Böcher（2012）的划分，至少包含税费类经济型环境规制政策（环保税等）、补偿类经济型环境规制政策（减排补贴等）、命令—控制型环境规制政策（环保督察、企业关停整顿等）的优化改革方案。改革形式应涉及政策力度、政策运用范围、政策多元化组合等方面，例如减排补贴是限于一个行业还是全面铺开，环保税等税费类政策如何与补偿类政策（减排补贴等）搭配，等等，最终带来多元化的政策启示。

（3）应考虑环境规制政策与其他经济政策之间的叠加、联动效应，分析应如何实现政策效应的协调互促、保障总体经济福利。

（4）此外，为了增强本研究在经济新常态下的现实意义，还应结合分配格局、稳定增长、结构转型、动力转换等方面的改革需要来模拟和评价政策效果。

（5）改革效果评价的基本标准是：①能够在经济波动的过程中有效减少污染、保护环境，并尽可能降低政策所带来的分配代价；②政策在充分改善环境质量、保障分配公平的同时，在短期内还应避免扩大经济系统的波动风险，并能与新常态下的经济结构调整、就业结构优化等需求相匹配，从而更好地应对新常态下的中国经济形势，契合经济新常态下的稳就业、稳增长等改革发展需要；③能够更好地实现环境保护、分配公平、经济效率之间的平衡与协调（后文的社会福利损失函数正是为此点而引入）。

第一节　环境规制政策改革的动态分析与改革效果评价

环境规制政策改革的动态分析以掌握改革带来的短期动态效应为目的，具体做法是：以基准 NK－DSGE 模型为基础进行反事实分析（通过参数调整、方程修改等），对比各变量波动规律在模型调整前后的变化情况，模拟政策改革产生的效果。最终，回答第一章第二节问题（3）、问题（4）、问题（5）中关于新常态下经济稳定性的问题。

一　两个行业的环保税政策改革（税率调整）

（一）低污染行业环保税税率调整

图 6.1 展示了单独调整低污染行业环保税税率的结果，调整方向为税率提升。为简洁起见，图 6.1 中每幅小图均以三条曲线分别展示了税率不变、税率提高 100%、税率提高 200% 时的脉冲响应曲线，构成了清晰的对比分析结果。

从图 6.1 可见，在环境效应方面，在低污染行业环保税税率提升后，这一政策对企业自主减排的激励作用变得更大，所以更高的税率使低污染行业环保税的有益环境效应得到进一步增强，环境质量改善幅度显著提升。

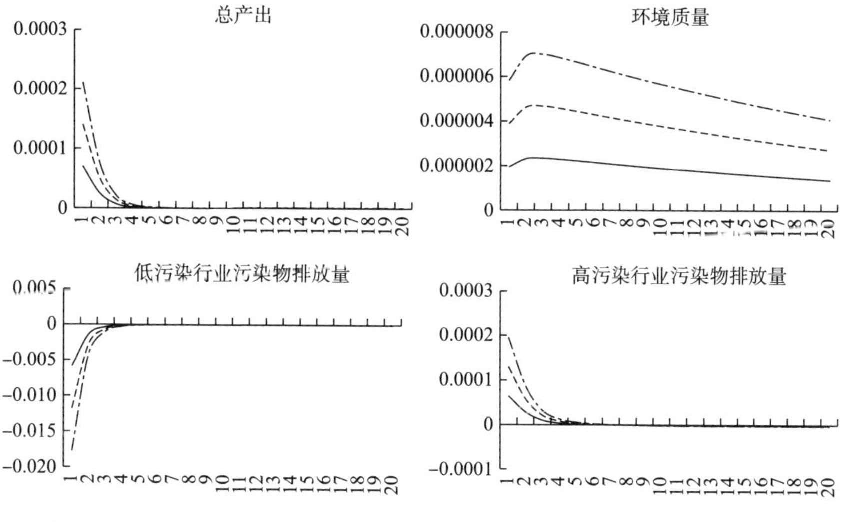

图 6.1　NK－DSGE 模型在低污染行业环保税税率调整下的波动规律变化

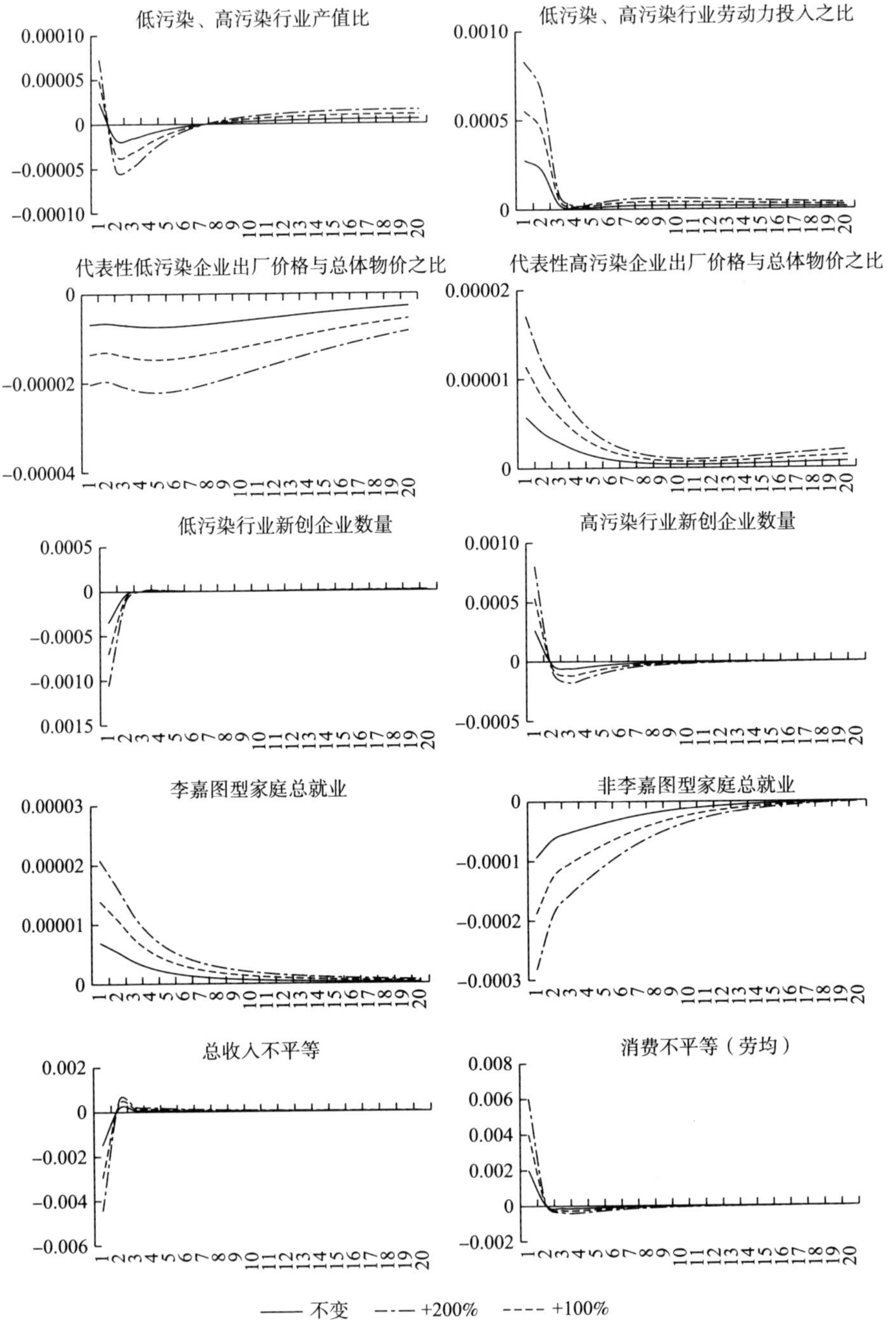

图 6.1　NK－DSGE 模型在低污染行业环保税税率调整下的波动规律变化（续）

在经济效应方面，低污染行业环保税纳税额在国民经济中的份额愈发变大，使这类环保税能带来更强的经济外部性，而且变化方向始终与税率的变化方向一致。从图6.1可见，更高的低污染行业环保税税率使经济总量的增加幅度提升，也使低污染行业在国民经济中的占比变得更大。这一方面说明，模型政策参数的有限变化并不会从本质上改变政策作用结果，而只会改变政策效应的具体大小。所以本书NK－DSGE模型对环保税作用路径、影响机理的刻画方式是合理、稳健的（反事实分析原本便是一种检验宏观经济模型稳健性的方法）。另一方面，上述结果意味着，低污染行业环保税税率提高所带来的有益环境效应是以经济波动性的加剧为代价的，这意味着政策制定者除应处理好环保与分配公平之间的协调问题，更需要进一步在保护环境与经济效率下降（社会福利损失）之间进行权衡。由于金融危机后全球宏观经济波动风险加剧，而且新常态下中国经济的稳定性问题受到更多关注①，所以关注分析结果中的产出波动是非常具有必要性的。在新常态下，无论是对中国经济的持续健康发展，还是对进一步的深化改革、结构转型、对外开放来说，经济稳定都是重要的先决条件。在理论角度，宏观经济的一般均衡系统在稳态下是有效率的，过大的总量波动意味着效率下降与社会福利损失。所以，在分析分配效应的同时，也需要通过经济波动幅度的相应变化，考察环境规制政策改革带来的效率代价，这也是本书后续部分进一步以社会福利损失函数进行政策评价的原因。

在分配效应方面，低污染行业环保税税率的提高使总收入不平等（李嘉图型家庭与非李嘉图型家庭总收入之比）的下降幅度变大，意味着收入分配得到更大改善。同时，两类家庭之间的消费差距也由于高污染行业从业者劳动收入的相对减少而进一步扩大。所以总体来说，各类不平等指标的变化幅度会随低污染行业环保税税率的提高而加大，提高低污染行业环保税税率有助于提升总收入分配的公平程度，但不利于缩小两类家庭成员之间的生活水平差距。

① 2018年中央经济工作会议正式提出“六稳”目标。

（二）高污染行业环保税税率调整

图6.2展示了单独调整高污染行业环保税税率的结果，调整方向同样为税率提高。由图中脉冲响应曲线的变化情况可见，高污染行业环保税税率的提高在环境效应、经济效应方面与低污染行业类似，都带来了更好的环保效果与更剧烈的总量波动。在产业结构方面，高污染行业所占的份额更大。在分配效应方面，高污染行业环保税税率的提升同样有助于提升总收入分配的公平程度，但扩大了两类家庭的生活水平差距。

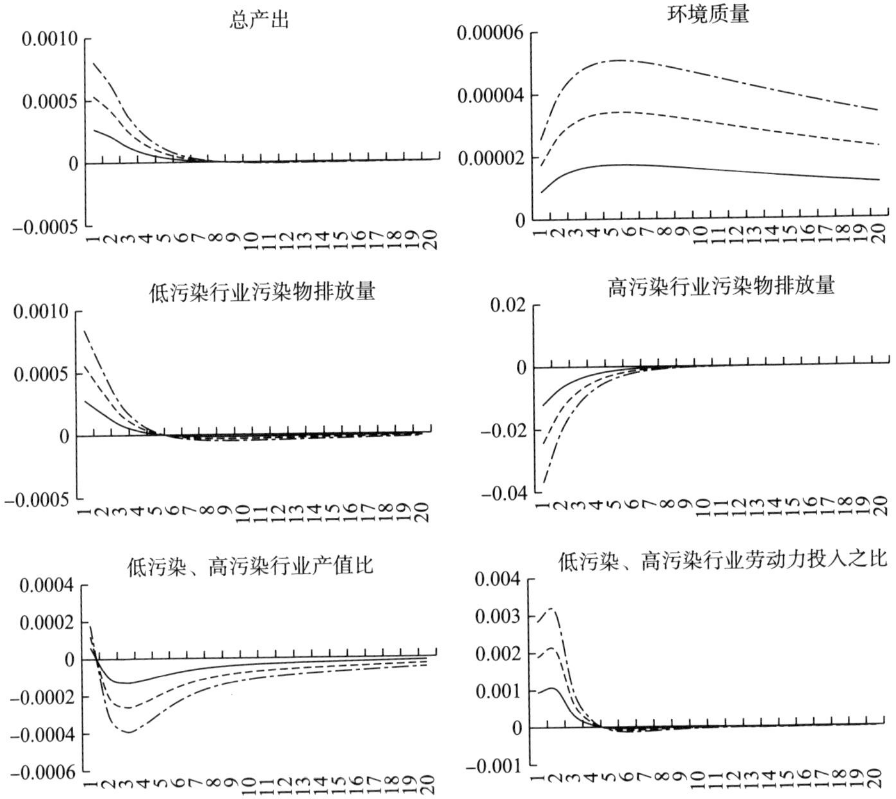

图6.2　NK－DSGE模型在高污染行业环保税税率调整下的波动规律变化

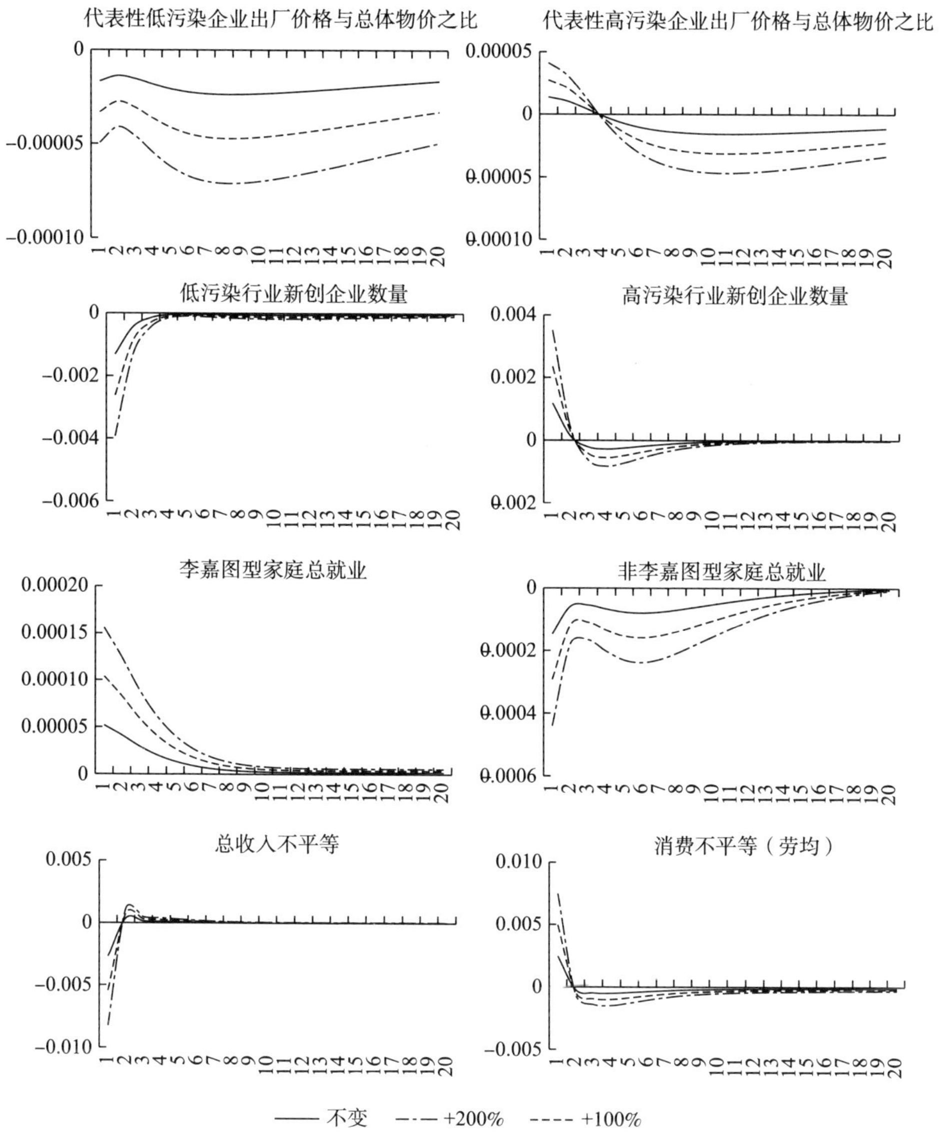

图 6.2 NK－DSGE 模型在高污染行业环保税税率调整下的波动规律变化（续）

二 两个行业的减排补贴政策改革（减排补贴率调整）

（一）低污染行业减排补贴率调整

图 6.3 展示了单独调整低污染行业减排补贴率的结果，调整方向为补贴

率提高。图 6.3 中每幅小图均以三条曲线分别展示了减排补贴率不变、提高 20%、提高 40% 时的脉冲响应曲线。由图 6.3 可见，在环境效应方面，与环保税政策的改革效应类似，更高的减排补贴率带来了环境质量的进一步改善，但是改善幅度并不明显（三条脉冲响应曲线十分接近）。在经济效应方面，同样与环保税政策的改革效应类似，作为政府支出的一部分，低污染行业减排补贴率提高给总需求带来了更大的扩张，使总产出波动幅度变大，所以是不利于经济稳定的。而且，低污染行业减排补贴率的提高导致了更强的挤出效应，使民间投资萎缩，导致更依赖资本投入的低污染行业的产出扩张幅度不足，并在第 2～3 期后陷入更严重的产能衰退，衰退幅度与减排补贴率提高程度成正比，这使低污染行业减排补贴率的提高导致了产业结构中高污染行业占比的加大，这对新常态下的中国经济结构转型可能造成不利的影响。

在分配效应方面，低污染行业减排补贴率的提高使原有的分配效应更为显著，带来了总收入分配公平程度的更大提升与消费差距的更显著扩大。

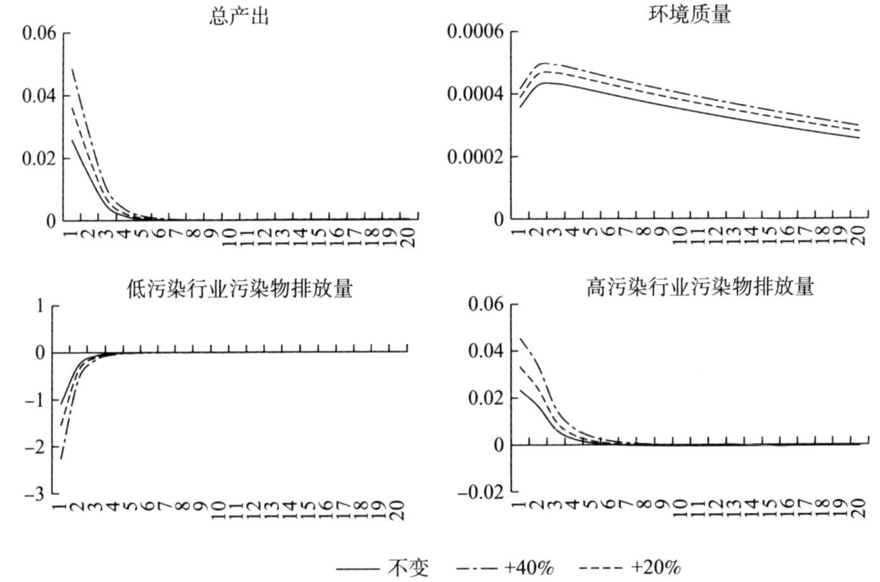

图 6.3　NK－DSGE 模型在低污染行业减排补贴率调整下的波动规律变化

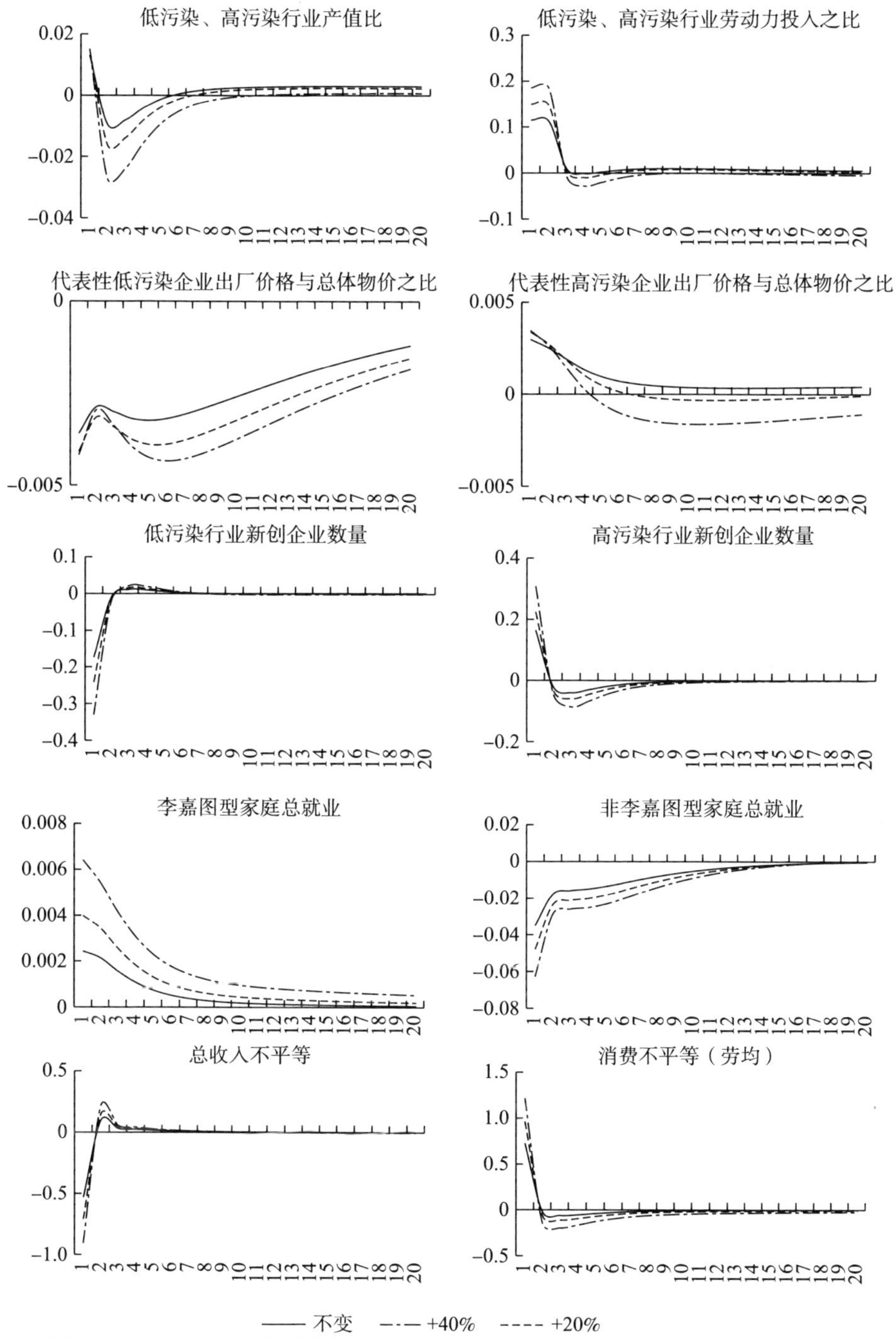

图 6.3　NK－DSGE 模型在低污染行业减排补贴率调整下的波动规律变化（续）

（二）高污染行业减排补贴率调整

图 6.4 展示了单独调整高污染行业减排补贴率的结果，调整方向为补贴率提高。由图可见，高污染行业减排补贴率的改革效应和低污染行业减排补贴率的改革效应类似，产生了更剧烈的总量波动，二者最关键的区别在于更高额度的高污染行业减排补贴反而会弱化减排补贴的环保效应，使环境质量下滑，其原因主要是：更高额的减排补贴扩大了总需求，增加了企业的预期利润，对一个污染水平过高、减排余地更大的行业而言，这种效应也会更加强烈；所以，为了应对总需求扩张，高污染行业的产能和新创企业数量大幅增加，抵消了减排补贴率提高所带来的减排激励作用。而且，由于挤出效应以及跨行业的效应传导机制，高污染行业减排补贴率的提高导致了低污染行业更大幅度的产能萎缩，所以提高了高污染行业在国民经济中的占比。在分配效应方面，高污染行业减排补贴率的提高同样令原有分配效应变得更为显著，所以进一步提升了总收入分配的公平程度，扩大了两类家庭之间的消费差距。

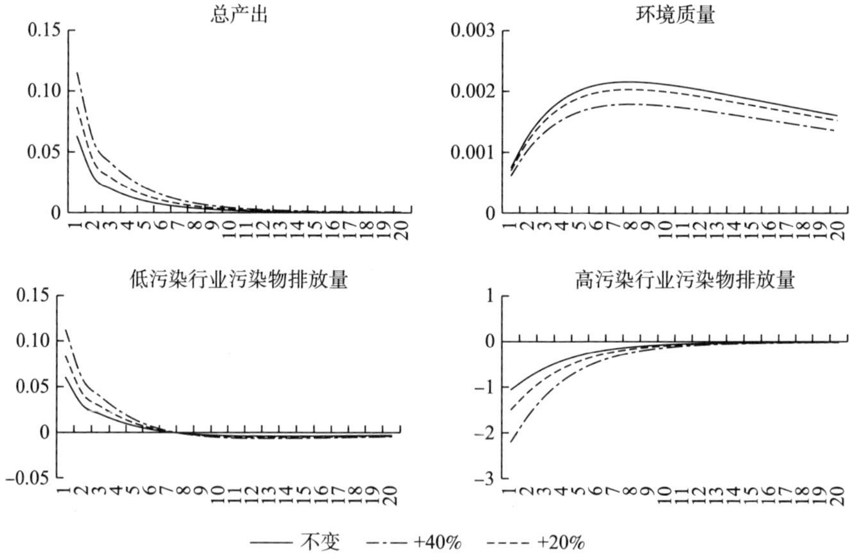

图 6.4 NK－DSGE 模型在高污染行业减排补贴率调整下的波动规律变化

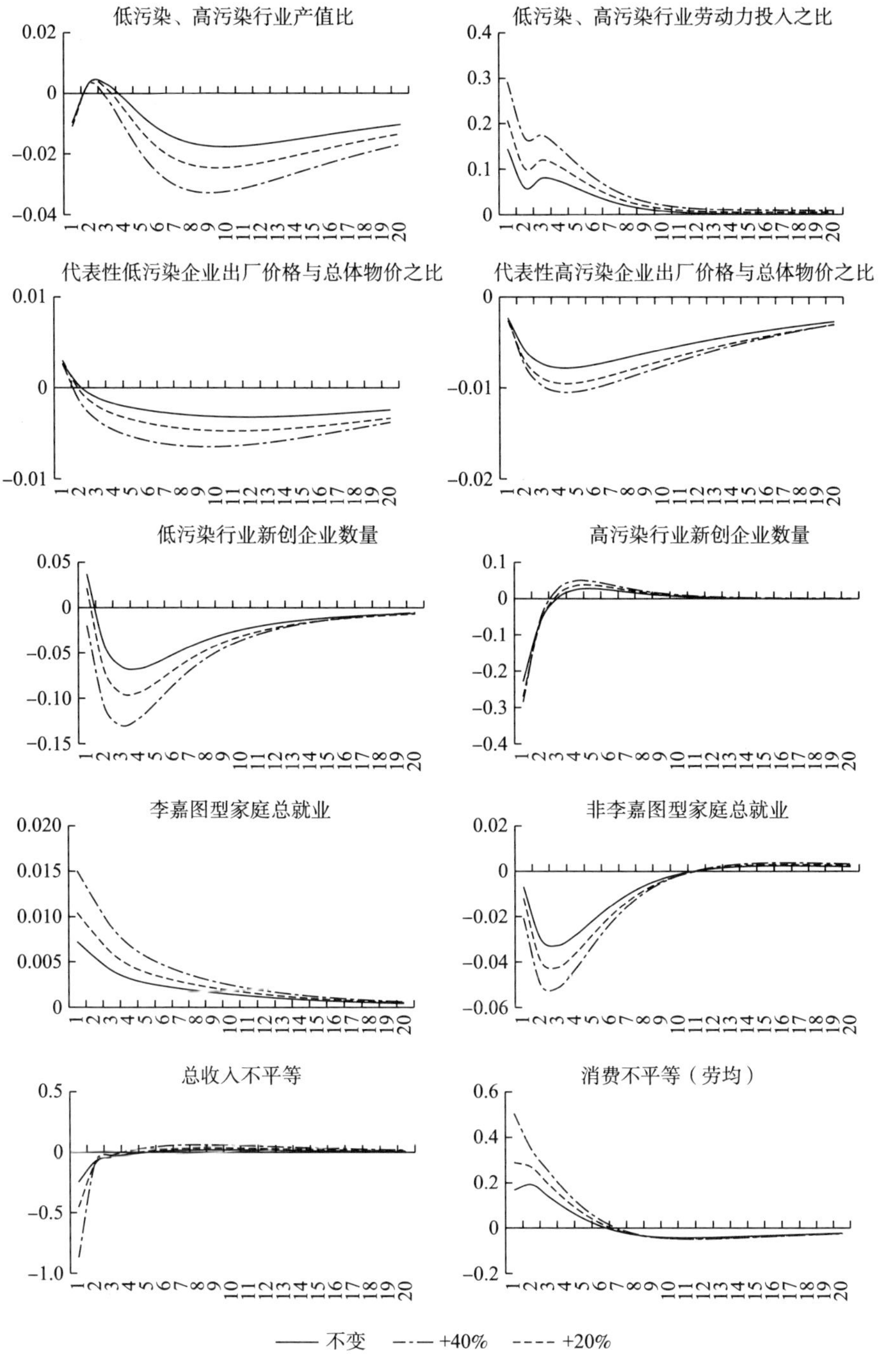

图 6.4 NK－DSGE 模型在高污染行业减排补贴率调整下的波动规律变化（续）

三　环境治理支出政策变化（环境治理支出规模调整）

图 6.5 展示了单独调整环境治理支出规模的结果，调整方向为环境治理支出规模扩大。图 6.5 中每幅小图均以三条曲线分别展示了环境治理支出规模不变、扩大 200%、扩大 400% 的脉冲响应曲线。由图 6.5 可见，在环境效应方面，更大规模的环境治理支出被投入环境的治理与修复中后，环境质量的改善幅度直接被加大；而在经济效应方面，与减排补贴支出带来的效应类似，同属政府支出的环境治理支出规模的扩大也给经济总量带来了更强有力的刺激，导致了经济总量的更大幅波动。同时，环境治理支出引发的挤出效应，也使更依赖资本投入的低污染行业在国民经济中的占比下降，并且下降幅度与环境治理支出的规模扩大幅度成正比。

在分配效应方面，作为模型稳健性的一种体现，环境治理支出规模的渐进式扩大令原有分配效应逐步放大，带来了更小的总收入差距和更大的消费差距。

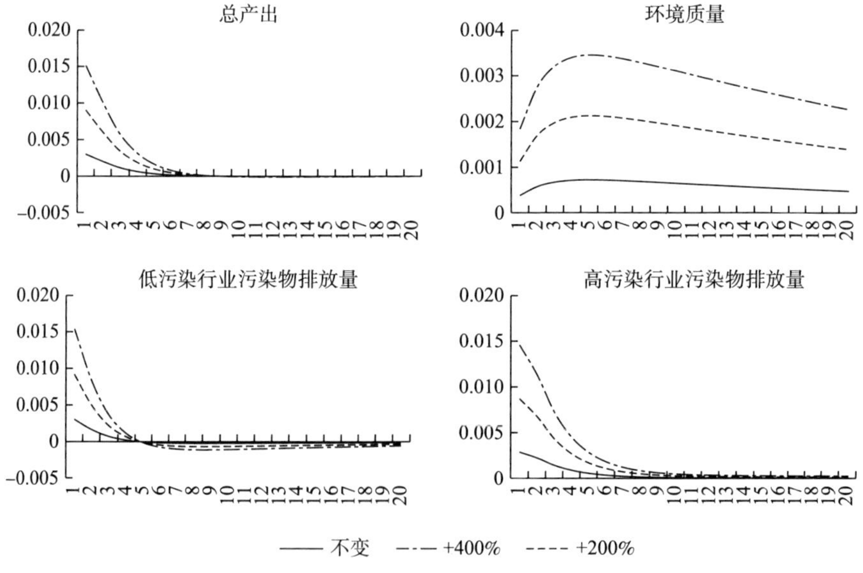

图 6.5　NK－DSGE 模型在环境治理支出规模调整下的波动规律变化

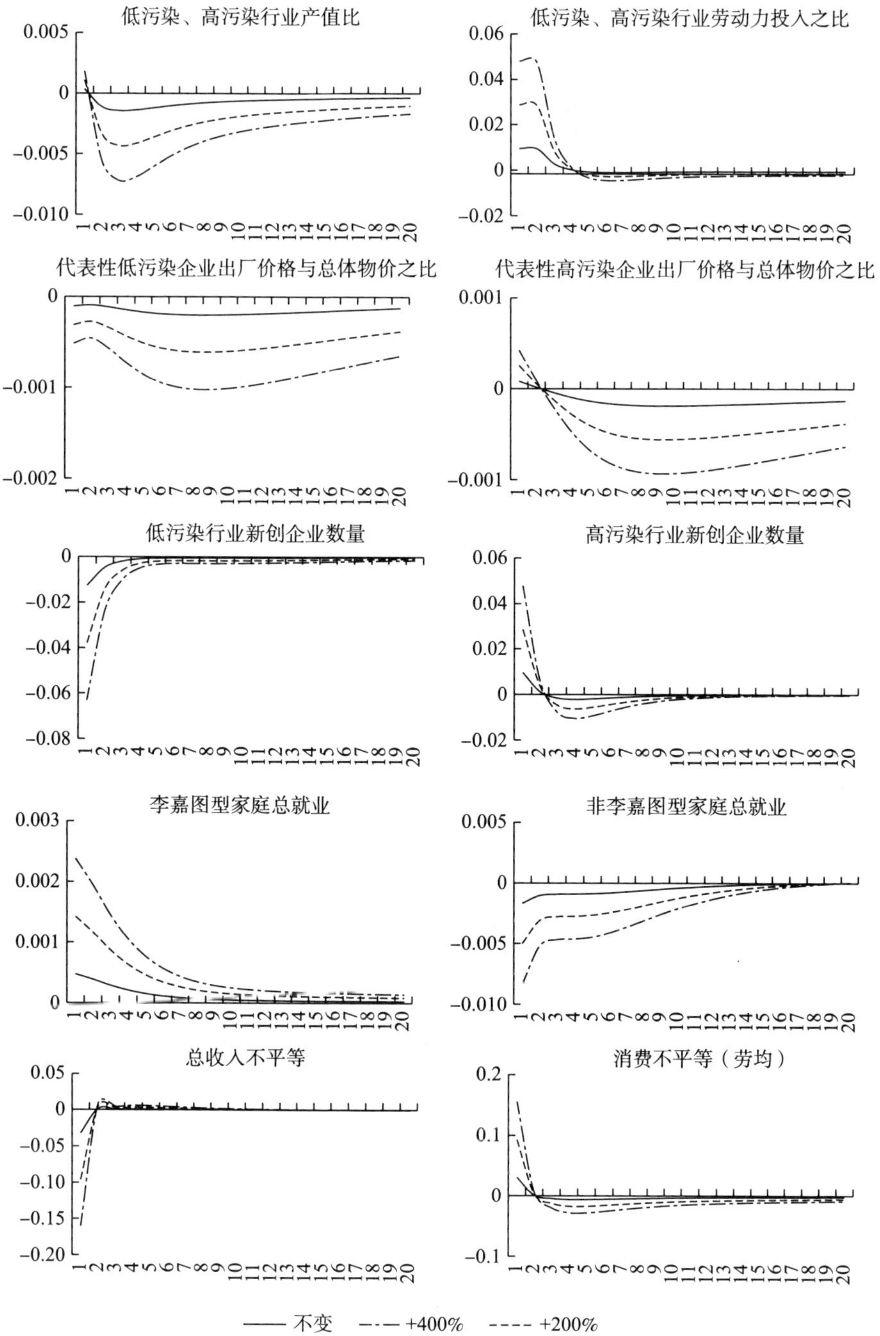

图 6.5　NK－DSGE 模型在环境治理支出规模调整下的波动规律变化（续）

四 两个行业的关停整顿政策变化（政策力度调整）

（一） 低污染行业关停整顿政策力度调整

图 6.6 展示了单独加大低污染行业关停整顿政策力度的模拟结果。由于关停整顿政策是基准 NK - DSGE 模型中的唯一一种命令—控制型环境规制政策，其表现形式和经济型环境规制政策完全不同，所以这里直接通过修改外生冲击标准差大小来体现关停整顿政策的力度变化。图 6.6 中每幅小图均以三条曲线分别展示了关停整顿政策冲击标准差不变、提高 40%、提高 80% 时的脉冲响应曲线。由图 6.6 可见，在环境效应方面，更大的低污染行业关停整顿政策力度带来了更积极的环境效应，但是在经济效应方面，这种直接的命令—控制型环境规制政策也导致了更为负面的经济外部性，使经济总量萎缩程度变得更大、经济波动更加剧烈，而且由于更多的低污染行业企业被迫歇业，市场结构中高污染行业的占比自然变得更大。

在分配效应方面，低污染行业关停整顿政策力度的加大使原有的分配效应进一步显著，以更大的幅度扩大了总收入差距，缩小了消费差距。

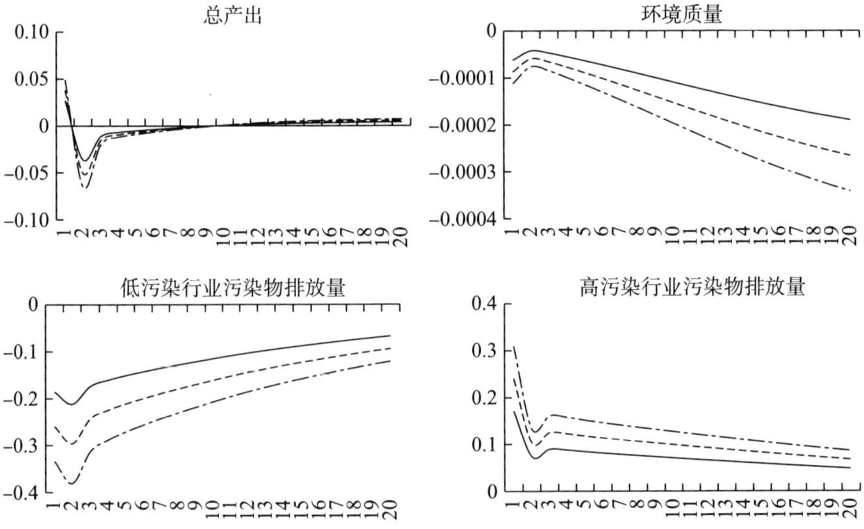

图 6.6 NK - DSGE 模型在低污染行业关停整顿政策力度调整下的波动规律变化

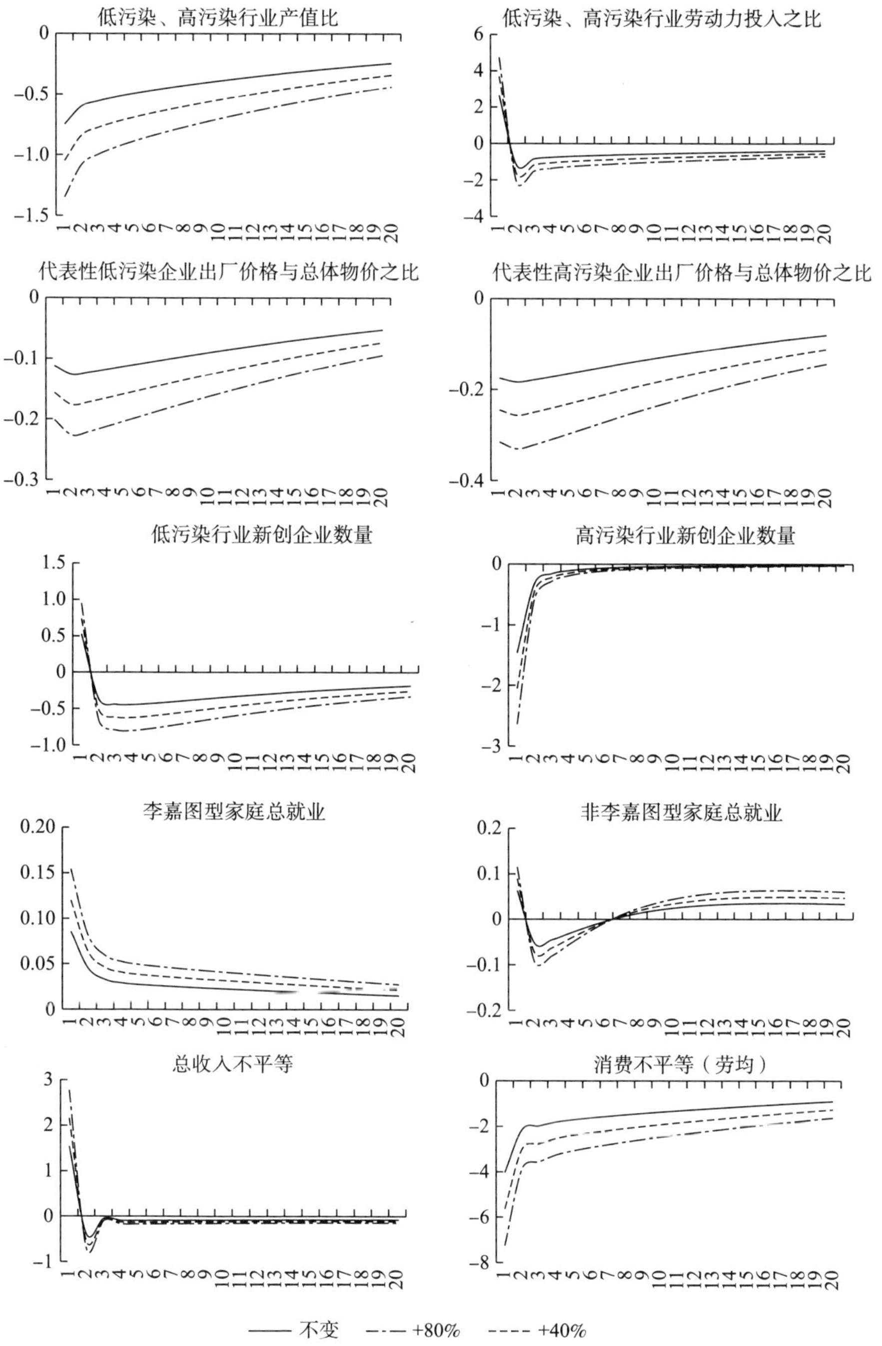

图 6.6　NK－DSGE 模型在低污染行业关停整顿政策力度调整下的波动规律变化（续）

（二）高污染行业关停整顿政策力度调整

图 6.7 展示了单独加大高污染行业关停整顿政策力度的模拟结果。由图可见，高污染行业关停整顿政策力度调整带来的效应与低污染行业的同类效应类似，都带来了更好的环保效果与更大幅度的总产出下滑、更剧烈的

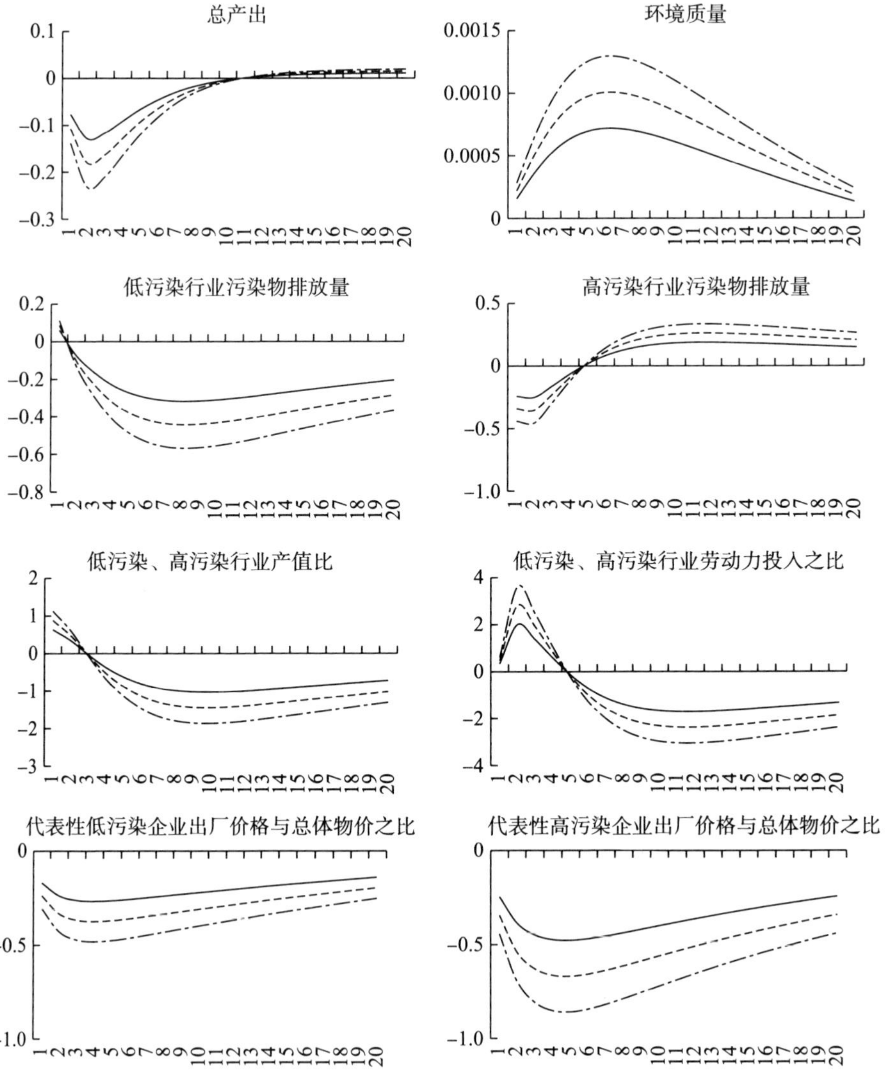

图 6.7　NK－DSGE 模型在高污染行业关停整顿政策力度调整下的波动规律变化

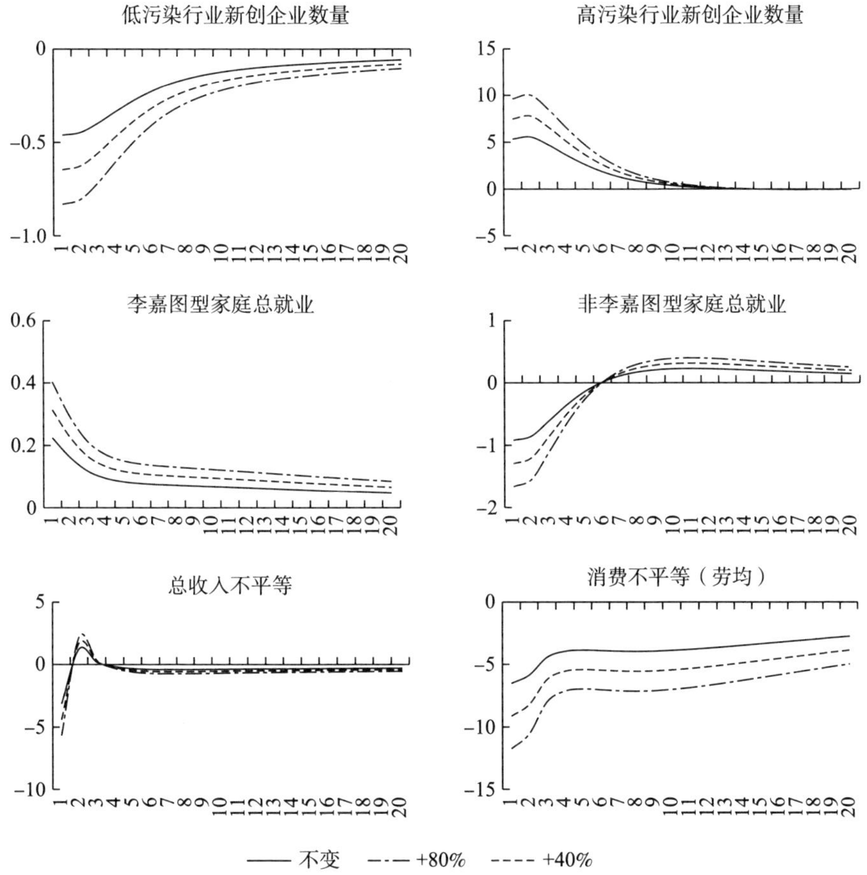

图 6.7　NK－DSGE 模型在高污染行业关停整顿政策力度调整下的波动规律变化（续）

总量波动，并且导致在冲击发生初期高污染行业产能萎缩幅度更大；但是在行业竞争减弱，高污染行业产能复苏、反弹时，产能反弹的程度与关停整顿政策力度成正比，最终会使市场结构中高污染行业的占比变得更大。在分配效应方面，高污染行业关停整顿政策力度的加大同样使原有分配效应变得更显著，所以也更大幅度地缩小了总收入差距与消费差距。

第二节　基于社会福利损失函数的政策改革方案评价

根据以上模拟结果，可以初步得出政策启示。但是，前文中的模拟结果均能呈现一些难以回避的矛盾，例如在图 6.1 至图 6.7 中可见，各类环境规制政策的效应有利有弊，有可能在改善环境和收入分配的同时造成更大的效率损失、降低经济稳定性，理性的政策当局需要面对不同政策效应、政策目标之间的权衡问题。举例而言，若一个改革措施在有效避免效率损失的同时，也有可能给环境质量带来消极影响，那么其是否一定应被否定？反之，如果一项改革措施在改善收入分配的同时，却导致了更大幅度的经济波动，给宏观经济的运行带来了较大的效率损失，那么是否有必要为了社会公平而付出上述效率代价？显然，前文中直观但单一的动态分析方式只适合对各类备择政策方案的分配代价进行判断，无助于解决上述多方面权衡问题。所以，还须进一步引入专门的政策评价标准，开展更有说服力的政策效果评价。

在新凯恩斯主义的主流方法体系中，社会福利损失函数是一个较为可行的政策效果评价方法。本书将根据模型方程，以线性二次型方法（Woodford et al.，2005；Galí，2015；陈利锋，2018）推导出含有收入差距项、环境质量变化项、产出项、就业项（及产出、就业结构特征）的社会福利损失函数。该函数同时包含经济效率、环境质量、分配格局等因素，能够在权衡各方因素的前提下（通过社会福利损失函数的合理推导来保证），直接给出总体经济福利的测算值，对政策及其改革方案进行综合量化评价。

本部分社会福利损失函数分析的主要价值在于，本书 NK - DSGE 模型中的福利水平既取决于两类家庭的消费、就业等经济变量（从融入分配因素），也会直接受到环境质量影响，所以社会福利损失函数分析可在权衡不同效应的前提下，以社会福利损失为主导因素，为政策效果评价提供标准。另外，社会福利损失量化测算结果能够随政策调整而变，这种调整既可以是单一政策的改革（如税率、补贴率调整），也可以是多种政策措施的组合。所以，社会福利损失函数分析可用于评价政策改革方案，有助于探求环境规制政策的合理化调整方向，避免不同政策间的错配问题。

一　社会福利损失函数的推导

与经济政策分析类似，环境规制政策及其改革方案设计同样须考虑自身带来的效率代价。从现有的新凯恩斯主义宏观经济政策研究中可以发现，新凯恩斯主义理论通常假定仁慈的政策制定者以社会福利为评价依据，致力于使政策带来的效率损失达到最小，而上述社会福利损失的具体计算工具是社会福利损失函数。借助 Woodford et al. （2005） 的线性二次型方法，社会福利损失函数可通过对效用函数进行逼近而得到。

由于本书 NK－DSGE 模型的复杂性，此处进一步借鉴 Galí & Monacelli （2016） 的方法，以经济波动期间的效用补偿代价为社会福利损失测算标准——其理论基础是，主流宏观经济理论认为稳态均衡下的经济是有效率的，所以稳态下的福利是效率水平的评价基准，经济系统偏离稳态时的社会福利变化（社会福利损失）自然也就可视为经济效率损失的量化测度标准（Woodford et al. , 2005；Galí, 2015；Galí & Monacelli, 2016）。

本书首先利用 DSGE 模型中的效用函数，对李嘉图型家庭的福利做出如下定义：

$$E\{U^{h}[C_{t}^{h}(1+\lambda_{t}^{uh}),ENV_{t},N_{t}^{nth}]\}=\overline{U}^{h} \tag{6.1}$$

上述方程中，$\overline{U}^{h}$ 是稳态下李嘉图型家庭的效用（即福利水平）；$C_{t}^{h}(1+\lambda_{t}^{uh})$ 的含义是，当第 t 期的经济系统偏离稳态时，李嘉图型家庭成员需要在消费方面进行比例为 λ_{t}^{uh} 的补偿，才能使此时的福利等同于稳态下的水平。所以，λ_{t}^{uh} 实际上体现了李嘉图型家庭在经济波动中维持稳态（有效率）时的福利水平的代价，这种代价正是经济波动所导致的社会福利损失。

对上述方程中的 $E\{\lambda_{t}^{uh}\}$进行求解，即可得到李嘉图型家庭的社会福利损失程度。与 Galí & Monacelli （2016） 的研究类似，上述方程中的 $U^{h}[C_{t}^{h}(1+\lambda_{t}^{uh}), ENV_{t}, N_{t}^{nth}]$还须进行围绕稳态的二阶近似处理，最终测算出的社会福利损失程度与经济变量偏离稳态幅度的平方（方差）有着直接联系。

同理，非李嘉图型家庭的社会福利可以描述如下：

$$E\{U^s[C_t^s(1+\lambda_t^{us}),ENV_t,N_t^{nts})\}=\overline{U}^s \tag{6.2}$$

方程（6.2）中的 $E\{\lambda_t^{us}\}$代表非李嘉图型家庭的社会福利损失程度。最后，根据两类家庭在社会中的权重，对两类家庭的社会福利损失程度进行加总，即可得到模型经济的整体社会福利损失水平。

二　环境规制政策的基本福利效应测算

如上所述，社会福利损失计算方程（6.1）、方程（6.2）源自含有不平等因素的基准 NK－DSGE 模型，其中同时包含环境质量、两类家庭的就业与生活水平（取决于收入）等因素，所以在理论上，其计算值能够在考虑不平等的前提下衡量经济政策所带来的社会福利损失，帮助我们找到能更好地兼顾环保、公平和效率，从而更好地保障经济发展质量的政策选项。

在此处，首先对模型中各类环境规制政策在未经改革情形下导致的社会福利损失结果进行初步测算，并将其和模型中主要经济变量的波动性（通过脉冲响应过程中的方差衡量）一并列于表 6.1 中。从表 6.1 中的结果可见，在各类环境规制政策中，命令—控制型的关停整顿政策导致的社会福利损失与经济波动风险远大于其他类型政策（在政策冲击标准差相同的前提下）。这说明，关停整顿政策在公平、效率方面导致了过大的代价。

表 6.1　各类环境规制政策影响下的社会福利损失与经济变量波动性对比

冲击类别	社会福利损失	$\hat{y}_t$	$\widehat{ENV}_t$	$\hat{c}_t^h$	$\hat{c}_t^s$	$\hat{n}_t^{nth}$	$\hat{n}_t^{nts}$	π_t	π_t^a	π_t^b
低污染行业环保税	1.086×10^{-8}	5.643×10^{-9}	1.004×10^{-10}	1.025×10^{-9}	5.457×10^{-6}	1.091×10^{-10}	2.095×10^{-8}	4.802×10^{-11}	3.330×10^{-10}	9.088×10^{-11}
高污染行业环保税	5.116×10^{-8}	1.353×10^{-7}	6.262×10^{-9}	7.655×10^{-8}	1.232×10^{-5}	6.116×10^{-9}	6.575×10^{-8}	4.212×10^{-10}	3.277×10^{-9}	1.795×10^{-9}
低污染行业减排补贴	1.502×10^{-3}	8.936×10^{-4}	3.409×10^{-6}	1.166×10^{-4}	0.715	1.554×10^{-5}	2.584×10^{-3}	1.369×10^{-5}	8.876×10^{-5}	3.489×10^{-5}

续表

冲击类别	社会福利损失	$\hat{y}_t$	$\widehat{ENV}_t$	$\hat{c}_t^h$	$\hat{c}_t^s$	$\hat{n}_t^{nth}$	$\hat{n}_t^{nts}$	π_t	π_t^a	π_t^b
高污染行业减排补贴	1.131×10^{-3}	5.576×10^{-3}	1.081×10^{-4}	3.016×10^{-3}	0.407	1.432×10^{-4}	3.744×10^{-3}	6.245×10^{-5}	5.969×10^{-5}	1.091×10^{-4}
环境治理支出	7.283×10^{-6}	1.448×10^{-5}	1.078×10^{-5}	1.058×10^{-5}	1.918×10^{-3}	5.964×10^{-7}	8.604×10^{-6}	7.470×10^{-8}	3.028×10^{-7}	1.910×10^{-7}
低污染行业关停整顿政策	0.273	0.003	3.187×10^{-6}	0.779	23.739	0.021	0.037	0.035	0.147	0.011
高污染行业关停整顿政策	2.297	0.056	1.264×10^{-5}	6.512	146.208	0.190	2.701	0.143	0.183	0.211

注：表中数据由 Matlab R 2015a 软件与 Dynare 4.4.3 程序包生成并导出。

三 政策改革方案的福利效应测算与评价

与本章第一节中的各类政策改革方案对应，本小节对这些政策改革方案的福利效应进行了进一步测算，政策改革方案的刻画方式、模拟范围与本章第一节基本一致，其中低污染行业、高污染行业环保税税率的调整范围为提高 0 至 200%，低污染行业、高污染行业减排补贴率的调整范围为提高 0 至 40%，环境治理支出规模的调整范围为扩大 0 至 400%，关停整顿政策力度的调整范围为加大 0 至 80%。

表 6.2 至表 6.5 逐个呈现了以上各类政策改革方案影响下的社会福利损失变化情况。从表 6.2 可见，高污染、低污染两个行业环保税税率提高导致环保税政策带来的社会福利损失更大。从表 6.3 可见，与环保税税率改革带来的效应类似，高污染、低污染两个行业减排补贴率的提高也会增加减排补贴政策影响下的社会福利损失。从表 6.4 可见，作为直接作用于自然环境和经济需求侧的一类政府支出，环境治理支出的规模扩大也带来了更大的社会福利损失。从表 6.5 可见，高污染、低污染两个行业的关停整顿政策力度在加大后都会导致更大的社会福利损失（虽然社会福利损失值的增长速

度相对较慢）。以上分析结果与本章第一节的结论在本质上是一致的。

表 6.2　环保税政策调整与相应社会福利损失的变化情况

税率增幅（%）	0	25	50	75	100	125	150	175	200
低污染行业环保税冲击	1.086×10^{-8}	1.698×10^{-8}	2.447×10^{-8}	3.333×10^{-8}	4.355×10^{-8}	5.516×10^{-8}	6.813×10^{-8}	8.249×10^{-8}	9.822×10^{-8}
高污染行业环保税冲击	5.116×10^{-8}	8.005×10^{-8}	1.154×10^{-7}	1.573×10^{-7}	2.058×10^{-7}	2.608×10^{-7}	3.224×10^{-7}	3.907×10^{-7}	4.657×10^{-7}

注：表中数据由 Matlab R 2015a 软件与 Dynare 4.4.3 程序包生成并导出。

表 6.3　减排补贴政策调整与相应社会福利损失的变化情况

补贴率增幅（%）	0	5	10	15	20	25	30	35	40
低污染行业减排补贴冲击	1.502×10^{-3}	1.780×10^{-3}	2.097×10^{-3}	2.458×10^{-3}	2.871×10^{-3}	3.342×10^{-3}	3.883×10^{-3}	4.507×10^{-3}	5.237×10^{-3}
高污染行业减排补贴冲击	1.131×10^{-3}	1.408×10^{-3}	1.744×10^{-3}	2.150×10^{-3}	2.641×10^{-3}	3.234×10^{-3}	3.950×10^{-3}	4.817×10^{-3}	5.873×10^{-3}

注：表中数据由 Matlab R 2015a 软件与 Dynare 4.4.3 程序包生成并导出。

表 6.4　环境治理支出政策调整与相应社会福利损失的变化情况

规模增幅（%）	0	50	100	150	200	250	300	350	400
环境治理支出政策冲击	7.283×10^{-6}	1.603×10^{-5}	2.787×10^{-5}	4.260×10^{-5}	5.999×10^{-5}	7.985×10^{-5}	1.019×10^{-4}	1.261×10^{-4}	1.522×10^{-4}

注：表中数据由 Matlab R 2015a 软件与 Dynare 4.4.3 程序包生成并导出。

表 6.5　关停整顿政策力度调整与相应社会福利损失的变化情况

力度增幅（%）	0	10	20	30	40	50	60	70	80
低污染行业关停整顿冲击	0.273	0.331	0.394	0.462	0.536	0.615	0.700	0.790	0.886

续表

力度增幅（%）	0	10	20	30	40	50	60	70	80
高污染行业关停整顿冲击	2.297	2.780	3.308	3.883	4.503	5.169	5.882	6.640	7.444

注：表中数据由 Matlab R 2015a 软件与 Dynare 4.4.3 程序包生成并导出。

从以上结果可以看出，各类型的环境规制政策均会对经济系统的运行产生干预，使原本处于均衡状态的经济呈现扭曲状态，引致效率损失，而这种效率损失的具体幅度，及其对人民群众幸福感、获得感的影响，是可以通过社会福利损失值来进行量化测度的。在政策含义方面，以上结果表明，对于环境规制政策体系的设计者而言，其在协调环保、公平这两个政策目标的同时，也不得不面对效率方面的权衡难题。

四　不同政策之间的交互、叠加效应

开展本小节分析的意义在于：首先，现实中环境规制政策的运用及改革往往并不只和唯一一类政策相关，而通常是须面对多种政策相搭配的情形；所以，利用社会福利损失函数这一可权衡多方因素的政策评价工具，对涉及政策组合的改革方案进行效应评价，将是一种更具现实意义的研究设计。其次，从跨行业角度来看，各类环境规制政策在有针对性地抑制一个行业污染物排放量的同时，很有可能通过经济系统内部的传导机制加剧其他行业的污染问题，也很有可能产生跨行业的经济外部性、增加经济波动和社会福利损失，这种矛盾是否可以通过不同行业环境规制政策的协调联动来加以避免呢？再次，上一小节的分析已经发现，即便是单一类型环境规制政策的改革，也很可能无法有效解决环保、公平与效率之间的冲突，那么，这种冲突是否能通过不同类型政策的搭配来解决呢？实际上，范庆泉（2018）等学者已经在这一方面进行了探讨，并发现不同类型环境规制政策的组合可能有助于不同政策目标之间的权衡、兼顾。所以不同政策之间的交互、叠加效应非常有必要通过社会福利损失分析来加以探索，最终得到能更好兼顾环保、公平、效率等政策目标的政策组合与改革建议。

如前所述，改变经济波动过程中社会福利损失程度的，既可以是单一类型政策的调整，也可以是多种不同政策的搭配，所以各类政策之间的叠加、交互作用及最终产生的福利效应，可以通过更灵活地调整多种政策参数来实现。

当然，在政策改革方案的效应呈现方式上，本部分做了以下取舍：首先，由于同时涉及多种环境规制政策的调整优化，不能单独考察某一类政策冲击下的社会福利损失及其他效应，所以本部分研究一律采用技术（全要素生产率）冲击下的模拟结果来体现政策改革的效应。选取技术（全要素生产率）冲击的另一原因是，党的十九大报告已明确指出，在贯彻新发展理念、建设现代化经济体系的过程中，要“推动经济发展质量变革、效率变革、动力变革，提高全要素生产率”①，所以这样的模拟结果对中国经济的高质量发展进程会更具有借鉴意义。其次，由于涉及多种政策组合，即面对多维度改革方案的效应分析，所以本部分为简化分析过程，每次仅考虑不多于两种政策的协调联动问题，并以曲面形式体现两种政策共同调整时的社会福利损失及其他效应。曲面上的每一点均对应一种不同的政策组合，曲面对应的 Z 轴数值则是社会福利损失数值或最大效应值（以脉冲响应曲线上对数偏离的最大幅度为准）。

（一）单一行业内不同环境规制政策之间的搭配效果

1. 环保税与减排补贴政策的搭配效果

图 6.8 显示了低污染行业环保税与减排补贴政策协同调整所带来的叠加效应；为便于分析，图中同时呈现了福利效应和分配效应，后者的指标为收入不平等的最大变化幅度（波动过程中收入不平等指标稳态偏离幅度的对数极值）。可见，尽管低污染行业环保税税率的增幅远大于减排补贴率的

① 习近平：《决胜全面建成小康社会 夺取新时代中国特色社会主义伟大胜利——在中国共产党第十九次全国代表大会上的报告》，中华人民共和国中央人民政府网站，http://www.gov.cn/zhuanti/2017-10/27/content_5234876.htm，最后访问日期：2020 年 10 月 28 日。

增幅，其对经济系统中社会福利损失的扩大作用也远小于减排补贴（实际效应极其微弱），但是低污染行业的减排补贴率哪怕仅有小幅提升，也会带来社会福利损失的剧烈增加，这与减排补贴能够直接刺激总需求扩张有关。所以对低污染行业而言，降低或取消减排补贴率、适度提高环保税税率是一个有助于保障经济稳定性、提高经济发展质量的组合式政策改革方案。当然，降低低污染行业减排补贴率会扩大收入不平等，但其指标提升幅度相对不大（对数偏离值从0.65左右提升至0.80），可以被视作一种必要的、有限的代价。

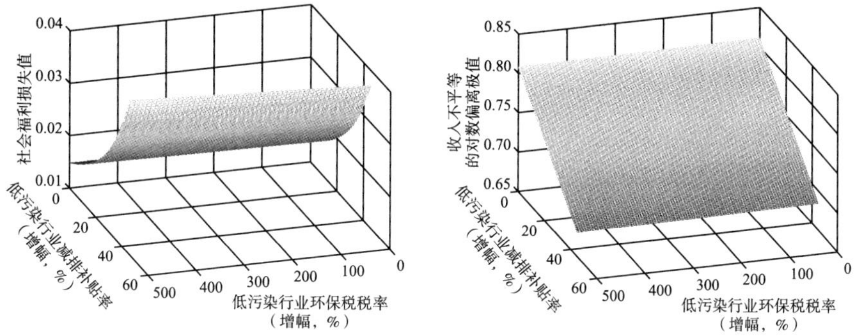

图6.8　低污染行业环保税政策与减排补贴政策的搭配效果

图6.9显示了高污染行业环保税与减排补贴政策协同调整所带来的叠加效应。可见，与低污染行业类似，在政策参数的大多数取值区间内，高污染行业环保税税率的变化无法对社会福利损失水平产生大幅的影响；但从图中仍明显可见，较高的高污染行业环保税税率会在有限的范围内提高社会福利损失水平。同时，高污染行业减排补贴率的调整能产生十分显著的作用，并且实际福利效应与减排补贴率之间并不存在单调的相关关系。由图6.9可见，当减排补贴率增幅控制在40%以内时，社会福利损失能被控制在最低水平，而且前文中的分析已经表明，限制高污染行业减排补贴率的提升幅度有利于控制其可能造成的负面环境影响（见图6.4）。综合以上结果可见，在有限的幅度内提升高污染行业减排补贴率、适当降低高污染行业环保税税率是一个有利于减少社会福利损失的政策改革方案。从分配角度来看，高污染行业减排补贴率的小幅提高只会在较小的范围内扩大收入分配不平等，而

环保税税率的降低有助于降低收入不平等，所以上述改革方案能够较好地实现环保、效率、公平之间的平衡。

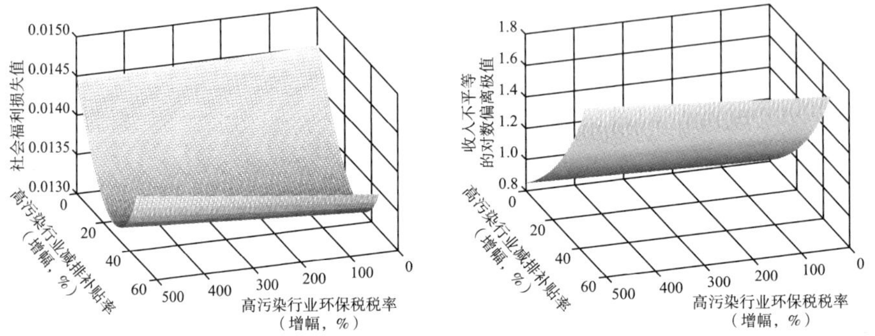

图 6.9　高污染行业环保税政策与减排补贴政策的搭配效果

2. 环保税与关停整顿政策的搭配效果

图 6.10 显示了低污染行业环保税政策与关停整顿政策的协同调整所带来的叠加效应。可见，与前面分析中得出的结果一样，即便税率调整幅度加大，低污染行业环保税税率调整对经济系统中社会福利损失的影响也非常微弱，但低污染行业关停整顿力度的小幅加大却能够显著增加社会福利损失，这与关停整顿政策对经济系统波动性的影响幅度远大于其他政策有关（参见表 6.1 中的结果）。所以，如果以社会福利损失为准绳，那么合理的政策改革方案应当是保持适度的环保税税率，同时减少或避免在低污染行业采用关停整顿政策。同时，经由前面的分析已知，在环境效应方面，

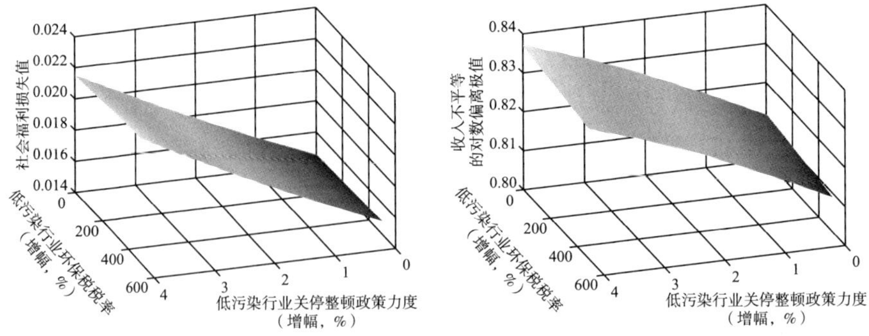

图 6.10　低污染行业环保税政策与关停整顿政策的搭配效果

减小关停整顿政策力度有助于避免低污染行业关停整顿可能导致的负面环境效应，减少这一政策对收入不平等的扩大作用，而低污染行业环保税政策则有助于缓解收入分配的不平等问题，所以上述改革方案是能够有效兼顾环保、效率、公平这三大目标的。

图6.11显示了高污染行业环保税政策与关停整顿政策的协同调整所带来的叠加效应。在社会福利损失方面，与低污染行业类似，为了减少社会福利损失，应保持适度的环保税税率，减少或避免在高污染行业采用关停整顿政策。提高高污染行业环保税税率会提高收入不平等水平，但幅度并不明显，也势必能够减少污染物排放量、改善环境质量；然而，减小高污染行业的关停整顿政策力度会提高收入不平等水平并且不利于环境质量的改善，所以以上改革措施的运用势必会带来环保、公平、效率之间的矛盾，但这一矛盾可以通过对高污染行业关停整顿措施的合理限制、审慎运用加以权衡。

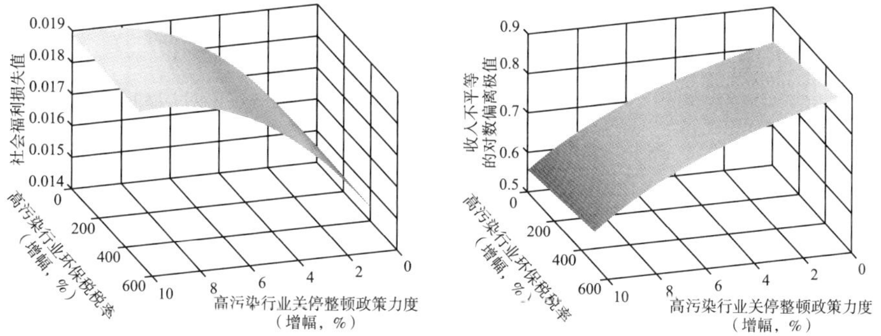

图6.11 高污染行业环保税政策与关停整顿政策的搭配效果

3. 减排补贴与关停整顿政策的搭配效果

图6.12模拟了低污染行业减排补贴政策与关停整顿政策的协同调整效果。从图中可见，如果以社会福利损失为政策评价基准，那么合理的改革方向应当是下调低污染行业的减排补贴率，减小环保督察过程中的关停整顿政策力度。但这会带来下述矛盾：虽然减小低污染行业的关停整顿政策力度可能会带来环境质量改善，并有助于改善收入分配（参见图6.6），但

下调低污染行业减排补贴率必然会带来负面的环境影响和不利于贫困家庭的分配结果，所以政策设计者必须在不同目标之间进行权衡。当然，在政策权衡过程中，考虑到下调低污染行业减排补贴率带来的分配效应不够显著（收入不平等指标的对数偏离最大值从0.74左右提升至0.82左右），所以如果减排补贴率的调整范围被控制在有限范围内，上述不利的分配效应可能会是一种可以接受的代价。

图6.13模拟了高污染行业减排补贴政策与关停整顿政策的协同调整效果。如果以社会福利损失为政策评价基准，那么合理的改革方向应当是上调高污染行业的减排补贴率，并减小高污染行业环保督察过程中的关停整顿政策力度。但随之而来的矛盾是，首先，上调高污染行业减排补贴率、减小高污染行业关停整顿政策力度可能会共同导致收入分配更大的不平等，并且其变化幅度相当大（对数偏离值从0.5提升至接近2.0），而上调高污染行业减排补贴率、减小高污染行业关停整顿政策力度显然是不符合环保需要的（高污染行业减排补贴率过高可能会导致不利的环境效应）。所以，出于兼顾环保、公平、效率的需要，可以根据图6.13的模拟结果，选择一种次优的改革方案：在有限范围（增幅约40%）内上调高污染行业减排补贴率（以免带来负面环境影响），同时加大对该行业排污企业的关停整顿政策力度。

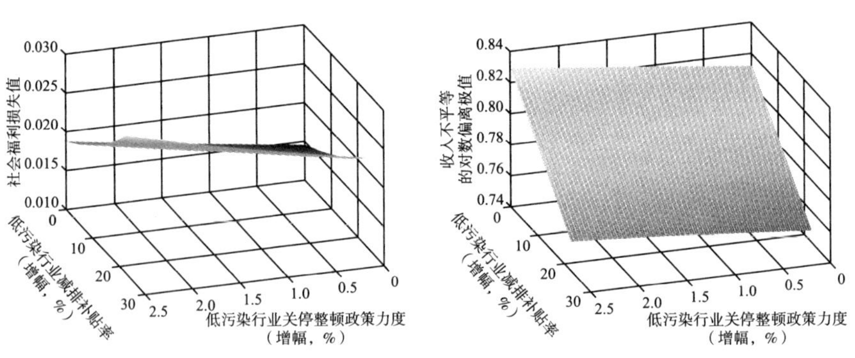

图6.12　低污染行业减排补贴政策与关停整顿政策的搭配效果

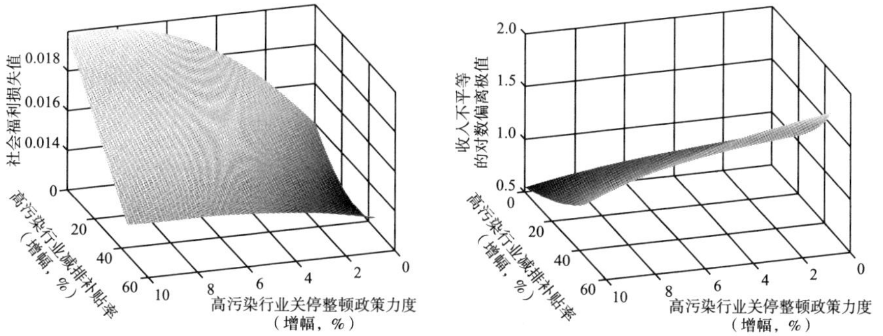

图 6.13　高污染行业减排补贴政策与关停整顿政策的搭配效果

（二）环境规制政策工具的跨行业搭配

图 6.14 呈现了跨行业的环保税政策改革效应。从图中可见，从福利效应来看，下调低污染行业环保税税率、上调高污染行业环保税税率能够有效减少环保税政策导致的社会福利损失。这一改革方案可能带来低污染行业污染物排放量的增加和收入不平等的扩大，但前者可以由更大的高污染行业污染物减排量来弥补，后者的幅度也相对较小（收入不平等指标的对数偏离值从 0.81 上升到 0.86 左右），所以能够实现环保、公平、效率之间的较合理平衡。

图 6.15 呈现了跨行业的减排补贴政策改革效应。从图中可见，上调高污染行业减排补贴率、下调低污染行业减排补贴率能够有效减少环保税政策导致的社会福利损失，但如前所述，这很可能导致不利的环境效应，并且图 6.15 也表明上述改革方案会以较大的幅度扩大收入不平等，所以可以考虑一种次优的解决方案：同时下调两个行业的减排补贴率。图 6.15 显示，当两个行业减排补贴率被共同降低到一个适度区间内时，社会福利损失便能有显著的减少。

图 6.16 呈现了跨行业的关停整顿措施调整效应。从图中可见，如果以社会福利损失为评价准绳，那么较理想的跨行业改革措施搭配方案应当是同步加大两个行业的关停整顿政策力度。考虑到低污染行业关停整顿政策力度加大所可能导致的负面环境影响和收入不平等，一个可选的次优方案

是加大高污染行业的关停整顿政策力度，减少或避免针对低污染行业的关停整顿措施。

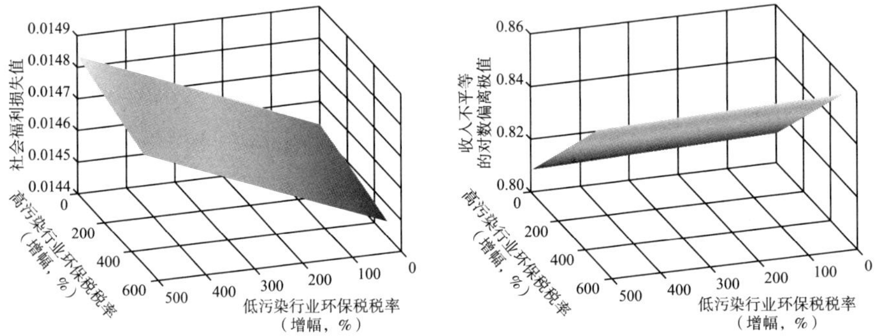

图 6.14　低污染行业、高污染行业环保税政策的搭配效果

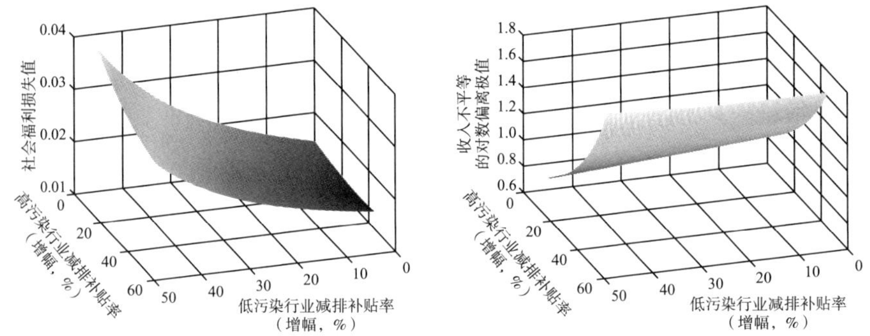

图 6.15　低污染行业、高污染行业减排补贴政策的搭配效果

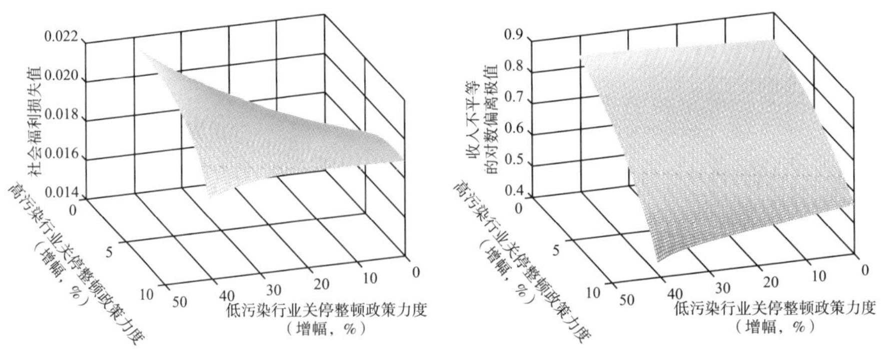

图 6.16　低污染行业、高污染行业关停整顿政策的搭配效果

第三节　分析小结和政策启示

一　分析结果与政策启示

本章从政策改革模拟、福利效应分析和政策叠加效应模拟中得出的具体结果和政策启示如下。

（1）单一政策改革的效应模拟结果表明，两个代表性行业的环保税税率、低污染行业减排补贴率、高污染行业关停整顿政策力度的提升或加大，以及环境治理支出规模的总体扩大，都能够带来更好的环保效果。但是低污染行业关停整顿政策力度的加大、高污染行业减排补贴率的提高反而会导致环境质量的恶化。同时，各类环境规制政策的力度加大也会扩大原有的分配效应。

（2）各类环境规制政策力度加大后的社会福利损失测算结果表明，各类环境规制政策的福利代价与其政策力度通常成正比。命令—控制型环境规制政策（关停整顿等）导致的社会福利损失与经济波动风险远大于其他类型政策，说明其在公平、效率方面都可能导致过大代价。

（3）在模型中的低污染行业内部，以下政策改革方案的搭配组合方式有利于减少社会福利损失，实现环保、公平、效率之间的合理平衡，最大限度地保障人民群众的幸福感、获得感和中国经济的发展质量：①降低或取消低污染行业减排补贴，同时适度提高环保税税率；②在保持适度的低污染行业环保税税率的同时，减少或避免在低污染行业采用关停整顿政策；③同步下调低污染行业的减排补贴率与减小环保督察过程中的关停整顿政策力度。

（4）在模型中的高污染行业内部，以下政策改革方案的搭配组合方式有利于减少社会福利损失：①在有限的幅度内提高高污染行业减排补贴率，同时适当降低高污染行业环保税税率；②保持适度的环保税税率，同时减少或避免在高污染行业采用关停整顿政策，或至少对高污染行业关停整顿措施加以合理限制、审慎运用；③调高污染行业的减排补贴率，同时减小高污染行业环保督察过程中的关停整顿政策力度，或在有限范围内上调高污染行业减排补贴率，同时加大对高污染行业排污企业的关停整顿政策力度。

(5) 在政策改革的跨行业搭配组合方案中，以下组合有助于环保、公平、效率之间的合理平衡，带来更理想的福利效应：①下调低污染行业环保税税率、上调高污染行业环保税税率能够有效减少环保税导致的社会福利损失；②上调高污染行业减排补贴率、下调低污染行业减排补贴率，或同时下调两个行业的减排补贴率；③加大两个行业的关停整顿政策力度，或是加大高污染行业的关停整顿政策力度，同时减少或避免针对低污染行业的关停整顿措施。

二　简要政策建议

根据本章分析结果，可以提出以下关于政策改革或政策搭配的简要建议。

(1) 减排补贴政策应具有鲜明且更为合理的行业差异化特征，做到“好钢用在刀刃上”，使政府支出的利用效率、政策效应得到充分提升。例如，综合环境效应、分配效应和最终的福利效应模拟结果来看，应提升高污染行业减排补贴率，让经济激励型环境规制政策替代命令—控制型环境规制政策（关停整顿等），这不但有助于减少其他环境规制政策导致的效率损失和公平代价，也可以减少由经济系统内部传导机制所导致的负面经济外部性和负面环境外部性，有助于避免政策误区。

(2) 与其他任何政策进行搭配，环保税政策的优势均较为明显，而且实践经验表明环保税政策与各类市场化环境规制手段之间是可以有效结合的（例如环保税和排污权交易政策的并行）；所以，环保税在未来中国的环境规制政策组合中应当占据更显要的位置，而且应当使高污染行业生产者面对更大的征税力度和更大额度的补贴（退税）优惠，并改进现行环保税政策中的税率规则（如在更大程度上引入累进税率，这实际上与增加退税或补贴的作用类似)，从而有效减少环保税、减排补贴、关停整顿等政策所导致的社会福利损失。

(3) 福利效应模拟结果再次说明，在大多数政策组合之中，命令—控制型环境规制政策（关停整顿等）都应被慎用；如果能在改进各类经济激励型环境规制政策的过程中尽可能减少命令—控制型环境规制政策的使用(尤其是对低污染行业，对应现实中的清洁生产行业、服务业等)，将可同时在分配公平、环境保护、经济效率（福利）等方面更好地避免负面效应。

参考文献

钞小静、沈坤荣，2014，《城乡收入差距、劳动力质量与中国经济增长》，《经济研究》第6期。

陈利锋，2013，《非线性DSGE方法及其在货币政策中的应用研究》，博士学位论文，华中科技大学。

陈利锋，2015，《反思新凯恩斯主义劳动力市场理论：收入分配真的无关紧要吗？——一个包含资本家和工人的NK-DSGE框架》，《华南师范大学学报》（社会科学版）第3期。

陈利锋，2017，《技能错配、不平等与社会福利——基于包含异质性技能的DSGE模型》，《经济科学》第6期。

陈利锋，2018，《货币政策盯住目标应该考虑不平等吗》，《财贸经济》第4期。

陈钊、陆铭，2008，《从分割到融合：城乡经济增长与社会和谐的政治经济学》，《经济研究》第1期。

崔治文、王蓓、管芹芹，2011，《我国有效税率结构的经济增长效应：基于SVAR模型的实证研究》，《南方经济》第2期。

范庆泉，2018，《环境规制、收入分配失衡与政府补偿机制》，《经济研究》第5期。

封福育，2014，《短视、流动性约束与城镇居民消费——基于门限回归模型的经验分析》,《中央财经大学学报》第7期。
贾俊雪、孙传辉,2019,《公平与效率权衡:垄断、居民收入分配与最优财政货币政策》,《管理世界》第3期。
简志宏、李霜、鲁娟,2011,《货币供应机制与财政支出的乘数效应——基于DSGE的分析》,《中国管理科学》第2期。
江春、向丽锦、肖祖沔,2018,《货币政策、收入分配及经济福利——基于DSGE模型的贝叶斯估计》,《财贸经济》第3期。
雷文妮、龚六堂,2016,《房价波动与社会福利——基于内生化企业进入的研究》,《金融研究》第8期。
李伯涛、龙军,2011,《居民消费、政府民生性消费与流动性约束》,《福州大学学报》(哲学社会科学版)第5期。
李珊珊,2016,《环境规制对就业技能结构的影响——基于工业行业动态面板数据的分析》,《中国人口科学》第5期。
李实、万海远,2015,《中国居民财产差距研究的回顾与展望》,《劳动经济研究》第5期。
廉永辉、张琳,2013,《货币政策对经济不平等的影响评述》,《经济评论》第5期。
刘斌,2008,《我国DSGE模型的开发及在货币政策分析中的应用》,《金融研究》第10期。
卢梭,1962,《论人类不平等的起源和基础》,李常山译,商务印书馆。
陆旸,2011,《中国的绿色政策与就业:存在双重红利吗?》,《经济研究》第7期。
罗尔斯,1988,《正义论》,何怀宏等译,中国社会科学出版社。
逄淑梅、陈浪南、刘劲松,2015,《开放型经济下我国宏观需求调控模式研究——两国模型》,《南开经济研究》第1期。
祁毓、卢洪友,2015,《污染、健康与不平等——跨越“环境健康贫困”陷阱》,《管理世界》第9期。
申朴、刘康兵,2003,《中国城镇居民消费行为过度敏感性的经验分析:兼论不确定性、流动性约束与利率》,《世界经济》第1期。
盛朝迅,2018,《理解高质量发展的五个维度》,《经济日报》2018年4月27日,第14版。
孙力军、朱洪,2011,《紧货币、宽财政的宏观经济效应:“民工荒”和信贷配给下的作用机制与实证分析》,《经济学动态》第6期。
王蓓、崔治文,2012,《有效税率、投资与经济增长:来自中国数据的经验实证》,《管理评论》第7期。
王弟海、龚六堂,2006,《新古典模型中收入和财富分配持续不平等的动态演化》,《经济学(季刊)》第2期。
王弟海、严成樑、龚六堂,2011,《遗产机制、生命周期储蓄和持续性不平等》,《金融研究》第7期。
王凯风,2020,《经济不平等与宏观稳定化政策——基于DSGE的理论与实证研究》,武汉大学出版社。
王凯风、吴超林,2021,《个税改革、收入不平等与社会福利》,《财经研究》第1期。
王宋涛,2015,《收入不平等与中国国民福利增长:模型、方法与数据——基于效用主义的一个研究》,《数理统计与管理》第2期。
王曦、汪玲、彭玉磊、宋晓飞,2017,《中国货币政策规则的比较分析——基于DSGE模型的三规则视角》,《经济研究》第9期。
王燕武、李文溥、张自然,2019,《对服务业劳动生产率下降的再解释——TFP还是劳动力异质性》,《经济学动态》第4期。
武晓利,2017,《环保技术、节能减排政策对生态环境质量的动态效应及传导机制研究——基于三部门DSGE模型的数值分析》,《中国管理科学》第12期。
肖挺,2016,《环境质量是劳动人口流动的主导因素吗?——“逃离北上广”现象的一种解读》,《经济评论》第2期。
修磊,2017,《收入不平等、流动性约束与城镇家庭消费》,博士学位论文,山西财经大学。

徐保昌、谢建国，2016，《排污征费如何影响企业生产率：来自中国制造业企业的证据》，《世界经济》第8期。

徐元栋，2017，《BSV、DHS等模型中资产定价与模糊不确定性下资产定价在逻辑结构上的一致性》，《中国管理科学》第6期。

薛鹤翔，2010，《中国的产出持续性——基于刚性价格和刚性工资模型的动态分析》，《经济学（季刊）》第4期。

杨继生、徐娟，2016，《环境收益分配的不公平性及其转移机制》，《经济研究》第1期。

叶金珍、安虎森，2017，《开征环保税能有效治理空气污染吗》，《中国工业经济》第5期。

岳超云、牛霖琳，2014，《中国货币政策规则的估计与比较》，《数量经济技术经济研究》第3期。

曾伟军，2013，《城乡差距的核心-边缘模型分析》，《地域研究与开发》第3期。

张彬斌、徐运保、夏杰长，2019，《新中国70年服务业就业问题研究进程与展望》，《学习与探索》第9期。

张虎，2017，《论自然不平等与正义的边界》，《伦理学研究》第5期。

张冀、祝伟、王亚柯，2016，《家庭经济脆弱性与风险规避》，《经济研究》第6期。

张舰、亚伯拉罕·艾宾斯坦、玛格丽特·麦克米伦、陈志钢，2017，《农村劳动力转移、化肥过度使用与环境污染》，《经济社会体制比较》第3期。

张杰、庞瑞芝、邓忠奇，2018，《财政自动稳定器有效性测定：来自中国的证据》，《世界经济》第5期。

张伟进、方振瑞、黄敬翔，2015，《城乡居民生活水平差距的变化——基于经济周期视角分析》，《经济学（季刊）》第2期。

张伟进、胡春田，2014，《我国货币政策的城乡区域不对称效应研究》，《商业经济与管理》第2期。

张晓娣，2016，《公共部门就业对宏观经济稳定的影响——基于搜索匹配模型的 DSGE 模拟与预测》，《中国工业经济》第 4 期。

中国人民大学中国宏观经济分析与预测课题组、刘元春、刘晓光、闫衍，2019，《2018—2019 年中国宏观经济报告——改革开放新征程中的中国宏观经济》，《经济理论与经济管理》第 1 期。

朱军，2015a，《基于 DSGE 模型的"污染治理政策"比较与选择——针对不同公共政策的动态分析》，《财经研究》第 2 期。

朱军，2015b，《中国宏观 DSGE 模型中的税收模式选择及其实证研究》，《数量经济技术经济研究》第 1 期。

朱军、许志伟，2018，《财政分权、地区间竞争与中国经济波动》，《经济研究》第 1 期。

庄子罐、贾红静、刘鼎铭，2018，《货币政策的宏观经济效应研究：预期与未预期冲击视角》，《中国工业经济》第 7 期。

Acemoglu, Daron. 2003. "Why not a political Coase theorem? Social conflict, commitment, and politics." *Journal of Comparative Economics* 31: 620 – 652.

Angelopoulos, Konstantinos, George Economides and Apostolis Philippopoulos. 2013. "First-and second-best allocations under economic and environmental uncertainty." *International Tax and Public Finance* 20: 360 – 380.

Annicchiarico, Barbara and Fabio Di Dio. 2015. "Environmental molicy and macroeconomic dynamics in a new Keynesian model." *Journal of Environmental Economics and Management* 69: 1 – 21.

Annicchiarico, Barbara, Luca Correani and Fabio Di Dio. 2018. "Environmental policy and endogenous market structure." *Resource and Energy Economics* 52: 186 – 215.

Araar, Abdelkrim, Yazid Dissou and Jean – Yves Duclos. 2011. "Household incidence of pollution control policies: A robust welfare analysis using general equilibrium effects." *Journal of Environmental Economics and Management* 61: 227 – 243.

Arnott, Richard, Oded Hochman and Gordon C. Rausser. 2008. "Pollution and land use: Optimum and decentralization." *Journal of Urban Economics* 64: 390 -407.

Atkinson, Anthony Barnes. 1983. *Social justice and public policy* (Cambridge: MIT Press).

Auclert, Adrien. 2019. "Monetary policy and the redistribution channel." *American Economic Review* 109: 2333 -2367.

Böcher, Michael. 2012. "A theoretical framework for explaining the choice of instruments in environmental policy." *Forest Policy and Economics* 16: 14 -22.

Berg, Daniel. 2009. "Copula goodness-of-fit testing: An overview and power comparison." *The European Journal of Finance* 15: 675 -701.

Böhringer, Christoph, Xaquin Garcia-Muros and Mikel Gonzάlez-Eguino. 2019. "Greener and fairer: A progressive environmental tax reform for Spain." *Economics of Energy & Environmental Policy* 8: 141 -161.

Bilbiie, Florin O., Fabio Ghironi and Marc J. Melitz. 2012. "Endogenous entry, product variety, and business cycles." *Journal of Political Economy* 120: 304 -345.

Bilbiie, Florin O., Ippei Fujiwara and Fabio Ghironi. 2014. "Optimal monetary policy with endogenous entry and product variety." *Journal of Monetary Economics* 64: 1 20.

Biswas, Siddhartha, Indraneel Chakraborty and Rong Hai. 2017. "Income inequality, tax policy, and economic growth." *The Economic Journal* 127: 688 -727.

Blanchard, Olivier and Jordi Galí. 2010. "Labor markets and monetary policy: A new keynesian model with unemployment." *American Economic Journal: Macroeconomics* 2: 44591.

Blanchard, Olivier Jean and Charles M. Kahn. 1980. "The solution of linear difference models under rational expectations." *Econometrica: Journal of the Econometric Society* 48: 1305 -1311.

Brooks, Stephen P. , and Andrew Gelman. 1998. "General methods for monitoring convergence of iterative simulations." *Journal of Computational and Graphical Statistics* 7: 434 – 455.

Cagetti, Marco and Mariacristina De Nardi. 2009. "Estate taxation, entrepreneurship, and wealth." *American Economic Review* 99: 85 – 111.

Calvo, Guillermo A. 1983. "Staggered prices in a utility-maximizing framework." *Journal of Monetary Economics* 12: 383 – 398.

Campbell, John Y. and N. Gregory Mankiw. 1989. "Consumption, income, and interest rates: Reinterpreting the time series evidence." *NBER Macroeconomics Annual* 4: 185 – 216.

Chiroleu – Assouline, Mireille and Mouez Fodha. 2014. "From regressive pollution taxes to progressive environmental tax reforms." *European Economic Review* 69: 126 – 142.

Christiano, Lawrence J. , and Martin Eichenbaum. 1992. "Current real-business-cycle theories and aggregate labor-market fluctuations." *The American Economic Review* 82: 430 – 450.

Christiano, Lawrence J. , and Robert J. Vigfusson. 2003. "Maximum likelihood in the frequency domain: The importance of time – to – plan." *Journal of Monetary Economics* 50: 789 – 815.

Christiano, Lawrence J. , Mathias Trabandt and Karl Walentin. 2011. "Introducing financial frictions and unemployment into a small open economy model." *Journal of Economic Dynamics and Control* 35: 1999 – 2041.

Cogley, Timothy, and Thomas J. Sargent. 2005. "Drifts and volatilities: Monetary policies and outcomes in the post WWII US." *Review of Economic Dynamics* 8: 262 – 302.

Fernάndez – Villaverde, Jesús and Juan F. Rubio – Ramírez. 2005. "Estimating dynamic equilibrium economies: Linear versus nonlinear likelihood." *Journal of Applied Econometrics* 20: 891 – 910.

Fremstad, Anders and Mark Paul. 2019. "The impact of a carbon tax on inequality." *Ecological Economics* 163: 88 - 97.

Fudenberg, Drew and Jean Tirole. 1983. "Sequential bargaining with incomplete information." *The Review of Economic Studies* 50: 221 - 247.

Fudenberg, Drew and Jean Tirole. 1991. "Perfect Bayesian equilibrium and sequential equilibrium." *Journal of Economic Theory* 53: 236 - 260.

Fudenberg, Drew and Jean Tirole. 2013. *Dynamic models of oligopoly* (London: Routledge).

Fullerton, Don and Garth Heutel. 2007. "The general equilibrium incidence of environmental taxes." *Journal of Public Economics* 91: 571 - 591.

Fullerton, Don and Holly Monti. 2013. "Can pollution tax rebates protect low-wage earners?" *Journal of Environmental Economics and Management* 66: 539 - 553.

Galí, Jordi. 1999. "Technology, employment, and the business cycle: Do technology shocks explain aggregate fluctuations?" *American Economic Review* 89: 249 - 271.

Galí, Jordi. 2011. *Unemployment fluctuations and stabilization policies: A new Keynesian perspective* (Cambridge: MIT Press).

Galí, Jordi. 2015. *Monetary policy, inflation, and the business cycle: An introduction to the new Keynesian framework and its applications* (Princeton: Princeton University Press).

Galí, Jordi and Tommaso Monacelli. 2016. "Understanding the gains from wage flexibility: The exchange rate connection." *American Economic Review* 106: 3829 - 68.

Galí, Jordi, Frank Smets, and Rafael Wouters. 2012. "Unemployment in an estimated New Keynesian model." *NBER Macroeconomics Annual* 26: 329 - 360.

Galí, Jordi, J. David López - Salido, and Javier Vallés. 2007. "Understanding the effects of government spending on consumption." *Journal of the European*

Economic Association 5: 227 - 270.

Galor, Oded and Omer Moav. 2004. "From physical to human capital accumulation: Inequality and the process of development." *The Review of Economic Studies* 71: 1001 - 1026.

Gertler, Mark, Luca Sala and Antonella Trigari. 2008. "An estimated monetary DSGE model with unemployment and staggered nominal wage bargaining." *Journal of Money, Credit and Banking* 40: 1713 - 1764.

Goda, Thomas. 2017. "A comparative review of the role of income inequality in economic crisis theories and its contribution to the financial crisis of 2007 - 2009." *Revista Finanzas y Política Económica* 9: 151 - 174.

Grüning, Patrick, Thomas Theobald, and Till van Treeck. 2015. "Income inequality and Germany's current account surplus." IMK Working Paper (147).

Hammar, Henrik and Sverker C. Jagers. 2007. "What is a fair CO_2 tax increase? On fair emission reductions in the transport sector." *Ecological Economics* 61: 377 - 387.

Hansen, Gary D. 1985. "Indivisible labor and the business cycle." *Journal of monetary Economics* 16: 309 - 327.

Hansen, Lars Peter and Thomas J. Sargent. 1982. "Instrumental variables procedures for estimating linear rational expectations models." *Journal of Monetary Economics* 9: 263 - 296.

Harberger, Arnold C. 1962. "The incidence of the corporation income tax." *Journal of Political Economy* 70: 215 - 240

Herbst, Edward and Frank Schorfheide. 2012. "Evaluating DSGE model forecasts of comovements." *Journal of Econometrics* 171: 152 - 166.

Hodrick, Robert J. and Edward C. Prescott. 1997. "Postwar US business cycles: An empirical investigation." *Journal of Money, Credit, and Banking* 29: 1 - 16.

Ikefuji, Masako and Ryo Horii. 2007. "Wealth heterogeneity and escape from the poverty-environment trap." *Journal of Public Economic Theory* 9: 1041 - 1068.

Iwata, Yasuharu. 2011. "The government spending multiplier and fiscal financing: Insights from Japan." *International Finance* 14: 231 - 264.

Johansen, Leif. 1960. *A multi - sector study of economic growth* (Amsterdam: North - Holland Publishing Company).

Kennickell, Arthur B. 2003. "A rolling tide: Changes in the distribution of wealth in the US, 1989 - 2001." *International Perspectives on Household Wealth* 69: 19 - 88.

Kiley, Michael T. 2007. "A quantitative comparison of sticky-price and sticky-information models of price setting." *Journal of Money, Credit and Banking* 39: 101 - 125.

Klein, Paul. 2000. "Using the generalized Schur form to solve a multivariate linear rational expectations model." *Journal of Economic Dynamics and Control* 24: 1405 - 1423.

Kuznets, Simon. 1955. "Economic growth and income inequality." *The American Economic Review* 45: 1 - 28.

Kydland, Finn E. and Edward C. Prescott. 1982. "Time to build and aggregate fluctuations." *Econometrica: Journal of the Econometric Society* 50: 1345 - 1370.

Kydland, Finn E. and Edward C. Prescott. 1996. "The computational experiment: An econometric tool." *Journal of Economic Perspectives* 10: 69 - 85.

Kyriakopoulou, Efthymia and Anastasios Xepapadeas. 2013. "Environmental policy, first nature advantage and the emergence of economic clusters." *Regional Science and Urban Economics* 43: 101 - 116.

Lafforgue, Gilles and Luc Rouge. 2019. "A dynamic model of recycling with endogenous technological breakthrough." *Resource and Energy Economics* 57: 101 - 118.

Lange, Andreas and Martin F. Quaas. 2007. "Economic geography and the effect of environmental pollution on agglomeration." *The BE Journal of Economic Analysis & Policy* 7.

Lan, Hong and Alexander Meyer - Gohde. 2013. "Solving DSGE models with a nonlinear moving average." *Journal of Economic Dynamics and Control* 37: 2643 - 2667.

Leeper, Eric M., Todd B. Walker and Shu-Chun S. Yang. 2010. "Government investment and fiscal stimulus." *Journal of monetary Economics* 57: 1000 - 1012.

Leontief, Wassily. 1983. "Technological advance, economic growth, and the distribution of income." *Population and Development Review* 9: 403 - 410.

Mandelman, Federico S. and Andrei Zlate. 2012. "Immigration, remittances and business cycles." *Journal of Monetary Economics* 59: 196 - 213.

Mankiw, N. Gregory. 2000. "The savers-spenders theory of fiscal policy." *American Economic Review* 90: 120 - 125.

Mattesini, Fabrizio and Lorenza Rossi. 2012. "Monetary policy and automatic stabilizers: The role of progressive taxation." *Journal of Money, Credit and Banking* 44: 825 - 862.

Maynard, John. 2016. *General theory of employment, interest, and money* (New Delhi: Atlantic Publishers and Distributors).

McCandless, George. 2008. *The ABCs of RBCs: An introduction to dynamic macroeconomic models* (Cambridge: Harvard University Press).

Morgenstern, Richard D., William A. Pizer, and Jhih - Shyang Shih. 2002. "Jobs versus the environment: An industry-level perspective." *Journal of Environmental Economics and Management* 43: 412 - 436.

Niu, Tong, Yao Xilong, Shao Shuai, Li Ding, and Wang Wenxi. 2018. "Environmental tax shocks and carbon emissions: An estimated DSGE model." *Structural Change and Economic Dynamics* 47: 9 - 17.

Okun, Arthur M. (1975) 2015. *Equality and efficiency: The big tradeoff* (Washington: Brookings Institution Press).

Pareto, Vilfredo. (1897) 1964. *Cours d'économie politique* (Geneva: Librairie Droz).

Pfeffer, Max J. and J. Mayone Stycos. 2002. "Immigrant environmental behaviors in New York city." *Social Science Quarterly* 83: 64 – 81.

Prescott, Edward C. 1986. "Theory ahead of business-cycle measurement." *Carnegie-Rochester Conference Series on Public Policy* 25: 11 – 44.

Ravenna, Federico and Carl E. Walsh. 2011. "Welfare-based optimal monetary policy with unemployment and sticky prices: A linear-quadratic framework." *American Economic Journal: Macroeconomics* 3: 130 – 62.

Ravenna, Federico and Nicolas Vincent. 2014. "Inequality and debt in a model with heterogeneous agents." *Economics Letters* 123: 177 – 182.

Sargent, Thomas J. 1979. "A note on maximum likelihood estimation of the rational expectations model of the term structure." *Journal of Monetary Economics* 5: 133 – 143.

Sargent, Thomas J. and Lars Ljungqvist. 2000. *Recursive macroeconomic theory* (Cambridge: MIT Press).

Scarf, Herbert E. 1967. "On the computation of equilibrium prices." Yale Cowles Foundation Discussion Papers.

Schmitt – Grohé, Stephanie and Martín Uribe. 2004. "Solving dynamic general equilibrium models using a second – order approximation to the policy function." *Journal of Economic Dynamics and Control* 28: 755 – 775.

Schorfheide, Frank. 2010. "Bayesian methods in macroeconometrics." in *Macroeconometrics and Time Series Analysis* (London: Palgrave Macmillan).

Sen, Amartya. 1992. *Inequality reexamined* (Cambridge: Harvard University Press).

Shimer, Robert. 2012. "A framework for valuing the employment consequences of environmental regulation." Paper presented at the Conference on the "Employment Effects of Environmental Regulation" on October 26, 2012.

Shoven, John B. and John Whalley. (1973) 1984. "Applied general – equilibrium models of taxation and international trade: An introduction and survey." *Journal of Economic Literature* 22: 1007 – 1051.

Shoven, John B. and John Whalley. 1973. "General equilibrium with taxes: A computational procedure and an existence proof." *The Review of Economic Studies* 40: 475 – 489.

Sims, Christopher A. 2002. "Solving linear rational expectations models." *Computational Economics* 20: 1 – 20.

Smets, Frank and Rafael Wouters. 2007. "Shocks and frictions in US business cycles: A Bayesian DSGE approach." *American Economic Review* 97: 586 – 606.

Smets, Frank and Raf Wouters. 2003. "An estimated dynamic stochastic general equilibrium model of the euro area." *Journal of the European Economic Association* 1: 1123 – 1175.

Stiglitz, Joseph E. 2012. "Macroeconomic fluctuations, inequality, and human development." *Journal of Human Development and Capabilities* 13: 31 – 58.

Stiglitz, Joseph E. 2015. "The origins of inequality, and policies to contain it." *National Tax Journal* 68: 425 – 448.

Taylor, Christine, Drew Fudenberg, Akira Sasaki and Martin A. Nowak. 2004. "Evolutionary game dynamics in finite populations." *Bulletin of Mathematical Biology* 66: 1621 – 1644.

Taylor, John B. 1999. "Chapter 15 Staggered price and wage setting in macroeconomics." *Handbook of Macroeconomics* 1: 1009 – 1050.

Uhlig, Harald. 2006. "Approximate solutions to dynamic models-linear methods." SFB 649 Discussion Paper.

Van Treeck, Till. 2014. "Did inequality cause the US financial crisis?" *Journal of Economic Surveys* 28: 421 – 448.

Walker, W. Reed. 2011. "Environmental regulation and labor reallocation: Evidence from the Clean Air Act." *American Economic Review* 101: 442 – 47.

Walsh, Carl E. 2005. "Labor market search, sticky prices, and interest rate policies." *Review of Economic Dynamics* 8: 829 – 849.

Wellisch, Dietmar. 1995. "Can household mobility solve basic environmental problems?" *International Tax and Public Finance* 2: 245 – 260.

Wier, Mette, Katja Birr-Pedersen, Henrik K. Jacobsen and Jacob Kloks. 2005. "Are CO_2 taxes regressive? Evidence from the Danish experience." *Ecological Economics* 52: 239 -251.

Woodford, Michael and Carl E. Walsh. 2005. "Interest and prices: Foundations of a theory of monetary policy." *Macroeconomic Dynamics* 9: 462 -468.

Zhang, Wenlang. 2009. "China's monetary policy: Quantity versus price rules." *Journal of Macroeconomics* 31: 473 -484.

后　记

在本书的末尾，我们有必要坦诚地归纳本书可能存在的一些有待改进之处，并展望未来的相关研究。本书研究内容可能存在的局限（及有待改进之处），首先是模型中对异质性家庭的刻画方式还比较单一，在后续研究中，可考虑综合采用二元代理人设定、异质性代理人设定等不同设计，以形成对比，挖掘更丰富的机制。其次是由于现有中国环境领域统计数据较低的完善度，本书参数估计的识别效果受到一定影响，在该领域数据逐渐完备（如大数据的完善）之后，上述局限性有望得到解决。

在理论和学术方面，本书构建了一个完整的中国环境经济 NK－DSGE 模型，并且阐述了含设计、推导、参数估计、质量评价、动态应用、政策改革模拟等详细步骤在内的研究流程，所以能够为高校教师、研究生、科研人员等群体提供关于 DSGE 研究的实用化参考资料。

在政策实践方面，本书研究内容可以帮助公共政策的制定者、执行者理解环境规制政策对不同社会群体经济利益和生活水平的差异化影响，对各类政策进行力度和时机上的动态搭配，实现更具前瞻性、全局性的政策优化，从而在保护环境、建设生态文明的伟大进程中有效解决不同行业、不同地域、不同群体之间的公平问题。而且，本书提供了融合环保、公平、效率因素的政策评价工具（波动风险分析与社会福利损失测算等），能使政策建议更加贴近高质量发展的理论内核，符合“既要绿水青山，也要金山银山”的绿色发展理念。

为了更充分地发挥以上作用，本书研究内容可以转化为决策参考、信息专报等形式，向各行政部门直接提供参考与建议。

最后，对本书写作过程中曾提供帮助的诸多个人或机构致谢。

首先感谢赵细康研究员（广东省社会科学院）、彭璧玉教授（华南师范大学）、吴超林教授（华南师范大学），三位专家都是和蔼可亲但又治学严谨的师者，他们高深的学术造诣为本书研究工作起到关键的榜样作用，帮助我明确了选题方向和研究思路，并且在各个阶段提供了全方位的支持与鼓励。所以，必须对三位专家致以深深的敬意和衷心的感谢！

其次感谢广东省社会科学院环境与发展研究所的两位领导：庄伟光研究员和曾云敏研究员，以及所内其他研究人员为本书研究提供的宝贵帮助。他们热心提供的知识、方法以及其他工作经验是完成本书研究工作的重要保障。在本书编写过程中，所内同事积极地予以指导帮助，提出宝贵意见，使我最终顺利地完成研究工作。此外，向广东省社会科学院、华南师范大学下属各职能部门的各位行政人员致谢。

必须感谢的还有中国博士后科学基金第66批面上项目（2019M662960）、广东省自然科学基金2021年度面上项目（2021A1515011448）、广东省社会科学院学术专著出版资助计划的经费支持，以及中山大学社会科学调查中心中国劳动力动态调查项目（CLDS）的数据支持。

由于时间仓促，且我必须将大量精力用于数学模型推导、参数估计、数值模拟等方面，所以本书的文字撰写工作存在一定改进空间。所幸，在本书的投稿、评审、编辑、出版过程中，社会科学文献出版社的评审专家和编辑老师对本书进行了格外认真、细致的评审和检查，对书稿存在的一些错漏之处进行了及时斧正，对书中研究内容提出大量宝贵的改进意见，使书稿最终能以较高的质量水准出版。所以，我必须对出版社的各位专家、编辑致以崇高的敬意和诚挚的感谢！当然，作者文责自负。

最后必须感谢的是我的家人。父母和妻子为我提供了不计回报的支持，承担了许多本应由我挑起的重担。可以说，如果没有深爱、关心我的家人，我将绝对无法延续自己的科研生涯。

在余生中，本人必将怀着感恩的心，回报所有给予过我关怀与帮助的人！希望以上简短的文字，能向曾给予我关心、帮助和指导的人表达最诚挚的感激！

王凯风
2022 年 8 月 1 日
于广东省社会科学院

图书在版编目(CIP)数据

环境规制影响收入分配的路径与机理：基于动态随机一般均衡模型的理论分析与数值模拟 / 王凯风著. -- 北京：社会科学文献出版社, 2022.10
ISBN 978-7-5228-0587-0

Ⅰ.①环… Ⅱ.①王… Ⅲ.①环境保护政策-影响-收入分配-研究-中国 Ⅳ.①F126.2

中国版本图书馆 CIP 数据核字（2022）第 152462 号

环境规制影响收入分配的路径与机理
——基于动态随机一般均衡模型的理论分析与数值模拟

著　　者 / 王凯风

出 版 人 / 王利民
组稿编辑 / 宋月华
责任编辑 / 韩莹莹
责任印制 / 王京美

出　　版 / 社会科学文献出版社 · 人文分社（010）59367215
地址：北京市北三环中路甲 29 号院华龙大厦　邮编：100029
网址：www.ssap.com.cn
发　　行 / 社会科学文献出版社（010）59367028
印　　装 / 三河市龙林印务有限公司

规　　格 / 开 本：787mm × 1092mm　1/16
印 张：15.25　字 数：233 千字
版　　次 / 2022 年 10 月第 1 版　2022 年 10 月第 1 次印刷
书　　号 / ISBN 978-7-5228-0587-0
定　　价 / 148.00 元

读者服务电话：4008918866